홍순민

서울대학교 국사학과 및 동 대학원을 졸업하였다. 조선 후기 정치사에 대한 관심에서 출발하여 조선 후기 국가경영의 실상을 밝혀보려 공부하고 있다. 정치의 배경이 되는 공간에 대한 관심에서 시작하여, 그 공간에서 살던 사람들과 그들의 삶의 꼴, 곧 문화로 탐구의 대상을 넓혀가고 있다. 도성과 궁궐에 대한 책을 쓴 데 이어 종묘, 그리고 조선시대 서울을 쓸 궁리를 하고 있다.

저서로는, 《홍순민의 한양읽기: 도성》, 《영조, 임금이 되기까지》, 《한양도성, 서울 육백년을 담다》, 《조선시대사 1》(공저), 《서울 풍광》, 《우리 궁궐 이야기》 등이 있다. 현재 명지대학교 기록정보과학전문대학원에서 문화자원을 가르치고 있다.

일러두기

1 본문에서 글, 그림, 병풍, 지도, 신문 기사 제목은 〈 〉로 표시하고, 책, 화첩, 지도첩, 신문은 《 》로 표시하였다.
2 1945년 이전의 사진은 촬영자, 촬영 시점이나 수록된 책이나 사진첩, 혹은 소장처가 밝혀져 있는 경우 본문의 도판 설명의 마지막 괄호 안에 표기하였다.
3 본문의 그림, 병풍, 지도의 도판 설명에는 제목에 작가, 제목, 실려 있는 책(혹은 화첩이나 지도첩)을 표기하였으며 소장처는 도판 설명의 마지막 괄호 안에 표기하였다.
4 책의 마지막에는 책, 그림, 병풍, 지도, 편액의 세부 정보를 작가, 제목, 실려 있는 책(혹은 화첩이나 지도첩), 시대, 크기(세로×가로), 재질, 문화재 지정 현황, 소장처 순으로 정리하되, 확인하지 못한 정보는 생략하였다.
5 본문에 나오는 날짜는 1895년까지는 음력을, 이후부터는 양력을 사용하였다.

홍순민의

한양
읽기

궁궐

홍순민의 한양읽기

궁궐㊤

왕조국가의 중심, 임금이 사는 곳

초판 1쇄 발행일 2017년 10월 30일
초판 2쇄 발행일 2018년 5월 10일

지 은 이 | 홍순민
펴 낸 이 | 김효형
펴 낸 곳 | (주)눌와
등록번호 | 1999.7.26. 제10-1795호
주　　소 | 서울시 마포구 월드컵북로16길 51, 2층
전　　화 | 02. 3143. 4633
팩　　스 | 02. 3143. 4631
페이스북 | www.facebook.com/nulwabook
블 로 그 | blog.naver.com/nulwa
전자우편 | nulwa@naver.com

편　　집 | 김지수, 김선미, 김영은
디 자 인 | 이현주
마 케 팅 | 홍선민
제작진행 | 공간
인　　쇄 | HS Printing
제　　본 | 상지사P&B

ISBN 978-89-90620-96-5 04910
978-89-90620-93-4 04910 (세트)

* 이 도서의 국립중앙도서관 출판시도서목록(CIP)은 서지정보유통지원시스템 홈페이지(http://seoji.nl.go.kr)와 국가자료공동목록시스템(http://www.nl.go.kr/kolisnet)에서 이용하실 수 있습니다. (CIP제어번호: CIP2017026231)
* 책값은 뒤표지에 표시되어 있습니다.

홍순민의

한양읽기 궁궐

왕조국가의 중심,
임금이 사는 곳

宮闕

눌와

차례

머리말 6

제1장
우리 땅 우리 서울

1 백두산 뻗어나려 반도 삼천리

산분수합, 산자분수령 12
반도 삼천리의 배꼽, 서울 18

2 왕도 서울

서울을 왕도로 만든 세 가지 29
왕도의 예복, 도성 36
서울 바닥 43
묘사궁궐 79

제2장
임금이 사는 곳, 궁궐

1 궁궐이란 무엇인가

궁궐, 그 낱말의 뜻 90
궁궐은 아닌, '궁'들 98

2 궁궐의 짜임새

오문삼조? 114
궁궐의 여섯 공간 119

3 건물 읽기

전통건축의 구조 136
건물의 신분 150

제3장

궁궐의 역사

1 첫 번째 양궐체제

궁궐 이해의 열쇠, 양궐체제 162
영원한 법궁, 경복궁 166
창덕궁과 창경궁의 탄생 179
임진왜란, 궁궐을 삼키다 184
정릉동행궁 203

2 두 번째 양궐체제

광해군의 무리수 210
동궐과 서궐 221
궁궐 임어, 왕권의 발현 230

3 세 번째 양궐체제

법궁 경복궁 중건 243
고종의 이어, 이어, 이어 252

4 경운궁 단궐체제

경운궁 시대 261
경운궁에서 덕수궁으로 268
궁궐의 끝, 국망 278

부록

궁궐을 보는 눈

궁궐의 주제, 궁중문화 290
사람들의 삶의 꼴, 문화 292
공간, 시간, 인간 속으로 295
문화유산 만나기 299
전통문화의 기본 관념 308

참고 문헌 / 주석 338
도판 출처 / 고서화, 고지도 350

다시 궁궐을 쓰는 까닭

궁궐은 "임금이 사는 곳"이다. 임금은 왕조국가의 주권자이자 통치자이다. 그런 임금이 산다는 것은 일상생활을 넘어, 국정을 운영하고 통치행위를 하는 공적인 활동을 가리킨다. 임금은 궁궐을 벗어나는 일이 드물었다. 임금의 일상생활과 공적인 활동은 대부분 궁궐에서 이루어졌다. 궁궐은 왕조국가의 중심이요, 최고의 관청이었다. 궁궐은 임금의 존엄을 과시하고 정치적, 행정적 명령을 내는 곳이었다.

왕국은 민주공화국으로 바뀌고 임금은 사라졌다. 궁궐도 본래의 기능을 잃고 겉모습만 남았는데, 그나마 불완전하게 남아 있다. 그런 점에서 궁궐은 죽었다. 하지만 그렇게 남아 있는 궁궐은 우리 옛 역사와 문화를 보여주는 창이요 화면이다. 궁궐을 잘 보면 거기 살던 사람들의 활동이 보이고, 그 시대상이 보인다. 그런 점에서 궁궐은 살아 있다. 궁궐은 끊임없이 변해왔고, 지금도 변해가고 있다. 궁궐을 보는 우리의 시각도 바뀌어간다.

이제는 궁궐을 보는 것만으로는 부족하다. 보는 것은 겉면이다. 그것은 누군가 꾸미고 가꾸어 보여주는 바이다. 아무리 성심껏 보여준다 해도 본질을 파악하는 데는 한계가 있다. 보는 것을 넘어 읽어내야 한다. 궁궐을 자원 삼아서 궁궐을 만들고 이용하던 시대의 생활상과 정신문화, 나아가 그들의 감성과 정서를 읽어내야 한다. 궁궐이 품고 있는 정보와 가치를 읽어내야 한다.

궁궐을 보는 것을 넘어 읽으려면 어떻게 해야 할까? 우선 공간과 형태를 보며 의미를 찾아야 한다. 바로 궁궐을 보는 것보다는 궁궐이 있는 자리, 궁궐이 있는 도시 서울을 보고, 궁궐과 대비되는 시설들을 보며, 궁궐의 짜임새와 개개 건물들에 대한 이해를 먼저 갖추면 좋겠다. 그다음에는 궁궐에 담겨 있는 시간을 더듬어야 한다. 개별 건물이나 궁궐의 변천을 넘어 서울에 있는 궁궐들을 아울러 변화의 흐름을 읽어내야 한다. 그러려면 밑바탕을 이루는 생각과 관념을 이해하여야 한다. 그래야 궁궐을 만들어 사용하였던 옛 사람들과 대화를 나눌 수 있다. 이렇게 궁궐을 읽는 데 필요하다고 생각되는 내용을 묶다 보니 한 권 분량이 차 상권으로 꾸몄다. 궁궐이 품고 있는 문화의 뜻과 맛을 읽고 음미하는 데 꼭 필요하지만, 오늘날 멀게 느껴지는 기표와 뜻은 책의 마지막에 부록으로 따로 정리하였다.

하권은 다섯 궁궐을 직접 돌아보는 데 도움이 될 내용을 담았다.

하지만 그저 궁궐에 가서 보이는 것을 소개하는 방식을 넘어서 옛 모습을 그려내어 읽을 수 있게 안내하고자 하였다. 경복궁과 창덕궁은 많이 훼손되었다고 해도 궁궐의 짜임새를 어느 정도는 짚어볼 수 있을 정도다. 하지만 경희궁은 궁궐로서의 지위 자체에 흠결이 있다고 할 형편이고, 창경궁과 경운궁도 짜임새를 가늠해보기 어려울 정도가 되었다. 빈터도 흔적은 흔적이다. 빈터에서 그곳에 있던 건조물은 무엇이며 어떤 의미가 있는가 의문이라도 가져보는 것은 매우 뜻깊은 진전이다. 나아가 현재 모습을 뛰어넘어 옛 모습을 더듬어보기 위해서 도면과 그림, 사진 등 시각 자료를 최대한 활용하였다. 또한 돌아보는 동선과 순서에 따라서 이해와 느낌이 달라질 수 있음을 유념하여 서술의 순서를 정하였다. 보이는 바 이면에 잠겨 있는 의미와 가치를 읽어내는 진정한 답사의 길잡이가 되기를 기대한다.

《우리 궁궐 이야기》를 펴낸 지 어느덧 강산이 두 번 바뀔 만한 시간이 흘렀다. 왜 개정판을 내지 않느냐는 타박을 많이 들었다. 여태까지 개정판을 내지 못한 까닭은 대부분 나의 게으름 탓이다. 변명이 되겠지만 조금 더 다른 이유를 찾자면, 출판 환경이 여의치 않았고 출판사 형편도 어려웠다. 결국 개정을 하든 새 책을 내든 출판사를 바꾸지 않을 수 없었다. 개정판을 내는 일은 좀 쉬울 줄 알았다. 하지만 글을 만지다 보니 거의 새로 쓰는 것처럼 되었다. 분량이 두 배 이상 늘어났고, 내용도 대폭 수정되고 많아졌다. 시작할 때의 목표는 개정이었으나, 결과는 새 책이 되었다. 책 이름을 바꾼 이유이다.

분량과 내용이 늘어난 데 비례해서 수준까지 높아졌다고 자부하기는 어렵지만, 궁궐에 대해서 그리고 우리 전통문화에 대해서 하고 싶은 말과 자료를 한껏 담고자 하였다. 언제 또 다시 새로운 책을 쓰겠나 하는 마음으로 썼다. 때문에 궁궐과 직접 연결되지 않는 내용도 들어갔고, 다소 어려워지는 것을 피하지 못하였다. 일반 독자 여러분에게 가까이 다가가는 데 장애가 되지 않았으면 좋겠다.

새 책을 만들게 된 데는 눌와의 책에 대한 열정과 느긋하면서 끈질긴 편집 태도가 크게 작용하였다. 편집자란 필자의 설익은 생각의 조각들을 끄집어내어 설득력 있는 글로 다듬어내고, 볼 만한 책으로 만들어내는 일을 하는 이들임을 체험하였다. 아무리 어설플지라도 무언가 결실이 맺는 데는 오래 참고 기다리는 주위 사람들의 희생과 성원이 없이는 되는 바가 없구나 하는 사실도 새삼 깨달았다. 여러 자리에서 여러모로 지원해주신 고마운 분들 덕분에 필자로서 힘껏 맘껏 쓰노라고 썼다. 예의가 아닌 줄은 알지만, 우선 여기서 감사의 마음을 바친다. 이 책이 독자들에게 두루두루 유익하게 읽히기를 바란다.

2017년 10월 홍순민

白岳山
綠礬峴
仁王山
彰義門
景福宮
母岳
社稷
慶德宮
沙峴
松簷橋
盤松西池
京營橋
敦義門
八角亭
毛前橋
小廣通橋
崇禮門
昭德門
萬里峴

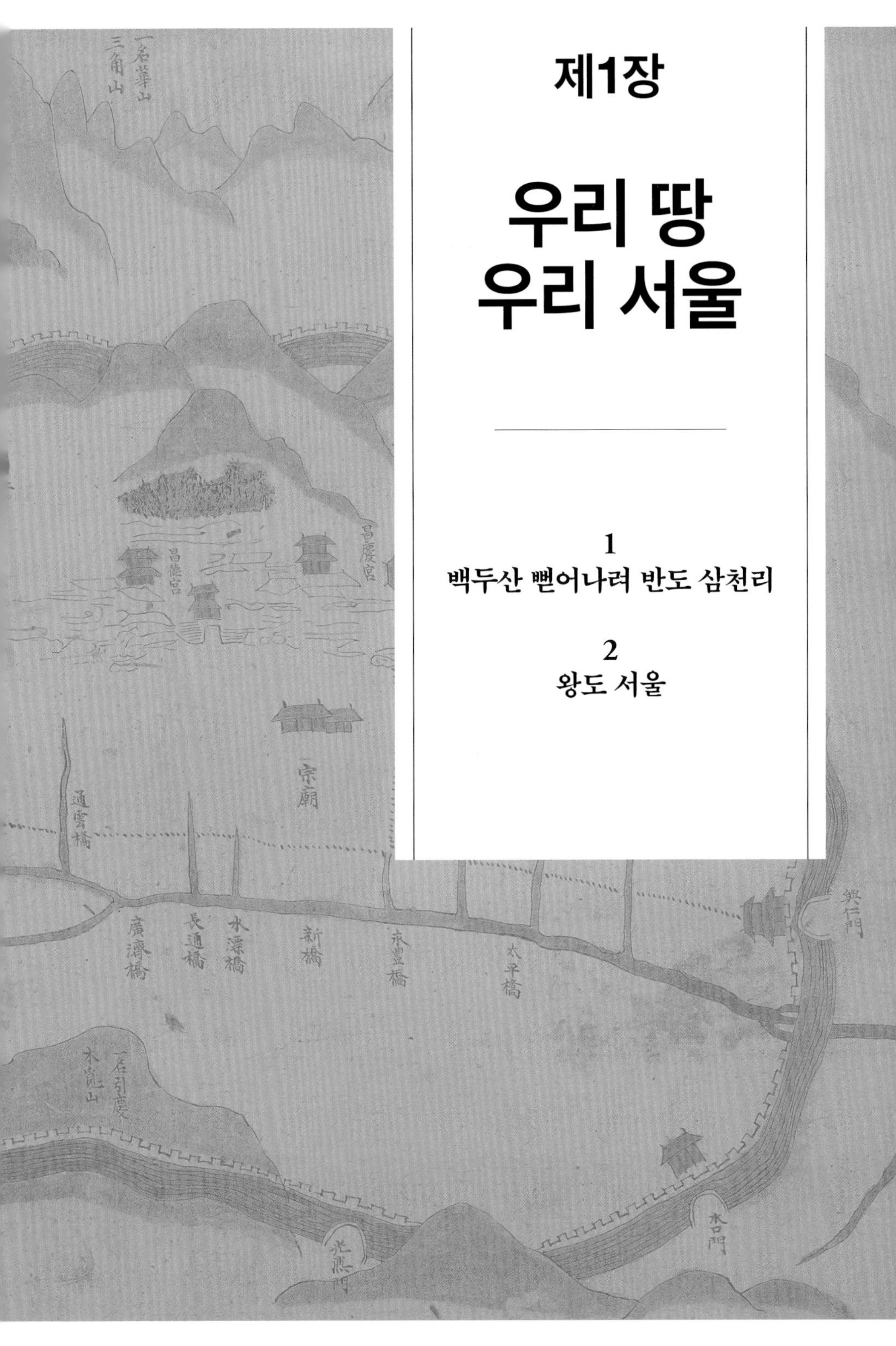

제1장

우리 땅 우리 서울

1
백두산 뻗어나려 반도 삼천리

2
왕도 서울

1

백두산 뻗어나려 반도 삼천리

산분수합, 산자분수령

강산, 산수, 산하

"백두산 뻗어나려 반도 삼천리 / 무궁화 이 동산에 역사 반만년 / 대대로 예 사는 우리 삼천만 / 복되도다 그 이름 대한이로세."

지금은 거의 듣기 어렵지만 1970년대까지만 해도 아이들이 즐겨 부르던 〈대한의 노래〉라는 노래의 1절 가사다. 1931년 《동아일보》 신춘문예 창가부 당선작으로 원래는 작자가 '무명씨'였다가 후에 이은상李殷相으로 밝혀졌고, 곡은 현제명玄濟明이 붙인 것으로 확인되었다. 제목도 원래는 〈조선朝鮮의 노래〉였으며 가사도 애초에는 "삼천만"이 아니라 "이천만"이요, "대한"이 아니라 "조선"이었다. 나중에 채동선蔡東鮮이 4절로 편곡하였고, 해방 뒤에는 국민가요로 널리 불리게 되었다. 식민지 백성을 계몽하고

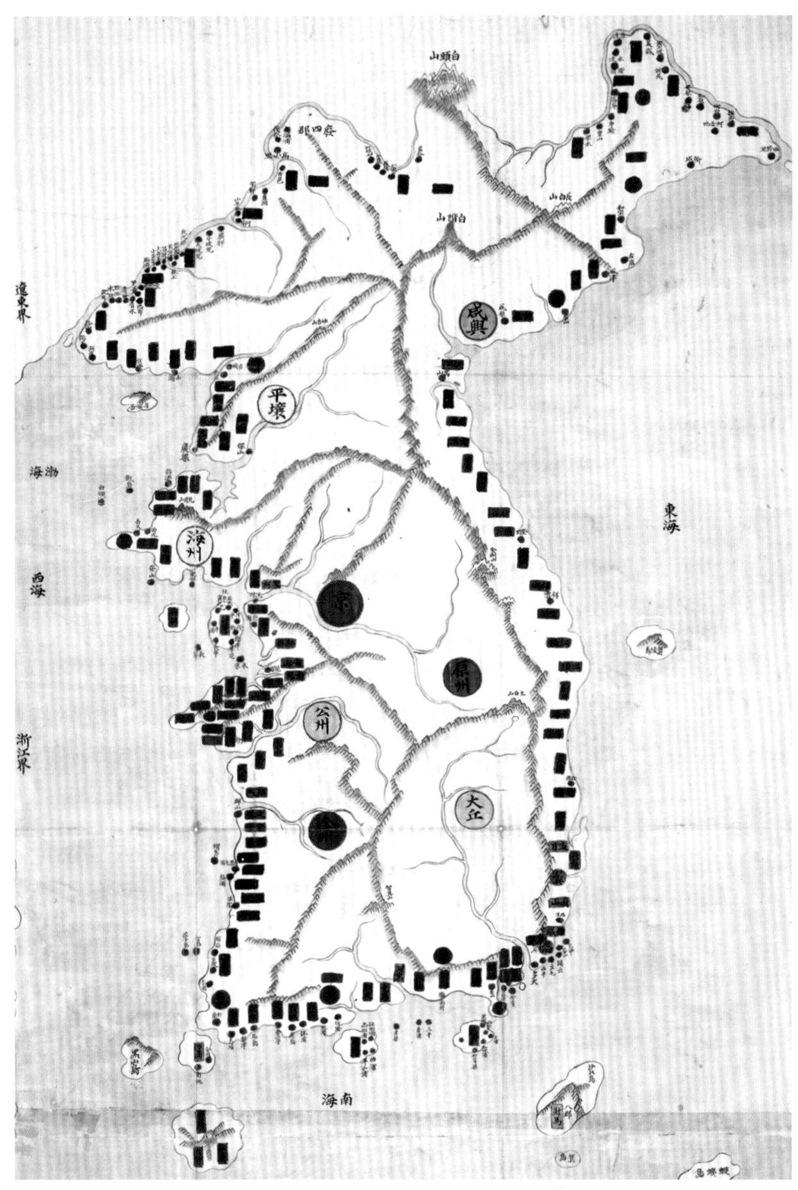

《여지도》 중 〈조선일본유구국도〉의 한반도 부분 ㅣ 백두산에서 지리산으로 이어지는 백두대간, 거기서 갈라져나온 한북정맥의 끝에 매달린 붉고 탐스런 열매 서울. (서울대학교 규장각한국학연구원 소장)

희망을 주려는 의도로 만들었을 노래. 비장한 감동이 배어 있다. 특히 "백두산 뻗어나려 반도 삼천리"라는 가사는 우리 땅에 대한 깊은 이해를 바탕에 깔고 있어서 자못 깊은 공명을 준다.

우리나라는 산이 많다. 산은 제각각 홀로 서 있는 것이 아니라 산과 산이 연면히 이어지면서 산줄기를 이룬다. 산줄기는 높은 산 한 곳으로부터 계속 가지를 치면서 나뉘어간다. 산이 있으면 골이 있다. 골이 있으면 그리로 물이 흐른다. 작은 물줄기들이 모이고 모여 결국은 한군데 바다로 합친다. 산분수합山分水合. 산줄기는 높은 줄기에서 낮은 줄기로 나뉘고 나뉘어 평지가 되고, 물줄기는 작은 줄기들이 합치고 합쳐서 바다로 간다.

산줄기와 물줄기의 관계를 압축한 표현인 산분수합은 일차적으로는 '산줄기는 나뉘고, 물줄기는 합친다'라는 뜻으로 이해되지만, 좀 더 깊이 들어가면 '산줄기는 나누고, 물줄기는 합쳐준다'로 해석할 수 있다. 산줄기는 우선 물줄기를 나눈다. 산자분수령山自分水嶺이라는 말대로, 산은 그 자체로 분수령이다. 산줄기는 물이 모여드는 범위의 경계선을 이룬다. 산줄기는 이렇게 물줄기를 나눌 뿐만 아니라, 사람의 왕래를 가로막는다. 따라서 물산의 유통을 가로막고, 서로 혼인을 힘들게 하고, 말씨를 가르고, 풍습이 달라지게 한다. 종합하자면 산줄기는 이편저편의 문화를 달라지게 한다.

반면에 물줄기는 스스로 길이 되어 이것들을 모두 합쳐준다. 분수령의 안쪽, 물이 모여드는 범위를 수계水系라 한다. 수계 중 작은 것은 이 등성이와 그 곁의 등성이 사이의 골짜기, 즉 골이다. 한자로는 곡谷이다. 크게 보면 같은 지역이지만 골마다 마을마다 다른 삶의 모습을 갖고 있다. 골짜기가 모여 내를 이루고, 내가 모여 강의 지류를 이루고, 지류가 모여 본류가 될수록 수계도 커진다. 가장 큰 수계는 대간大幹과 정맥正脈으로 그어지는 분수령 안쪽, 다시 말하자면 큰 강의 유역이다. 물줄기가 모여드는 수계에 따라 그 물가에 모여 살아가는 사람들의 삶의 꼴, 즉 문화가 달라진다. 작은 수계 사이에서는 작게, 큰 수계 사이에서는 크게 문화의 차이가 드러난다.

동양의 전통관념의 바탕을 이루는 음양관陰陽觀에 따르면 음陰과 양陽은 서로 대립하면서도 서로 떨어져 존재할 수 없다. 음과 양이 조화를 이룰 때 자연도 사람도 건강하다. 산과 물, 산줄기와 물줄기도 늘 같이 있으면서 서로 조화를 이루어야 좋다고 여겼다. 산줄기와 물줄기는 서로 넘고 끊고 하는 대립과 갈등의 관계가 아니라 살을 부비고 사는 부부처럼 서로 감싸 안고 휘감아 도는 조화와 사랑의 관계이다. 때문에 우리 선인들은 산과 강, 산줄기와 물줄기를 산수山水, 산하山河, 산천山川 또는 강산江山이라는 하나의 개념으로 파악하였다. 오늘날 풍경화를 옛날에는 산수화라 하였다. '산 좋고 물 좋은 우리 산하', '금수강산錦繡江山'과 같은 말은 하도 많이 들어서 이제는 절로 나올 정도가 되었다.

그러나 오늘날에는 산과 강을 하나로 묶어 파악하지 않고 있다. 산은 산대로 강은 강대로 따로따로 알고 있다. 최근에는 조금씩 바뀌어가는 듯하나, 우리나라 산줄기를 산맥山脈이라는 이름으로 배우고 외웠다. 그리고 산맥과 무관하게 강을 배웠다. 그런데 이 산맥이란 말은 예부터 쓰던 것이 아니라, 1900년대 초 고토 분지로[小藤文二郎]라는 일본인 지질학자가 땅속의 지질구조를 바탕으로 만들어낸 개념이다. 우리가 보고 느끼며 사는 바탕은 겉으로 드러난 지형과 그 위에서 살아가는 동식물, 자연이다. 땅속의 지질구조는 그다음이다. 그럼에도 산맥이라는 개념이 가지고 있는 문제점에 대해서는 진지한 검토도 하지 않은 채, 지리 교과서의 산줄기에 대한 내용은 산맥으로 채워져 있고, 그것이 지리 과목의 암기사항이 되어 우리의 국토 인식, 지리 인식을 지배하고 있다.

산경표

어느 나라든 웬만큼 문화를 축적한 나라라면 자신들이 뿌리박고 사는 국토에 대한 인식이 없을 수 없다. 하물며 오랜 역사를 자랑하며 문화를 축적해 온 우리나라에서 우리 땅에 대한 이해가 없었겠는가. 우리나라도 물론 땅에 대한 관심이 깊었고, 그러한 관심은 전승되는 관념으로, 책으로, 지도로 정리되었다. 우리 강산에 대한 이해는 18세기에 이르러 한층 깊어졌다. 그 시대의 뛰어난 지리학자였던 여암旅庵 신경준申景濬이 우리 산줄기의 계통을 세워《산경표山經表》를 만들었다. 우리나라 모든 산들의 족보다.

《산경표》에는 산줄기의 근간을 이루는 것을 대간大幹이라 하였다. 대간은 우리나라 전체 산줄기의 본줄기를 말하는 것으로 백두산에서 머리를 들어 남으로 지리산에 이르러 그 대미를 이룬 산줄기, 곧 백두대간白頭大幹 하나뿐이다. 굳이 산맥 개념으로 치자면 마천령산맥, 함경산맥, 태백산맥, 소백산맥을 연결한 산줄기이다. 나무로 치자면 밑둥치에서 올라온 본줄기요, 인체에 비유하자면 척추와 같다고 할 수 있다.

백두대간에서 갈라져 나간 산줄기, 나무로 치자면 큰 가지요, 인체로 치자면 사지四肢에 해당하는 산줄기를 정맥正脈, 정간正幹이라 표기하고 있다. 정맥은 백두대간에서 갈라져 나와 강과 강 사이를 가르는 산줄기를 말하는데 전국에 걸쳐 열세 개가 있고, 정간은 강을 끼고 있지 않은 산줄기로서 함경도 동북 끝으로 가는 장백정간 하나뿐이다.

줄기에서 가지가 갈라지고 가지에서 다시 더 작은 가지들이 갈라지듯이 백두대간에서 갈라져 나온 정맥들로부터 조금 더 낮은 산줄기가 갈라져 나오고, 다시 그 산줄기로부터 더 낮은 산줄기, 또 더 낮은 산줄기…. 이런 식으로 큰 산줄기에서 작은 산줄기가 갈라져 나오기를 몇 차례 거듭하다 보면 결국 산줄기는 평지와 만나 스러지게 된다. 산줄기가 끝나 평지와 만나는 바로 그 지점에 집과 마을, 도시가 자리 잡고 있다. 가지 끝에 달린 꽃송이나 열매처럼.

뒤로 나지막한 산줄기에 기대고 앞으로 넓은 들과 그 가운데 흐르는 물줄기를 끌어안는 자리를 배산임수背山臨水라 한다. 우리가 고집스러울

대동여지전도의 모사본에 산경표에 제시된 대간과 정간, 정맥들을 표시하였다. 백두산에서 지리산까지 이어지는 백두대간은 다른 산줄기들보다 더 굵게 표시하였다.

1 백두대간
2 장백정간
3 청북정맥
4 청남정맥
5 해서정맥
6 임진북예성남정맥
7 한북정맥
8 한남금북정맥
9 한남정맥
10 금북정맥
11 금남정맥
12 호남정맥
13 낙동정맥
14 낙남정맥

정도로 배산임수를 고집한 것은 땅이 가지고 있는 무한한 힘을 받아 누리려 한 것이 아닌가 짐작된다. 산에 의지하며 물을 경외하는 자세요, 자연에 순응하며 자연 앞에 겸손한 마음의 발현이다.

이때 좌향坐向이라 하여 어느 방향을 바라보는가도 중시하였다. 북반구에 있는 우리나라에서는 대체로 남향을 좋은 좌향으로 여겼다. 북쪽으로 주산을 기대고 앉아 남쪽으로 안산을 바라보는 자리를 좋은 자리, 좋은 방향으로 본 것이다. 남향을 하면 우선 채광採光에 유리하다. 햇빛을 잘 받는 양지바른 곳, 그런 자리와 그런 집을 좋아하는 것은 굳이 이유를 달 필요조차 없다. 북으로 산을 등지면 겨울의 맵찬 북서풍을 막아준다. 그렇다고 바람 한 점 통하지 않는 답답한 자리가 아니다. 남으로 너른 들이 있으니 바람이 휘돌아 나가 늘 공기는 신선하다. 포근하고 청량하며 밝고 따뜻한 곳. 좋은 자리, 좋은 방향이 아닐 수 없다.

반도 삼천리의 배꼽, 서울

북한산의 남쪽, 한강의 북쪽

내가 사는 곳을 만들어주고 있는 산인 주산主山의 뒤편에서는 조산祖山이 받쳐주고 있고, 조산의 뒤편에서는 증조할아버지 산, 그 뒤편에는 또 산, 산, 산…. 어느 가문의 족보에서 나 하나는 길고도 긴 계보 위 어느 자리에 놓여 있듯이 산들도 그렇게 긴 계보를 이루고 있다. 그리고 그 계보의 출발점, 족보로 말하자면 시조 할아버지에 대항하는 산이 있게 마련이니 이를 조종산祖宗山이라고 한다. 우리나라의 조종산이 바로 백두산이다.

백두산에서 지리산으로 뻗어 내려간 산줄기가 백두대간이다. 백두대간의 명치쯤 되는 곳, 철원에서 안변으로 넘어가는 고개가 분수령이다. 분수령에서 한 큰 가지가 갈라져 서남으로 달려 내려와 북한산北漢山을 이루니 이를 한북정맥漢北正脈이라 한다.

남으로 달려 내려가던 백두대간이 소백산에서 서남으로 방향을 틀어 달리다가 속리산에 이르러 본줄기는 계속 지리산을 향해 내닫는 한편, 서북방을 향해 한 갈래를 낸다. 이 산줄기는 충청도와 경기도를 가르고, 계속 수원 광교산, 시흥 수리산, 부평 계양산을 지나 서북방으로 달려가 김

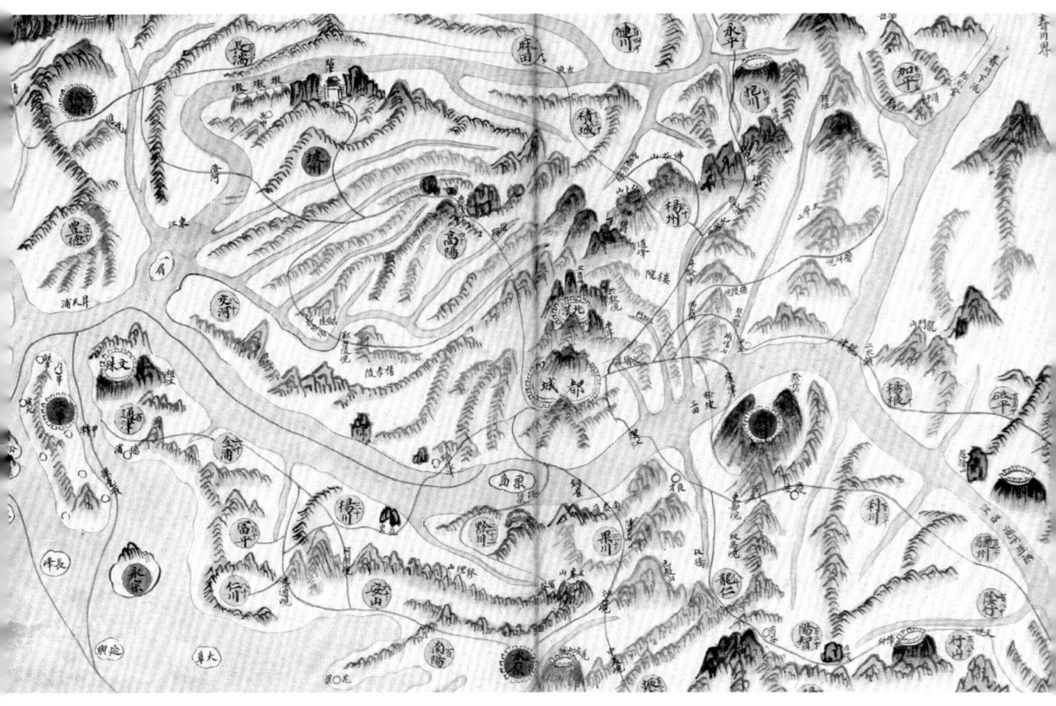

〈기전도〉, 《동국여도》 | 서울은 바로 북쪽의 북한산성, 서북쪽 개성의 대흥산성, 서쪽 강화의 읍성 및 돈대와 문수산성, 남쪽 광주의 남한산성, 더 멀리 수원의 화성을 거느리고 있다. (서울대학교 규장각한국학연구원 소장)

포 통진 땅 문수산에 이르러 마무리를 지으니 이를 한남정맥漢南正脈이라 한다. 한남정맥이 과천 지경에서 한 가지를 뻗어내어 북한산을 마주보며 우뚝 솟았으니 관악산冠岳山이다.

강원도, 충청도, 경기도 일대 각처에서 발원한 크고 작은 물줄기들은 각기 제 분수에 맞는 산줄기와 짝을 이루어 모여든다. 이 물줄기들은 크게 강원도 북부에서 발원하여 춘천을 지나 흘러오는 북한강과 강원도 남부에서 발원하여 충주, 여주를 지나 내려오는 남한강으로 모여 세를 이루다가 양평 양수리에 이르러 드디어 한 줄기로 도도한 흐름을 이루니 이것이

한강이다. 한강漢江은 동으로는 백두대간, 남북으로는 한북정맥, 한남정맥에 감싸 안긴 강이다. 한강으로 모여드는 크고 작은 물줄기들과 이와 짝을 이루는 산줄기들은 서로 보듬고 뒤엉켜 기름진 터전, 넓고도 그윽한 우리나라의 한복판, 복부腹部를 만들어내었다.

복부의 급소는 배꼽. 한반도의 복부 가운데서도 배꼽에 해당하는 요처, 한북정맥과 한남정맥이 가까이 마주보는 사이, 한강가에 자리 잡고 들어앉아 있는 도시가 서울이다. 서울 지역의 옛 이름으로 '한양漢陽'이 있다. 한양에서 '양陽'이란 '산남수북왈양山南水北曰陽', 즉 산의 남쪽이자 강의 북쪽이라는 뜻이다. 여기서 말하는 산이란 북한산이요, 강이란 한강일 터. 한양이란 그러므로 북한산의 남쪽 기슭, 한강의 북쪽 가라는 뜻을 갖고 있다.

외사산 외수, 내사산 내수

마을이나 도시를 사방에서 감싸주고 있는 네 산을 가리켜 외사산外四山이라 한다. 외사산은 마을이나 도시를 한 걸음 물러선 외곽에서 만들어주기에 조산祖山이라 한다. 외사산 가운데 뒤편, 북쪽 조산에서 갈라져 나온 바로 뒷산을 주산主山이라 한다. 주산의 좌측, 즉 동편에 자리 잡고 있는 산을 좌청룡左青龍이라 하고 우측이 되는 서편에 자리 잡고 있는 산을 우백호右白虎, 남쪽 앞을 살짝 막아주는 산을 안산案山이라고 한다. 주산은 후현무後玄武, 안산은 전주작前朱雀이 되어 사방에서 보호해주는 사신수四神獸를 이룬다. 직접 마을이나 도시의 터전을 만들어주는 이 네 산을 가리켜 내사산內四山이라고 한다. 내사산은 살을 맞대고 안아주는 어머니의 품이요, 아버지의 가슴이다.

이 내사산 안쪽은 자연히 분지 형태를 띠게 되고, 거기에는 물이 모여 흐르게 마련이다. 이 물을 내수內水라 한다. 내수는 내사산 밖으로 나가 안산을 감싸고 흐르는 큰 물과 만나는데 이를 외수外水라 한다.

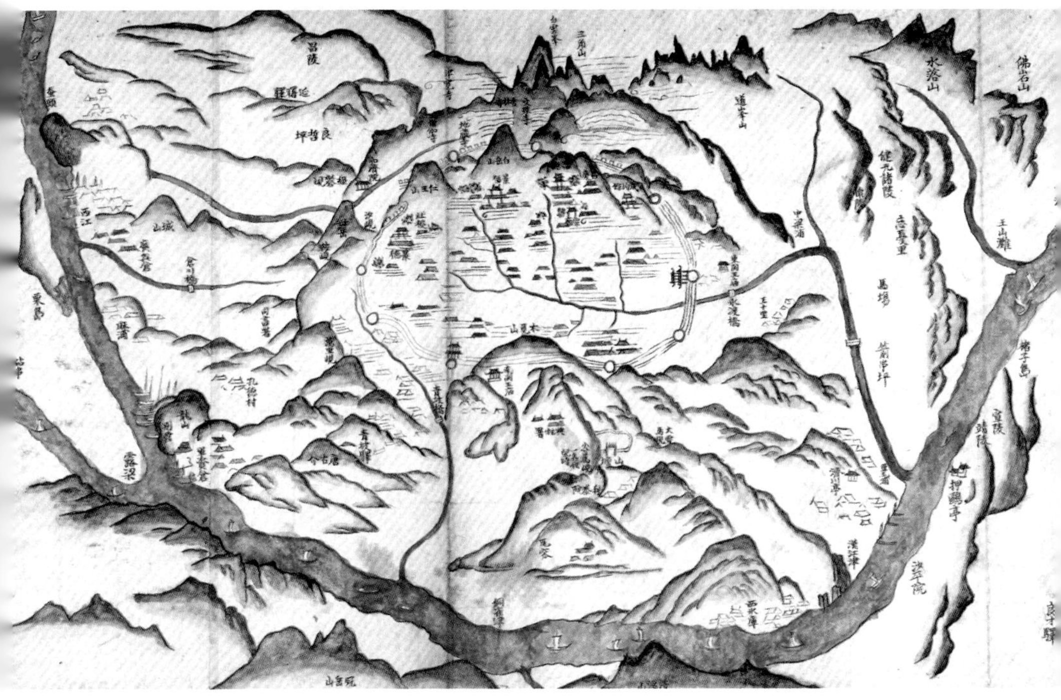

〈한성전도〉, 《고지도첩》| 도성은 내사산 등성이를 따라 한 바퀴 돈다. 내사산 바깥으로는 산줄기들이 겹겹이 감싸준다. 도성 안에서 모여든 물은 동으로 나가 중량천으로 합류하고, 중량천은 남으로 흘러 한강으로 합치고, 한강은 서쪽으로 가면서 성저십리 전체를 안아준다. (영남대학교박물관 소장)

바로 뒤로 주산을 등지고 내수를 끌어안고 있는 형국이 된다. 배산임수가 되는 것이다. 내사산 밖으로는 주산 너머 조산이 받쳐주고 있고, 안산 너머로는 외수를 끌어안고 있다. 또 다른 배산임수를 이루는 것이다.

서울은 한강을 사이에 두고 북한산과 관악산이 마주 바라보는 사이에 앉아 있다. 이 북한산과 관악산이 서울을 외곽에서 받쳐주는 조산이 되는 것이다. 서울의 조산은 이 두 산 외에 동쪽으로는 서울과 구리시를 가르는 아차산峨嵯山, 서쪽으로는 행주산성이 들어서 있는 덕양산德陽山이 있어 이 네 산을 일러 서울의 외사산이라고 한다.

서울의 내사산 | 북한산의 가장 남쪽 봉우리 보현봉에서 산줄기가 내려가면서 형제봉, 구준봉을 거쳐 백악으로 솟았다. 백악에서 동남쪽으로 흐른 줄기가 나지막하게 타락산을 이루었다. 백악에서 서남쪽으로 이어진 산줄기는 인왕산으로 이어지고, 다시 동남쪽으로 흘러 목멱산으로 마무리되었다.

북한산에서 한 가지가 갈라져 남으로 내려오다가 다소곳이 솟으니 백악白岳이다. 이 백악이 서울을 직접 품고 있는 산, 곧 서울의 주산이다. 백악에서 동쪽으로 산줄기가 뻗어나아가다가 한 봉우리를 이루었으니 이것이 응봉鷹峯, 즉 매봉우리이다. 응봉은 산이라고 하기에는 기세가 모자라기에 이름이 그저 봉에 그친 듯하다. 백악과 응봉은 높이가 달라 짝짝이같이 보이기는 하지만 서울을 품고 있는 어머니의 두 젖가슴과 같은 산이다. 응봉은 동편으로 나지막이 팔을 벌려 좌청룡 타락산駝駱山을 이루었고, 백악은 서편으로 우뚝 팔을 쳐들어 우백호 인왕산仁王山을 이루었다. 앞에는 목멱산木覓山이 부드럽게 엎드리어 안산 노릇을 해준다. 백악, 타락산, 인왕산, 목멱산 이 네 산이 곧 서울을 품고 있는 내사산이다.

백악과 응봉 자락에서 발원한 물줄기들은 남으로, 인왕산에서 발원한 물줄기들은 동으로, 타락산에서 발원한 물줄기들은 서로, 목멱산에서 발원한 물들은 북으로 흘러들어 서울 한복판에서 한 줄기를 이루니 이것이 서울의 내수, 오늘날 이름으로 청계천淸溪川, 조선시대 이름으로는 개천開川이다.

개천은 서에서 동으로 달려가 중량천中梁川, 중랑천中浪川과 합수하여 한강으로 흘러든다. 한강은 목멱산을 끼고 서울을 반 바퀴 휘감아 돌아 서해로 나아간다. 지금은 서울이 확장되어 한강이 서울의 한복판을 가르고 흐르는 형국이 되었지만, 한강은 본래 서울을 감싸 안고 흐르는 서울의 외수였다.

백악, 타락산, 인왕산, 목멱산으로 이어지는 산줄기와 개천, 중량천, 한강으로 이어지는 물줄기는 영어로 'C'자와 그것을 뒤집어놓은 글자가 맞물고 있는 형상이다. 산과 물이 절묘하게 한데 어우러진 땅임을 알 수 있다. 물이 부족하지도 넘치지도 않고, 산세가 험하여 왕래를 가로막지도 않고, 그렇다고 텅 비고 막막한 빈 들도 아닌 땅이다. 사람 살기 좋은 곳이요, 몇십만 몇백만 인구를 넉넉히 품을 만한 터전이다. 서울은 땅의 형세로 보아 과연 서울이 될 만한 곳이다.

웬 풍수지리설?

서울을 서울로 정한 논리는 과연 무엇일까? 흔히 서울이 명당자리라서 서울로 정했다고들 한다. 풍수설風水說이 바탕이 되었다는 것이다. 과연 그럴까? 조선을 건국하고 새 수도를 정했던 사람들은 진정 풍수설에 입각하여 천도를 하고, 종묘와 궁궐의 터를 잡았을까? 풍수설이 그렇게 강하게 당시 사람들의 생각을 지배하였을까? 전혀 아니라고 하기도 어렵지만, 딱히 그렇다고 하기도 어렵다.

풍수風水란 중국 고대부터 시작된 땅에 대한 인식체계를 가리키는 말

안산
인왕산
백악
경희궁
경운궁
경복궁

목멱산에서 내려다 본 서울 전경 | 빌딩들이 숲을 이루고 있어 옛 모습을 찾아볼 수 없게 되었다. 하지만 멀리 도봉산과 북한산, 그 앞으로 백악, 동으로 타락산, 서로 인왕산과 그 서편의 안산은 의구하다.

이다. 풍수란 말 자체는 '장풍득수藏風得水'의 준말이라고 한다. 바람을 저장하고 물을 얻는다. 바람이 무슨 형태가 있는 물건도 아닌데 어떻게 저장하나? 맵고 강한 바람이 휘몰아치는 것도 아니고 그렇다고 전혀 바람이 통하지 않아 공기가 퀴퀴하게 고여 있는 것도 아닌 상태, 바람이 적절하게 불어 늘 공기가 신선한 상태를 가리키는 말 아닐까 싶다. 물을 얻는다는 것도 그렇다. 폭포가 천지를 흔들며 떨어지거나 큰 강이나 바다에 바로 면해야 물을 얻는 것은 아닐 터. 적절한 냇물이 흘러 들어왔다가 흘러나감으로써 취수와 배수가 잘되는 상태. 맑은 물이 솟아나와 식수를 쉽게 구할 수 있는 상태를 가리킨다고 할 수 있다.

사람은 흙에서 와서 흙으로 돌아간다. 땅에 집을 짓고 마을과 도시를 이루고, 땅을 갈아 곡식을 심어 먹고살고, 죽어서는 땅에 묻히는 한 땅을 존중하고 땅에 깊은 관심을 가질 수밖에 없다. 관심이 살기 좋은 땅, 죽어 묻히기에 좋아 보이는 땅을 찾으려는 방향으로 움직이는 것은 당연하다. 그런 좋은 땅을 찾으려는 욕구는 농경을 기본으로 하는 전통사회에서는 오늘날보다 당연히 강했다. 시대가 흐르고 사회가 바뀜에 따라 그 시대, 그 사회의 사상과 관념의 바탕 위에서 좋은 땅을 설명하게 되었고, 이것이 풍수라는 개념으로 발전해온 것이리라.

우리 앞 시대 사람들이 풍수 관념에 따라서 집을 짓고, 마을과 도시를 건설하고, 묏자리를 썼다면 그것 자체가 하나의 역사 현상이다. 그런 점에서 풍수를 미신이라고 하여 한마디로 타기해버리는 태도는 바람직하지 못하다. 오늘날 우리가 앞 시대 사람들의 풍수 관념을 분석해서 그들이 땅에 대해서 어떻게 생각했나를 이해하고, 더 나아가 그들 삶의 한 부분을 깊이 이해하는 데 도움을 받을 수 있다면 그렇게 하는 것이 마땅하다.

하지만 다른 한편으로 풍수를 절대적인 진리인 양 받아들이는 태도는 경계해야 한다. 풍수란 농경을 위주로 하던 시대의 소산이다. 그것이 전해 내려오는 동안 불합리한 요소도 많이 끼어들었다. 풍수에서 주장하는 내

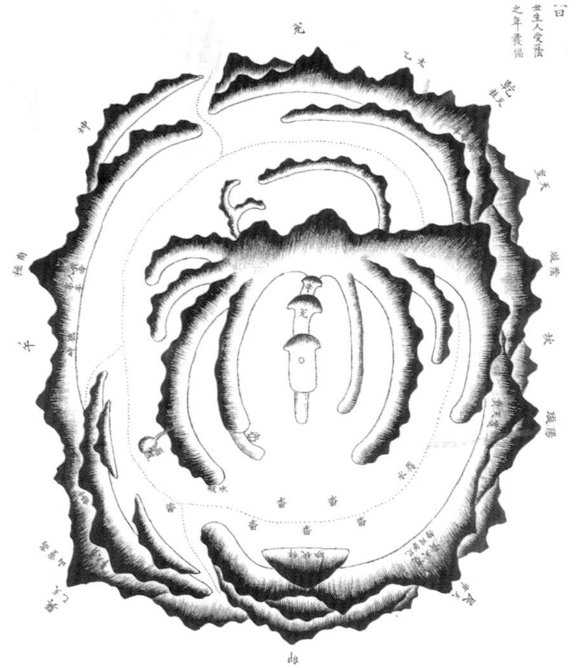

《숙빈최씨소령원도》 중 〈묘소도형여산론〉의 산도(山圖) 부분 | 경기도 파주시 광탄면에 있는 영조의 생모 숙빈 최씨의 무덤인 소령원(昭寧園)의 산도다. 산줄기는 가운데 무덤을 겹겹이 감싸고, 그 갈피갈피에서 물줄기가 모여들어 서북쪽으로 흘러 나간다. 이른바 명당이다. 하지만 그렇다고 해서 자손들이 잘 되었나? (한국학중앙연구원 소장)

용 모두를 오늘날 우리의 땅에 대한 인식체계로 받아들일 수는 없다. 오늘날 받아들일 만한 요소만 받아들이면 된다. 또 받아들일 만한 요소라 하더라도 풍수 자체의 용어나 문법을 그대로 받아들일 것이 아니라, 이 시대 우리에게 맞는 용어와 인식체계로 바꾸어 설명할 수 있어야 할 것이다.

풍수에서 땅에 대한 관심과 경외라는 점은 빼버리고 땅의 기운, 즉 지기地氣가 거기에 묻은 조상의 시신을 통해 자손으로 이어진다고 하는 동기감응설同氣感應說과 이를 바탕으로 발복기원發福祈願을 위한 집자리, 묏자리 찾기로만 받아들인다면 그것은 국토에 대한 이해와 사랑이 아니라 자기 뱃속만 채우려는 가진 자들의 더러운 탐욕에 지나지 않는다. 천시天時가 지리地利만 못하고 지리가 인화人和만 못하다는 진리, 사람의 삶에서 복을 받는 것은 일차적으로 사람 하기 나름이요 역사의 주체는 사람이라는 지극히 당연한 이치를 저버리는 무지한 짓이다.

조선 초기라고 해서 사람들이 모두 그런 발복기원을 바라는 사고방식에 사로잡혀 있었을 것이라고 생각한다면 그것은 오해이다. 막중한 국가대사를 풍수적 관념에 입각해서 처리했으리라고 단정하는 것은 우리 자신이 그런 생각에 빠져 있기 때문에 갖는 선입견일 뿐이다. 한양을 새 도읍지로 결정한 이유는 풍수적으로 명당이라서가 아니었다. 기록이 증언하고 있다. 한양을 천도할 땅으로 고른 사람은 바로 태조太祖 이성계李成桂였다. 태조는 자신이 직접 한양을 새 도읍지로 정해놓고는 개경開京, 즉 오늘날의 개성으로 돌아와 당시 핵심적인 고위 관료들의 집합처인 도평의사사都評議使司로 하여금 천도를 건의하게 하였다. 공식적인 절차를 밟을 때 예견되는 이견을 막고자 하는 조처였다. 이에 따라 1394년태조 3 8월 24일에 도평의사사에서 아뢰었다.[1]

> 저으기 살펴보건대 한양이 안팎의 산과 하천의 형세가 빼어남은 옛날부터 높이 평가받는 바입니다. 사방으로 닿는 도리道里가 균등하고, 배와 수레가 통하는 곳입니다. 이곳에 도읍을 정하여 후세에 영구토록 전승하여 하늘과 인민의 뜻에 합하시옵소서.

산과 하천의 형세가 빼어난 점, 전국의 중심에 자리 잡고 있는 점, 수로와 육로 교통의 요지인 점 등을 서울이 서울이 될 만한 조건으로 꼽았다. 오늘날 새 도시를 건설할 때도 고려해야 할 요소들을 조선을 건국하고 새 도읍지를 정하는 당시에도 고려했을 뿐이다. 풍수 이야기는 문맥 속에 숨어 있을지는 모르겠으나 적어도 겉으로 드러나 있지는 않다.

2

왕도 서울

서울을 왕도로 만든 세 가지

서울은 서울이다 서울은 나라의 중앙이다. 오늘날도 그렇지만 조선시대에 서울은 더욱 의미가 무거웠다. 서울이라는 말은 구체적인 한 도시를 가리키는 뜻과 함께 수도首都라는 뜻도 포함하고 있다. 서울은 여러 도시 가운데 하나가 아니라 조선 팔도 어느 지방보다 높은 곳이요, 전국의 중심이자 정치와 행정의 중앙 무대였다. 그러므로 지방에서 서울로 가는 것은 항상 올라가는 것이요, 서울에서 지방으로 가는 것은 내려가는 것이었다. 사람들의 관념 속에서 서울은 나라의 으뜸이요 중앙이었다.

조선왕조에서 서울은 수도인 동시에 왕도王都였다. 곧 임금이 사는 도시였다. 중앙집권적 정치체제의 전통을 갖고 있는 우리나라에서는 왕도가 곧 수도라는 점에 대해 별 의문을 갖지 않게 된다. 오히려 수도와 왕도가 일치되지 않는 것이 상상이 되지 않을 정도이다.

하지만 다른 나라에서도 반드시 그러한 것은 아니다. 가까운 일본만 보아도 그렇다. 이른바 에도[江戶]시대에는 실질적인 수도는 지금의 도쿄[東京]였지만 왕도는 교토[京都]였다. 비록 실권이 거의 없는 왕이지만 일본의 왕은 교토에 살았다. 그래서 지금도 교토 사람들은 자신들이 왕도의 거민이라는 자부심이 대단하다고 한다.

중국은 역사상 왕조가 이루 다 헤아리기도 어려울 정도로 많았고, 당연히 왕도의 수도 그만큼 많았다. 역사에서 '중국'이라는 나라는 없었고, 따라서 중국 전체의 수도가 어디였는지 콕 짚어 말하기가 쉽지 않다. 다만 서주西周, 전한前漢, 수隋, 당唐의 왕도였던 장안長安, 시안西安과 동주東周, 후한後漢, 육조六朝 등의 왕도였던 낙양洛陽, 뤄양이 관념상 대표적인 수도로 인식되고 있다. 송宋나라의 개봉開封, 카이펑이나 명明나라 초기의 남경南京, 난징 등도 수도이자 왕도였지만 우리들에게는 다소 낯설다. 현재 중국의 수도인 북경北京, 베이징은 금金나라와 원元나라의 수도였지만, 명나라 제3대 황제인 영락제에 이르러 이곳으로 천도하면서부터 중국 전체의 수도이자 왕도가 되었다.

하지만 우리나라는 왕조의 교체가 그렇게 잦지도 않았고, 복잡하지도 않았다. 고구려나 백제는 왕도를 자주 옮겼지만, 신라는 천 년 내내 경주를 떠나지 않았다. 고려는 거의 대부분의 시간 동안 개경이 왕도였다. 태조가 조선을 건국하고 2년 만에 개경을 떠나 지금의 서울로 천도한 뒤 오늘날까지 서울은 서울의 지위를 놓지 않고 있다. 수도 자체를 옮기는 것은 고사하고 행정부의 일부를 옮기는 데 대해서도 얼마나 논란이 많았고, 저항이 얼마나 컸던가? 이 문제에 대한 찬반 의견이 어떠하든 '서울이 의당 서울'이라는 관념의 뿌리가 참 깊고 넓은 것만은 부정할 수 없다.

먼저 갖추어야 할 바 셋

그러한 서울을 서울이 되게 하는 가장 핵심적인 요소는 무엇이었을까? 전 국토의 중앙에 있고, 교통이 편리하고, 지형이 알맞고, 인구가 많고, 임금이 살고 정치, 문화, 외교, 경제의 중심이었다는 점 등을 꼽을 수 있겠다. 그러한 요소 외에 구체적인 시설물은 무엇이 있었을까? 오늘날에는 다른 도시에 없는 이런저런 시설이나 커다란 빌딩을 꼽을 수 있을지 모르겠다. 하지만 왕조사회에서는 재론의 여지가 없이 명확하였다. 첫째가 종묘宗廟, 다음이 궁궐宮闕 그리고 성곽城郭이다. 내 이야기가 아니다. 태조 3년, 1394년 11월 한양으로 천도를 결정한 뒤에 당시 관서들 가운데 가장 고위 관서인 도평의사사에서 올린 보고서의 주장이다.[2]

> 침묘寢廟는 조종祖宗을 받들어 효성과 공경을 높이려는 곳이요, 궁궐은 존엄을 과시하고 정령政令을 내려는 곳이며, 성곽城郭은 안팎을 엄하게 구별하고 나라를 공고히 하려는 곳입니다. 이 세 가지는 모두 나라를 소유한 이라면 마땅히 먼저 갖추어야 할 바입니다.

침묘란 종묘를 가리킨다. 조종이란 현 임금의 조상인 역대 임금을 말한다. 돌아가신 역대 임금을 받든다는 것은 무엇인가? 역대 임금과 왕비의 신주神主를 받들어 모신다는 뜻이겠다. 다시 말해서 사당이다. 사당을 짓는 목적은 조상의 힘을 빌어 화를 피하고 복을 받기 위함이 아니다. 효성과 공경을 높이는 기풍을 진작하려는 데 있다. 임금부터 종묘를 지어서 살아계신 부모, 나아가 돌아가신 조상에게 효성과 공경의 마음을 다하는 의식인 제사를 드림으로써 본이 되려 함이다. 이를 통해서 효성과 공경의 기풍이 백성들에게 널리 퍼지게 하고, 그렇게 함으로써 백성들을 교화하려는 것이 종묘를 짓는 목적이라는 뜻이다. 효성과 공경은 유교 윤리의 출발점이요 귀결점이다. 종묘는 유교적 사회 교화를 위한 정신적 지주가 되

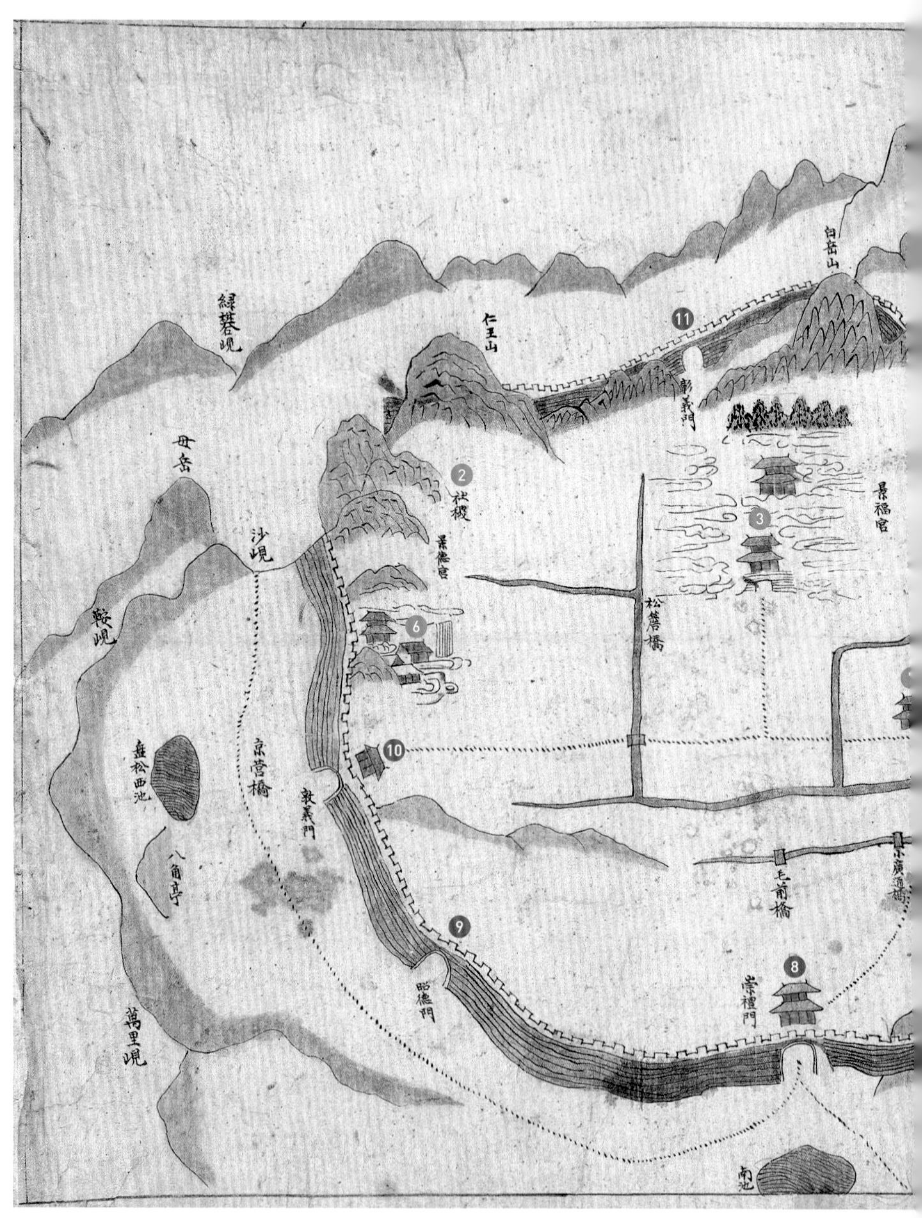

〈도성도〉, 《조선강역총도》 | 도성의 문루가 숭례문과 흥인문, 돈의문, 광희문에만 있는 것으로 보아 도성 정비가 끝나기 전인 18세기 초의 것으로 보인다. 경희궁은 경덕궁으로 쓰여 있으며, 숙정문은 터만 있고, 광희문은 수구문으로, 남소문은 광희문으로 표기되어 있다. (서울대학교 규장각한국학연구원 소장)

도성 안 주요 시설 | 1 종묘 2 사직 3 경복궁 4 창덕궁 5 창경궁 6 경희궁 7 종루
도성문 | 8 숭례문 9 소의문 10 돈의문 11 창의문 12 숙정문 13 혜화문 14 흥인문 15 광희문 16 남소문

종묘 정전 | 조선 왕실 역대 임금과 왕비의 신주를 모신 사당 종묘는 서울을 서울로 만드는 첫 번째 시설물이다. 서울만이 아니라 온 나라의 정신적 지주요, 서울에서 으뜸가는 신성한 공간이었다. 그만큼 깊고 무겁고 정중하고 단정하다.

는 시설이었고, 가장 존중받는 신성한 공간이었다.

궁궐은 존엄尊嚴을 과시하여 정령政令을 내기 위한 곳이다. 존엄의 존尊은 비卑의 반대다. 높은 사람이 있고 낮은 사람이 있는 신분제 사회가 전제되어 있다. 높은 사람 가운데 가장 높은 사람이 누구인가? 왕조국가에서는 당연히 임금이다. 임금은 지존至尊이다. 그러한 임금을 비판하고 대드는 행위는 용납되지 않는다. 그런 자가 있으면 다스린다. 다스리되 엄嚴하게 다스린다. 관용을 베풀지 않는다. 정령이란 무엇인가? 정치적, 행정적 명령. 단순한 명령이 아니라 법적 권위와 효력을 갖는 왕명王命이다. 한 번 지나가는 왕명이 아니라 대대손손 이어가며 지켜야 할 왕명, 정책이며 법령이다. 그렇게 볼 때 궁궐은 왕실 가족의 생활의 터전이라는 기능보다

도성 | 백악곡성에서 서편으로 도성이 구불구불 백악 정상을 휘감아 돈다. 저 멀리 인왕산 암봉을 돌아 목멱 정상을 넘고 넘어 사진에 보이지 않더라도 타락산을 더듬어 훑어 다시 이곳으로 돌아오리라.

정치와 행정의 최고 단계의 집행이 이루어지는 공간, 최고의 관부라는 기능이 더 큰 의미를 갖는 시설이다.

세 번째로 말하는 성곽은 도성都城을 가리킨다. 우리나라에는 지방에도 산성山城이 매우 많고, 지방 군현의 중심 도시를 둘러싼 읍성邑城도 많았다. 그러나 여기서 말하는 성곽은 그러한 여러 성곽들을 가리키는 것이 아니다. 수도이자 왕도인 한양을 둘러싼 성을 가리킨다. 한양을 둘러싼 성곽, 한성漢城은 당연히 유일하며, 다른 성곽들과는 비교가 되지 않게 우월한 지위를 갖는 성곽, 도성이다.

셋 가운데 가장 존중받는 공간은 물론 종묘였을 것이요, 현실적으로 가장 큰 비중을 차지한 곳은 궁궐이었을 것이다. 이에 비하면 도성은 누구나 쉽게 접근할 수 있는 열린 공간이요, 얼핏 큰 관심없이 지나칠 수도 있는 곳이었을지도 모르겠다. 하지만 옛날 사람들에게 한양 구경은 일생 일대의 경험이었다. 그들이 허위허위 한양에 왔을 때 가장 먼저 만나는 서울의 시설물은 도성이요, 도성문이었다. 도성과 도성문은 서울의 얼굴이요, 표상이었다. 지금 우리도 도성과 도성문을 더듬는 것으로 서울 구경의 첫 걸음을 삼고, 그다음에 비로소 안으로 들어가 휘둘러 본 뒤 궁궐로 향하는 것이 마땅하지 않을까 생각한다.

왕도의 예복, 도성

왕도의 경계

도성은 안과 밖을 경계 짓고 구별하기 위한 시설물이었다. 그 구별은 엄격하였다. 아무나 아무 때나 마음대로 드나들지 못하였다. 어두워지면 성문을 닫고, 새벽이면 열었다. 그렇게 함으로써 성 안, 성 안에 있는 사람들, 그 가운데서도 임금을 지키려는 데 궁극적인 목적이 있었다. 왕조국가는 오늘날의 민주공화국과는 본질적인 차이가 있다. 민주공화국에서 국가는 주권과 영토와 국민으로 구성된다. 나라를 공고하게 하는 것은 이 주권과 영토와 국민을 지키는 것이다. 그러기 위해서 군사 방어 시설은 주로 국경선에 집중된다. 이에 비해 왕조국가의 주인은 임금이다. 임금을 중심으로 왕실과 조정朝廷을 지키는 것이 곧 나라, 방국邦國을 공고히 하는 중심이었다. 그럴 목적으로 지은 시설이 도성이었다.

서울을 가리키던 이름 가운데 경성京城, 도성都城, 한성漢城, 황성皇城 등이 있다. 이런 이름들에 성城 자가 붙은 까닭은 서울이 성으로 둘러싸여 있었기 때문이다. 도성이란 말은 좁게 보자면 서울을 둘러싸고 있는 성곽

인왕산 밑자락의 도성 옛 모습 | 도성 아래 순라길에 사람들이 옹기종기 모여 있다. 몇몇은 성 밑 마을에서 이제 막 올라오고 있다. 저 뒤편으로 인왕산이 보이는 것으로 보아 도성의 서쪽 소의문과 돈의문 사이 어디쯤일 것이다. (퍼시벌 로웰 사진, 1884년)

을 가리키지만, 넓게 보면 성곽으로 둘러싸인 성 안, 더 넓게는 성곽 인근의 도시 지역을 포함하기도 하였고, 곧 서울을 가리키는 뜻으로 쓰이기도 하였다. 2011년 7월 28일 문화재청 고시로 사적 제10호의 명칭이 "서울성곽"에서 "서울 한양도성"으로 바뀌었다. 명칭을 부여하는 기준에 맞춘 것인 줄은 알겠지만, 도성은 유일하기에 '도성'이라고만 해도 충분하고, 그것이 도성에 대한 예의를 더 갖추는 일이 아닌가 생각된다.

도성은 내사산의 능선을 따라 쌓았다. 내사산은 훌륭한 형세를 만들기도 하지만, 다른 한편으로는 조선시대 한성부의 경계를 이루면서 그 안을 지켜주는 방어선 구실도 하였다. 도성은 많은 공력을 들여 쌓은 인공물임

혜화문 옛 모습 ㅣ 도성의 동북쪽 문인 혜화문. 속칭 동소문이라고 하였다. 조선 후기에는 네 정문(正門)의 하나가 되었다. 좌우에 성벽을 거느리고 고갯마루에 올라앉은 모습이 장하다. 강원도 함경도 방면에서 몇 날 며칠을 걸려 한양에 온 시골 사람들, 저 성문을 보면서 얼마나 가슴이 뛰었을까? (《조선고적도보》)

에도 자연의 일부인 듯 내사산과 어울렸다.

성이 있으면 문이 있게 마련이다. 문은 닫으면 성이 되고 열면 길이 된다. 성과 길이 만나는 곳에 문을 내었다. 문은 성 안과 밖을 연결하기도 하고 차단하기도 한다. 옛날에는 도성문을 들어가는 것이 곧 서울에 들어서는 것이었다. 지방에서 서울까지 열흘, 보름이 걸리는 먼 길을 와서 도성문을 들어서야 비로소 서울에 온 것이었다.

사대문은 없다, 사소문도 없다

요즘은 흔히 도성의 내부 지역을 가리켜 "사대문 안"이라고 한다. 이상하다. 이 말을 그대로 인정한다 하더라도 그렇다면 도성에는 사대문만 있는가? 다른 문은 없는가? 초등학교 교과서를 비롯하여 많은 자료에는 또

"도성에는 사대문과 사소문이 있다"라고 기술되어 있다. 그렇다면 도성 안은 '사대문 안'인 것만이 아니라 '사소문 안'이기도 하지 않은가? 도성문의 수효와 구성에 대해서는 따져보아야 할 점이 많다.

도성은 1396년태조 5 9월 24일 처음으로 제 모습을 갖추었다. 《태조실록太祖實錄》에는 이를 알리는 기사가 실려 있다. 그 가운데 도성문의 위치와 명칭을 알려주는 내용이 있다.[3]

> 정북을 일러 숙청문肅淸門, 동북을 일러 홍화문弘化門(속칭 동소문東小門), 정동을 일러 흥인문興仁門(속칭 동대문東大門), 동남을 일러 광희문光熙門(속칭 수구문水口門), 정남을 일러 숭례문崇禮門(속칭 남대문南大門), 숭례문에서 조금 북쪽에 있는 문을 일러 소덕문昭德門(속칭 서소문西小門), 정서를 일러 돈의문敦義門, 서북을 일러 창의문彰義門이라 하였다.

조선의 제4대 임금 세종世宗이 여러 면에서 많은 치적을 남긴 임금이라서 그런지, 다른 임금의 실록이 날짜순으로 정리한 기사만으로 구성된 것과는 달리 《세종실록》에는 〈오례五禮〉, 〈악보樂譜〉, 〈지리지地理志〉, 〈칠정산내외편七政算內外篇〉 등이 더 실려 있다. 그중 〈지리지〉의 경도한성부京都漢城府 조에 도성문의 위치와 명칭을 알려주는 기사가 있다.[4]

> 정동을 일러 흥인문, 정서를 일러 돈의문敦義門, 정북을 일러 숙청문肅淸門, 동북을 일러 홍화문弘化門(곧 동소문東小門), 동남을 일러 광희문光熙門(곧 수구문水口門), 서남을 일러 숭례문崇禮門, 그 조금 북쪽에 있는 문을 일러 소덕문昭德門(곧 서소문西小門), 서북을 일러 창의문彰義門이라 한다.

위 두 기록이 도성문에 대한 가장 기본적이며 공식적인 정보를 알려주는 자료이다. 두 기록 모두 도성문을 여덟을 들어 본 이름과 별칭을 소

불타기 전 숭례문 | 화재 바로 전날인 2008년 2월 9일에 찍은 숭례문 모습. 저때까지 유지되어오던 옛 모습이 하룻밤 새에 잿더미가 되었다. 보존은 어려운데 파손은 예측할 수 없는 위기 속에 들이닥친다.

개하고 있다. 동서남북 네 문의 본 이름은 알려진 바와 같이 인의예지仁義禮智 사단四端을 붙여 지었다. 다만 북문은 지智 자 대신에 청淸 자를 넣어 변화를 주었다. 아마도 북문이 많은 사람들이 드나드는 번듯한 문이 아니었기 때문이 아닌가 짐작된다.

그다음에 별칭을 소개하고 있는데, 모든 문들이 별칭을 갖는 것은 아니었다. 소문은 두 자료 모두 홍화문이 동소문, 소덕문이 서소문으로 밝히고 있다. 홍화문은 나중에 혜화문惠化門, 소덕문은 소의문昭義門으로 이름이 바뀌었다. 이에 비해 대문은《태조실록》에만 숭례문이 남대문, 흥인문이 동대문으로 나온다. 세종 대에 가서 남대문, 동대문이라는 이름이 쓰이지 않아서 기록하지 않은 것은 아닌 것으로 보인다. 남대문, 동대문이라는 이름은 보통명사처럼 오늘날까지 이어지고 있다.

그러면 나머지 문들은 무엇인가? 대문도 소문도 아닌가? 대문과 소문

창의문 | 도성문들 가운데 유일하게 제자리, 제 모습을 지키고 있는 창의문. 그 가치를 인정받아 2015년 12월 2일 보물 제1881호로 지정되었다.

이란 문의 크기와 위상을 반영하여 붙인 이름이겠다. 대문은 전체 크기가 크고 특히 홍예문의 폭과 높이가 커서 큰 물체, 이를테면 큰 가마가 드나들 수 있었고, 문루가 2층으로 되어 있다. 이에 비해 소문은 전체 크기가 상대적으로 작고, 문루는 단층으로 되어 있다. 대문은 임금과 왕비의 장례가 나가는 문이었고, 외국 사신들이 드나드는 문이었다.

대문과 소문 별칭이 붙은 문들은 그렇지 않은 문들보다 사람과 물산의 출입이 많은 문이었던 것으로 보인다. 숙정문은 거의 출입이 없는 문이었고, 서북의 창의문과 동남의 광희문도 상대적으로 출입량이 적었다고 할 수 있다. 서소문인 소덕문과 동남의 광희문은 임금 왕비 이하 모든 사람들의 장례가 나가는 문이었다. 여기서 돈의문이 특이한데, 돈의문은 대문과 소문의 중간 정도로 받아들여졌던 것이 아닌가 판단된다. 돈의문은 세종 대에 위치를 옮겨서 새로 지은 이래 "신문新門", "새 문"으로 불리기는 했지만, "서대문"으로 불린 바는 거의 없다. 이렇게 보면 오늘날 도성 안을 가리켜 "사대문 안"이라고 부르는 것은 역사적 근거도 없고, 격조도 없는 일이다. 지양했으면 좋겠다. 그냥 "성 안", 또는 "문 안"이라고만 해도 도성 안을 가리키는 데 충분하다.

그런데 도성에는 문이 위 두 자료에 나오는 여덟 개만 있었을까? 그렇지 않다. 위 여덟 문 외에 오늘날 국립극장에서 한남동으로 넘어가는 고개에 문이 하나 더 있어 남소문南小門이라고 불렸다. 이 남소문은 그러나 좌향상 이롭지 않다는 이유, 그보다는 목멱산에서 갈라져 나간 산자락이 가까이 이어져 도적의 소굴이 되었던 사실 등으로 일찍이 폐쇄되었다. 그 결과 조선 후기에는 남소문과 광희문을 혼동하기도 하였다. 하지만 이 문이 문으로 기능을 발휘하던 시기에는 "도성팔문都城八門"이 아니라 "도성구문都城九門"이라는 말을 쓰기도 하였다. 이렇게 남소문의 존재를 인정하면 도성에는 문이 여덟이 아니라 아홉이 있었다고 해야 할 것이다.

도성의 문이 여덟인가 아홉인가는 이름을 갖고 있는 정식 문을 대상으로 하는 논란이다. 도성에는 이러한 정식 문 외에도 적군 몰래 드나드는 암문暗門들이 있었다. 암문은 평지보다는 주로 산지山地, 작은 길이 통하는 지점에 설치하였다. 총연장이 18킬로미터 남짓 되는 도성에 문이 여덟이나 아홉만 있으면 실제 관리하고 이용하는 데 불편이 없겠는가? 예를 들어 어느 병졸이 성 위에서 들고 있던 창을 깜빡 성 밖으로 떨어뜨렸다고 치자. 그것을 주으러 갔다 오려면 얼마나 걸리겠는가? 만약 문과 문 사이 중간 지점이라면 줄잡아 2킬로미터를 움직여야 한다. 그것도 산지를….

이런 이유로 우리나라 성들에는 모두 암문이 있다. 도성이라고 암문이 없이 관리하고 이용할 수 있었겠는가? 불가능한 일이다. 1970년대 중반에 복원이라는 이름으로 도성의 무너진 부분을 다시 지으면서 암문에 대한 조사를 면밀히 했다는 기록이 없다. 그렇지만 지금 그렇게 복원된 도성 곳곳에 암문에 해당하는 문들이 여럿 있다. 무턱대고 만든 '토끼굴'이 아니라, 옛 암문이 있던 자리에 다시 만든 것이라고 보아야 할 것이다.

서울 바닥

운종가

문은 길로 연결된다. 길은 성 안과 성 밖을 잇는 동맥이요, 정맥이다. 문은 길의 출발점이자 종착점이다. 모든 길은 도성, 서울로 통하였다. 서울은 조선 팔도의 심장이었다. 모든 길이라고 하기는 어렵겠지만 적어도 전국으로 퍼지는 대로大路는 서울에서 출발하였고, 서울로 모여들었다. 도성문은 대로의 기점이자 종점이었다.

길은 가다가 갈라지기도 하고 합쳐지기도 한다. 어느 길이 반드시 어느 문으로만 연결되지는 않으나, 대체로 전국으로 나가는 큰길들은 도성의 어느 문과 연결되었다. 도성문 가운데 정문에 해당하는 숭례문은 경기도를 지나 충청도를 거쳐 경상도, 전라도로 이어지는 길들, 이른바 삼남로三南路, 영남로嶺南路가 연결되었다. 서쪽의 돈의문은 개성, 평양을 거쳐 의주로 가는 의주로義州路의 기점이었다. 강화로 가는 강화로江華路 역시 돈의문에서 출발하였다. 함경도의 함흥을 거쳐 동북방 끝 서수라西水羅로 이어지는 경흥로慶興路는 혜화문을 기점으로 삼았다. 동해안 일대로 연결되는 도로는 흥인문을 나섰다.

도성 안으로도 물론 도로가 연결되었다. 도성 안 도로는 법으로 규정하여 더욱 엄격하게 관리하였다.[5] 도성 안 도로와 물길, 교량은 공조工曹와 한성부漢城府에서 상태를 살펴서 문제가 생기면 고치도록 되어 있었다. 도로는 등급을 대로大路, 중로中路, 소로小路로 나누어 그 너비를 대로는 56척, 중로는 16척, 소로는 11척으로 정하였다. 도로의 양 가장자리에는 배수로

운종가 옛 모습 | 오늘날의 종로2가 YMCA 자리에 있었던 한성전기회사 옥상에서 서쪽으로 바라본 광경. 널찍한 운종가 한가운데로 전차 선로가 가고 있다. 사진 왼편의 다른 건물들보다 조금 큰 건물이 보신각이다. 피마골 안에도 사람들이 다니고 있다. (《버튼 홈즈의 여행 강의》)

를 각 너비가 2척 되게 내었다.

길은 사람과 물산이 흘러가는 통로다. 동물로 말하자면 핏줄이요, 식물로 말하자면 줄기이다. 사람들은 길에 매달려 산다고 할 수 있다. 사람이 사는 건물들은 모두 길과 연결되어 있다. 조선시대 서울의 주요 시설물들도 당연히 길에 연결되어 있었다. 직접 대로에 면하기도 하고, 대로에서 곧바로 연결되는 도로의 끝점에서 그 도로를 면하여 정문이 자리 잡기도 하였다.

도성 안의 길들 가운데 중심축이 되었던 것이 운종가雲從街이다. 운종가는 흥인문에서 돈의문까지 도성을 동서로 가로지르는 가로街路였다. 오늘날의 종로와 새문안로를 합한 가로다. 아마도 조선 태조 대 이 도시를 처음 건설할 때 도시계획의 기본 계획선이었으리라 생각된다. 운종가란

〈수선총도〉의 운종가 부분 | 운종가 가운데서도 중심부인 종루(원 안 검은 네모) 근처와 그 아래 남대문로에는 주요 생필품을 파는 시전 점포들이 모여 있었다. 사진의 중앙에 가로로 그어진 선이 운종가이고, 그 아래로 남대문로가 이어진다. 그 주변에 시전의 이름들이 기재되어 있다. (서울역사박물관 소장)

말은 '구름처럼 사람들이 많이 모여드는 길'이라는 뜻일 터인데, 가로변에 긴 건물들을 지어 주로 시전市廛의 점포로 썼기 때문에 자연스레 한양의 중심 상업 지구가 되었다.

조선시대에는 운종가를 비롯한 서울의 주요 가로에 국가에서 행랑行廊을 지어 상점이나 관청 등으로 썼다. 특히 종루鐘樓를 중심으로 그 주위 행랑에는 주요 상점들이 즐비하게 들어서 있었다. 이를 시전市廛이라 한다. 그 가운데 중국 비단을 파는 춘전春廛. 혹은 선전綿廛, 입전立廛, 국내에서 생산되는 비단을 파는 면주전綿紬廛, 국산 면포를 파는 면포전綿布廛, 국산 마포를 파는 포전布廛, 저포苧布와 황저포黃苧布를 파는 저포전苧布廛, 중국의 거친 베를 파는 청포전靑布廛, 각종 종이를 파는 지전紙廛, 각종 건어물을 파는 내외어물전內外魚物廛 등이 큰 점포였다. 이들을 합쳐 육의전六矣廛 혹은 육주

1903년 서울 | 사진 왼편에 위에서 아래로 이어지는 굽은 선이 도성이다. 도성 밖으로도 시가가 이어져 있다. 중단에 숭례문이 우뚝하고, 그 안에 선혜청이 넓게 자리 잡았다. (계속)

비전六注非廛라고 불렀다. 말하자면 당시 가장 중요한 상점들이었다.

이러한 상업 지역은 운종가 남쪽에 흐르는 개천변까지 이어졌다. 종루에서 광교에 이르는 일대는 번화한 상점가이니 상인들이 많았을 것은 두말할 나위가 없다. 하지만 상인뿐이랴? 짐을 나르는 일을 하는 사람들, 또 빌어먹는 사람들을 비롯해서 온갖 평민 천민들이 모여 사는 사람들의 전시장이기도 하였다.

도성 안이 도성 밖보다 지형이 높고, 도성 안에는 크고 중요한 건물들이 많은 데 비해서 도성 밖은 상대적으로 작은 집들로 채워져 있다. (일본 학습원대학 동양문화연구소 소장)

성 안 분들, 성 밖 것들

운종가와 개천을 중심으로 북쪽 구역은 북으로 백악과 응봉 자락을 등지고 남으로 개천을 바라보는 자리다. 말하자면 전형적인 배산임수를 갖춘 명당 자리였다. 이렇게 살기 좋은 자리는 부와 귀를 갖춘 사람들, 이를테면 임금과 고관대작들, 양반들이 차지하는 것은 어찌 보면 필연이라고 할 수 있다. 이 구역, 그 가운데서도 경복궁과 창덕궁 사이 지역을 북촌北村

이라고 불렀다.

개천을 사이에 두고 북촌을 마주보는 구역, 그러니까 개천의 남쪽, 목멱산의 북쪽 기슭은 남촌南村이라 불렀다. 남촌은 경관 면에서는 북촌 못지않다고 할 수 있으나, 좌향은 북향으로 좋지 못했다. 그런 점에서 입지 조건은 북촌보다 떨어진다고 할 수 있다. 이러한 남촌에는 부와 귀는 갖추지 못했으나 기개만은 꼿꼿한 양반 선비들이 주로 살았다. 이른바 남산골 샌님, 돈이 없어 나막신을 신고 다니는 딸깍발이가 그들이다. 하지만 남촌에 이들 딸깍발이들만 산 것은 아니다. 대대로 내려오는 명문가들도 적지 않게 자리 잡고 있었다. 예로부터 '남주북병南酒北餠, 남촌은 술 맛이 좋고, 북촌은 떡 맛이 좋다'이라는 말이 있듯이 남촌과 북촌은 삶의 꼴, 곧 문화에서 서로 대비되는 어떤 특성을 갖고 있었다.

북촌이나 남촌이라는 명칭은 행정 구역이 아닌 민간에서 관행적으로 부르는 이름이었다. 지역을 나누는 데는 개천을 기준으로 개천과 운종가가 만나는 지점 이상의 상류 지역을 웃대 또는 상촌上村, 오간수문五間水門 근처 이하 지역을 아랫대 또는 하촌下村, 상촌과 하촌 사이 개천의 본류 지역을 중촌中村이라고 부르기도 하였다. 오늘날 경복궁의 서쪽 인왕산 기슭, 다시 말해서 상촌 지역을 서촌西村이라고 부르는 사람들이 있는데, 근거가 무엇이지 모르겠다. 이 지역을 서촌이라고 부르는 것은 적절치 않다고 본다. 한성부의 서부西部는 소의문 안 지역, 오늘날로 치자면 정동을 포함한 일대였다. 굳이 옛 이름으로 부르려면 웃대 또는 상촌이라고 하면 될 것이다.

서울 장안에 북촌 양반이나 남촌 딸깍발이만 살았던 것은 물론 아니다. 그들 외에도 구구각색의 사람들이 각자 필요에 따라 골목골목 갈피갈피에 깃들어 살았다. 사직단社稷壇 인근에는 내시들이 많이 살았다고 한다. 성균관 소속 노복들은 성균관 부근, 오늘날의 명륜동 일대에 주로 살면서 현방懸房이라 불리는 푸줏간을 개설함으로써 부를 축적하였다. 개천변에

《육전조례》의 한성부 오부방리

부(部)	방(坊) 수효	계(契) 수효
중부(中部)	8	91
동부(東部)	7	43
남부(南部)	11	71
서부(西部)	9	91
북부(北部)	12	44
계	**47**	**340**

는 제 땅에서 살기 어려워 서울로 모여들어 날품을 파는 사람들, 거기서 더 전락하여 빌어먹고 사는 거지들이 많았다고 한다. 아전과 같은 부류들은 제 관청이 있는 부근에 모여 살았을 것이다. 노비들은 주인 댁 주위에 붙어살았을 것이므로 어느 한 구역에 모여 살기보다는 전 지역에 퍼져 살았을 것이다.

한성부의 행정구역은 부府 아래 부部, 부 아래에는 방坊, 방 아래에 계契를 두었다. 부는 동서남북중東西南北中의 오부五部가 있었다. 방과 계는 시간이 지남에 따라 조금 늘어나 19세기 중엽 고종高宗 초년에는 방은 모두 47방, 계는 모두 340곳이 되었다. 한성부의 행정구역은 처음에는 도성 안에 국한되었지만, 도성 밖으로 점차 사람이 모여 사는 지역이 늘어남에 따라 한성부의 행정구역도 확대되었다.

엄밀하게 말하자면 서울은 도성으로 둘러싸인 내부, 그러니까 문 안을 말하였다. 그러나 문 안만으로 도시가 완결될 수는 없다. 문 안에는 생산기반이란 것이 거의 전무했으므로 문 안에 사는 서울 사람은 생활에 필요한 물품을 문 밖에서 조달할 수밖에 없었다. 서울은 전국 최고의 소비도시로서, 전국 각지에서 나는 물품이 서울로 모여들었다. 그러한 물품이 이동

마포 옛 모습(위) | 한강변에 큰 마을이 형성되어 초가집과 함께 기와집들도 빽빽하게 들어찼다. 강안에 닿아 있는 배들의 돛대도 촘촘하게 줄을 지었다. 선착장으로 오가는 사람들, 골목골목에서 무언가 하는 사람들이 바쁘게 움직이고 있다.

숭례문 바깥 옛 모습(아래) | 소로 밭을 가는 뒤로 초가집들이 마을을 이루고 있다. 저 멀리 도성이 높다랗게 좌우로 지나가는데 숭례문이 우뚝 솟아 있다. 장한 모습이다. 사진의 왼쪽 아래로 만초천이 흘러간다. (《꼬레아 에 꼬레아니》)

하는 주요 통로는 물길이었다. 바닷길을 통해 한강을 거슬러 올라온 배들은 마포, 서강, 용산에 닿았고, 남한강과 북한강을 타고 내려온 배들도 광진, 송파, 두모포, 한강진, 동작진 등에 닿았다. 한강에 자리 잡은 이러한 포구들은 물산과 사람들로 북적대는 곳으로 서울의 연장이었다.

그 포구에 길들이 이리저리 촘촘히 연결되면서 도성으로 이어져 숭례문, 소의문, 돈의문으로 닿았다. 그런 까닭에 이들 세 문은 삼문三門으로 통칭되기도 하였다. 이 문 바로 바깥 지역은 도성 안으로 들어오는 물건들을 미리 채어서 사려는 사람들이 벌이는 허가받지 않은 장이 섰다. 이름하여 난전亂廛. 난전으로 이름이 널리 알려진 곳이 숭례문과 소의문 사이의 칠패七牌와 돈의문에서 서쪽으로 나가자면 첫 고개가 되는 아현阿峴, 애오개 등이었다.

서울의 동쪽, 북쪽으로도 도성에서 10리 정도까지는 서울에 채소나 땔나무 등을 공급하는 배후지로서 역시 서울의 연장이었다. 개천이 도성을 벗어나는 오간수문 바깥 지역이나 이간수문二間水門 바깥 지역은 저지대 물이 많은 지역이라 미나리밭이 많았다. 더 나간 지역, 오늘날의 왕십리 일대는 채소밭이 많았다고 한다. 이렇게 도성 밖 10리, 즉 성저십리城底十里까지는 같은 생활권으로서 서울에 포함되었다고 볼 수 있다.

남대문로

도성 안의 길들 가운데 중심이 되는 다른 길 하나는 남대문로였다. 운종가와는 달리 별도로 불리는 이름은 없었지만, 도성의 정문인 숭례문을 들어와서 도성 한가운데로 향하는 길이다.

오늘날에는 숭례문을 지나 시내로 들어올 때의 주된 경로는 서울특별시청을 지나 광화문 네거리로 통하는 세종대로다. 세종대로는 2010년에 새로 붙은 이름이고, 그 전까지 숭례문에서 광화문 네거리까지의 길 이름은 태평로였다. 이 길은 조선시대에는 없던 길이었다. 있었다고 해도 아주

남대문로 옛 모습 | 숭례문 문루 2층쯤에서 성 안을 바라보았다. 남대문로가 오른쪽으로 굽어 이어진다. 길 가장자리에 길게 이어지는 초가집은 도로를 침범하여 지은 가가(假家)다. 아직 종현성당이나 상동교회는 들어서지 않은 것으로 보아 1898년 이전 사진이다. (《토미 톰킨스와 더불어 한국에서》)

작은 골목길이었다. 일제강점기에 들어와서 이 길을 크게 넓히고 이름도 태평로라 붙였다. 태평로가 뚫리기 전에는 오늘날의 남대문시장 쪽으로 해서 신세계백화점 앞에서 왼쪽으로 한국은행을 끼고 돌아 지하철 2호선 을지로입구역, 광교 네거리, 지하철 1호선 종각역으로 이어지는 길, 곧 오늘날의 남대문로가 성 안으로 들어오는 정식 경로였다.

옛날에는 숭례문을 들어서면 오늘날 남대문시장에 있는 상동교회 못 미쳐서 돌우물골을 건너는 수교水橋라는 다리를 건너, 오른편으로 개울을 끼고 가다가, 재차 돌우물골을 건너는 다리인 소광교小廣橋를 건너, 바로 또 북쪽에서 흘러내린 개천을 건너는 다리인 광교廣橋를 건너 종루에 이르렀던 것이다. 지금은 개울은 모두 복개되고, 다리는 사라졌다. 다만 광교는 개천이 '복원'되면서 오히려 제자리를 잃고 상류로 옮겨져 재현되었다.

개울을 따라가던 길이 거기 흐르던 물줄기가 빠져버리니, 지금의 남대문로는 좌우에 빌딩이 빽빽이 들어찬 길, 식민지의 흔적이 더 짙게 남은 길로 남았다.

종루 보신각

운종가와 남대문로가 만나는 자리에 종루鍾樓가 서 있었다. 종루는 인경[人定]과 바라[罷漏] 등을 알리는 종을 매단 건물이었다. 종을 매단 건물이 2층이면 종루, 단층이면 종각鍾閣이라고 하였다. 1396년태조 5에 처음 지금의 종로2가 인사동 입구쯤에 있던 청운교靑雲橋 서쪽에 정면 5간에 2층짜리 누각을 짓고 종을 걸었다. 그러다가 서울의 중심 가로를 따라 상가나 관가, 창고 등으로 쓸 대규모의 행랑行廊을 짓던 1413년태종 13에 종묘 남쪽 길로 옮겨 지었다가, 다시 지금의 종로 네거리로 옮겼다.

운종가와 남대문로가 정丁 자 모양, 영어로 하자면 'T'자 모양으로 만나는 지점이다. 그 무렵에는 종루에 누기漏器, 물시계를 함께 설치하여 그것이 알려주는 시각에 따라 종을 쳤다. 그러나 시각을 재는 누기가 정확하지 못한데다가 담당자가 착오를 일으키면 관원이나 민간인들의 도성 출입까지도 이르거나 늦는 수가 많았으므로 1437년세종 19에는 경복궁 안에 있는 자격루自擊漏에서 잰 시각을 종루로 전달하였다. 전달을 위하여 지금의 광화문 앞에 쇠북[金鼓]을 설치하였다가 1459년세조 5에는 종각을 지었다. 1440년세종 22에 가서는 기존의 종루를 헐고 길 가운데 남향으로 동서 5간, 남북 4간에 2층으로 고쳐 지어 위층에 종을 달고 아래층으로는 사람과 말이 다니게 하였다.

그렇게 위용을 자랑하던 종루는 임진왜란壬辰倭亂 당시 불타 없어지고, 거기 달려 있던 종은 깨진 채 흙 속에 묻혔다. 깨진 종조차 전쟁을 치르는 와중에 녹여 다른 데 썼다. 그 후 광해군光海君 때 종루를 다시 짓자는 이야기가 나왔지만, 이전처럼 장엄하게 2층의 종루로 짓지 못하고 단층 종각으로 지었다. 이렇게 종루는 몇 차례 고쳐 지으면서 때로는 종각으로, 때로는 종루로 전해 내려왔다.

종루든 종각이든 이 건물은 서울 한복판에 높이 솟아오른 장엄한 건물이었다. 서울의 상징, 오늘날 흔히 말하는 랜드마크Land Mark였다. 종루는 서울 사람들의 일상생활의 중심지이기도 하였다. 종루에서 치는 종은 시각을 알려주는 기능을 했다. 오늘날처럼 집집마다 개인마다 시계를 갖고 있지 못했던 조선시대에는 이 종루의 종소리가 하루 삶의 기준이었다. '밤이 되었다, 오늘 하루를 마감하라, 성문을 닫는다'는 뜻으로 하늘의 기본 별자리 수를 따라 스물여덟 번을 치는 인경, '새벽이 밝는다, 오늘 하루를 시작하라, 성문을 연다'는 뜻으로 33천天에서 따와 서른세 번을 치는 바라는 당시 사람들에게 우리가 상상할 수 없을 만큼 큰 영향을 미치는 소리였다.

상상해보시라. 궁궐에서 시각을 알리는 종소리가 나면 광화문 앞을 비롯해 몇 군데서 그것을 받아 종루에 알리고, 다시 종루의 종소리를 받아 도성문을 비롯한 곳곳에서 종소리가 울려 퍼지는 서울의 새벽과 저녁을. 당시에는 오늘날 같은 소음이 없었으므로 은은하면서도 장엄한 타악기 연주가 서울의 하늘을 채웠을 것이요, 서울 사람들의 마음을 충만히 채웠을 것이다.

고종 연간에 들어 종각은 큰 변화를 겪었다. 변화의 첫 번째 원인은 고종 초년에 일어난 두 차례의 화재였다. 첫 번째 화재는 1864년고종 1 4월 19일 밤 4경에 지전紙廛에서 발생하여 종각까지 번졌다. 즉시 진압하여 종은 피해가 없었지만 종각은 모두 철거해야 할 정도로 탔다.[6] 일단 임시 조치로 종 대신 북으로 인경과 바라를 치게 하고, 호조戶曹, 병조兵曹, 공조에서 힘을 합하여 종각을 다시 짓게 하였다.[7] 한 달 남짓 지난 5월 24일에는 다시 종을 달고 인경과 바라를 칠 수 있을 만큼 종각이 골격을 갖추게 되었다.[8]

그로부터 5년 뒤인 1869년고종 6 9월 4일 다시 두 번째 화재가 인근 시전에서 발생하여 종각으로 번졌다. 이때도 종은 다행히 피해를 입지 않았다. 하지만 종을 칠 수는 없게 되었기에 인경과 바라는 광화문 앞 종각의 종으로 대신 치게 하였다.[9] 이번에는 종각을 다시 짓는 일을 경복궁 중건 공사를 수행하던 영건도감營建都監에서 담당하게 하여, 10월 15일에 주초柱礎를 놓고, 20일에 기둥을 세우고, 28일에 상량上樑하게 하였다.[10] 공사는 이 계획대로 순조롭게 진행되어 10월 29일에는 종각이 준공되어 인경과 바라를 다시 칠 수 있게 되었다.[11]

두 번째 화재 이후 26년이 지난 뒤 또 한 차례 종각은 변화하게 된다. 1895년고종 32 윤5월 17일에 군부軍部 소관이던 종각습독관鍾閣習讀官을 종감鍾監으로, 군사軍士를 종군鍾軍으로 이름을 바꾸고 소속을 한성부漢城府로 옮겨 감독監督하게 하였다.[12] 이어서 이듬해인 1896년건양 1, 고종 33 12월 6일에는 12원元 40전錢에 지나지 않는 소액이지만 종각 수리비가 책정되기도 하였다.[13] 종을 치는 타종목打鍾木과 쇠사슬이 오래되어서 낡았고, 관리자들의 근무처인 직방直房이 비가 새고 온돌방 구들이 망가져서 이를 수리하기 위함이었다.[14]

이 두 번째 변화의 핵심은 관리자 및 관리 책임 관서가 바뀐 것이다. 소속과 직책명이 바뀐 것은 단지 단순한 제도적 변화에 그치지 않았다. 이 조치를 계기로 종각에 상당한 변화가 있었던 것으로 보인다. 대표적인 것이 그저 종각으로 불리던 종각에 "보신각普信閣"이라는 이름이 붙고 편액도 달린 것이다. 그런데 그러한 변화를 알려주는 구체적인 근거 자료는 쉽게 찾아지지 않는다.

문화재청 홈페이지에는 서울특별시 기념물 제10호 보신각 터를 소개하면서 "보신각은 일명 종각이라고도 하며 고종 32년1895 보신각이란 사액을 내린데서 이름이 지어졌다"라고 해놓았다. 보신각을 일명 종각이라고도 한다는 기술은 적절치 않다. 종각이라고 부르다가 보신각이라는 이름을 갖게 되었다고 해야 한다. 그다음, 고종 32년에 보신각이란 사액을 내린 데서 이름이 지어졌다는 설명의 근거는 무엇인가? 전혀 제시되어 있지 않다. 그럴 준비도 되어 있지 않은 것으로 보인다.

현재 보신각을 관리하는 지방자치단체인 서울특별시 홈페이지에 들어가 보아도 보신각 타종 행사만 홍보할 뿐, 정작 보신각 자체에 대한 소개는 찾기 어렵다. 한국 역사와 문화 분야에서는 그래도 권위가 있다고 하는 《한국민족문화대백과사전》에서 보신각을 찾아보면 종루를 보라 하는데, 종루 항목을 보면 정작 보신각에 대한 기술은 조선 초기에 대한 소략한 기록만 있을 뿐, 오늘날까지의 변천 과정에 대한 기술은 전혀 없다. 인터넷판에서는 상당히 개선되었지만 아직 충분하진 않다고 생각한다. 다른 웹사이트야 거론의 가치도 없을 정도이다.

종각이 보신각이라는 이름을 갖게 되는 과정을 확인하는 데 근거가 될 만한 기술은 일제강점기 신문이나 잡지, 학술지에 실린 글에서 간간이 보인다.[15] 하지만 이 글들은 개인의 논문 혹은 그도 못되는 잡문이기에 신뢰도에 한계를 갖고 있다. 찬찬히 따지면서 살펴볼 필요가 있다.

> 현재 보신각은 이태왕李太王, 고종 5년 기사己巳 10월 28일에 큰 화재가 있어 소화된 후 그해 10월 28일에 중건重建한 것이니 그 상량문上樑文은 정기세鄭基世가 지었고 글씨는 예조판서 김대진金大振이 썼으며, "보신각普信閣" 세 자는 최근 이태왕 32년 3월 15일에 걸었으니 해강海崗 김규진金圭鎭의 글씨다.[16]

1929년 9월 27일자 《별건곤別乾坤》이라는 잡지에 차상찬車相讚이 쓴 〈경성오대종변정록京城五大鐘辯正錄〉의 일부이다. 하지만 자잘한 오류가 많다. 앞서 살펴보았듯이 화재가 난 것은 고종 5년 10월 28일이 아니라 고종 6년 9월 4일이다. 《승정원일기承政院日記》를 보면 이때 다시 지은 종각의 상량문은 당시 광주유수廣州留守였던 정기세가 지었고, 좌찬성左贊成이었던 김대근金大根이 썼다고 기록하였다. 다만 편액의 글씨는 누가 썼는지 기록하지 않았다.[17] 아마도 경복궁의 전각들에 비해서 중요한 건물이 아니라고 생각했기에 편액 서사관書寫官까지는 밝히지 않은 듯하다.

그런데 위 차상찬의 글은 다른 시점인 1895년 3월 15일 "보신각" 세 자를 써서 걸었다고 하여 다른 시점의 사실을 함께 기술하여 자칫 혼동하기 쉽게 하였다. 보신각이라는 이름을 거론하지만, 어떤 연유로 이 이름을 써서 걸게 되었는지도 기술하지 않았다. 그리고 편액 글씨를 쓴 사람이 김규진인지도 검토의 여지가 있다.

> 고종 즉위 32년 춘3월 15일에 "보신각"이라는 편액扁額을 내걺에 따라, 이 종을 보신각종이라고 부르기에 이르렀던 것이다.[18]

조선총독부에서 내던 《조선朝鮮》이라는 잡지에 이중화李重華가 1932년 1월에 실은 〈종루와 보신각종에 대하야〉의 일부이다. 이중화는 거의 같은 내용을 1936년 11월 《진단학보震檀學報》에 다시 실었다. 1895년 3월 15일 보신각이라는 편액을 걸었다고 하는 내용은 위 차상찬의 글과 같으나 역시 근거는 밝히지 않아 아쉬움이 남는다. 그리고 편액 글씨를 쓴 사람이 김규진이라는 이야기는 빠져 있다. 이중화의 글에는 "당시 종을 인경이라고 불렀으니, 인경이라고 하는 것은 인정人定의 변음變音으로, 이에 따라 종각을 인경전[人定殿]이라고 부르기에 이르렀던 것이 아닐까"라는 흥미를 끄는 내용도 포함되어 있다.

이렇게 1895년 3월 15일에 보신각이라는 이름을 붙이면서 편액도 걸었다는 이야기는 일제강점기 말기로 가면서 굳어져 갔다. 그러면서 보신각이라는 글씨가 고종이 내린 어필御筆이라는 이야기가 첨부되기도 하였다. 오카다 코[岡田貢]라는 일본인이 쓴 〈조선명종기담朝鮮名鐘奇談〉이 하나의 예다.[19]

이곳에 있는 종각을 보신각이라고 부르기에 이른 것은 거의 50년 전인 이태왕 전하 32년 3월 15일 이후의 일로, 당시 전하가 "보신각"이라는 어필 편액을 이 종각에 하사하였고, 그것이 금일과 같은 이름이 되었다.

하지만 시기를 거슬러 올라가면 오히려 이러한 이야기와 조금 다른 내용들을 만날 수 있다.

종루는 경성 중앙 종로통 대시가大市街, 옛날 운종가라 이름하는 가로에 있다. 지금으로부터 520년경 전에 보호각을 세우고 큰 종을 만들어 달아 동 트는 것과 해 지는 것을 알리니 … 21년 전에 이를 바꾸어 보신각이라는 이름을 붙이고 … [20]

서광전徐光前이라는 사람이 1914년에 쓴 《조선명승실기朝鮮名勝實記》라는 책에 나오는 내용이다. 보신각이라는 이름을 붙인 때가 글 쓴 때로부터 21년 전이라면 1893년에 해당한다. 1895년과는 2년 차이가 있다. 보신각이라는 이름을 짓고 편액을 건 시점과 가까운 시점에 쓴 글임에도 연도를 불명확하게 기술하였다. 글씨를 쓴 사람이 누구인지도 기술하지 않았다. 이어서 자시子時와 오시午時 두 시각에는 종을 쳐서 여러 사람들이 일정한 시간을 똑같이 알게 하였다가 글 쓸 무렵이 되어서는 여러 종교계에서 종을 치기 때문에 보신각의 종을 치는 것을 폐지하였다는 이야기가 나오는데 이것이 정확히 어느 시기의 상황인지는 밝히지 않았다.

어쨌건 보신각이라는 이름을 지은 이가 누구인지, 편액 글씨를 쓴 이는 누구인지 공식 기록에서 확인하기는 어렵지만, 1890년대 중엽 어느 때 종각에 보신각이라는 이름을 붙이고 편액을 건 것만큼은 엄연한 사실이다. 인의예지 사단에 신信을 보태어 만든 개념이 오상五常이다. 도성문 이름에 이미 사단이 붙었으니 마지막 신을 붙여 종각이 서울의 중앙임을 드

1915년 이전 보신각 | 단층으로 된 종각 건물에 흰색 바탕에 검은 글씨로 보신각 편액이 걸려 있다. 위치는 운종가와 남대문로가 만나는 삼거리 동남쪽 모퉁이이고, 정북을 바라보고 있다. 1915년에 옮기기 전임을 알 수 있다.

러내려 한 것이리라. 보신각의 규모와 위치를 정확히 파악하는 것도 과제로 남는다. 1899년 운종가에 전차 선로가 놓이고 전차가 다니게 되는데, 적어도 전차와는 충돌하지 않게 했었다고 보아야 할 것이다. 당시 종각은 운종가와 남대문로가 만나는 곳 동남쪽 모퉁이에 있었던 것으로 보인다.

그러다가 일제강점기 들어서 보신각에 다시 큰 변화가 나타난다. 일제가 서울을 식민지 도시로 바꾸고자 한 이른바 시구개정사업市區改正事業의 바람이 보신각에도 불어닥쳤다. 운종가와 남대문로가 만나는 모서리를 헐어 가로를 나팔형으로 만들면서, 그러는 데 방해가 되는 종각을 조금 옆으로 옮기기로 하였다. 공사는 일본인이 낙찰받았는데, 건물을 해체하였다가 재조립하는 방식이 아니라 종을 매단 채 옮기는 공법을 쓰게 되었다고 《대한매일신보大韓每日申報》는 전한다.[21] 보신각 옮기는 공사를 하는 중에

1915년에 옮긴 이후의 보신각 | 북에서 남으로 바라본 남대문로의 동쪽가에는 서양식 2층 건물들이 줄지어 있다. 사진의 왼편에 보신각이 서북쪽을 바라보면서 앉아 있다. 한복 입은 사람들 사이에 간간이 일본 옷을 입은 사람들이 섞여 있다.

들보에 있던 상량문이 발견되었다는 같은 신문의 기사도 있다.[22] 동치同治 8년, 곧 서기 1869년고종 6 10월 28일 정기세가 짓고 김대근이 쓴 상량문이다. 이 상량문을 당시 총독부에서 보관한다고 가져갔다 한다. 그렇다면 조선총독부박물관으로 갔을 것이고, 조선총독부박물관으로 갔다면 지금은 국립중앙박물관에 남아 있지 않을까 싶다.

보신각을 옮기는 작업은 1915년 8월 25일에 시작하여 9월 8일에 끝마친 듯하다.[23] 무게가 45,000근斤이나 나가는 종을 매단 채 정면 4간 반, 측면 3간 크기의 보신각 건물을 그대로 옮기는 작업은 당시로서는 매우 어려운 공사였다. 아울러 주초도 매우 커서 인부들 열두 명이 붙어야 옮길 수 있었는데, 땅을 깊이 파고 조약돌에 양회를 다진 뒤 그 위에 놓았다. 이렇게 옮긴 결과 보신각은 위치와 좌향이 바뀌었다. 옮기기 전의 위치에서 최소 4간, 실제로는 그 두 배 가량 뒤로 물러섰고, 좌향도 북향에서 서북향으로 바뀌었다. 이때의 편액이 본래 달려 있던 그 편액인지는 확인이 필요하지만, 흰 바탕에 검은 글씨로 자체는 해서체楷書體였다. 그러다가 1928년에 보신각을 새로 단장하면서 편액을 검은 바탕에 흰 글씨, 서체는 예서체隸書體로 바꾼 것으로 보인다.[24] 이 새 편액 글씨를 쓴 사람이 해강 김규진이었다고 생각된다.[25] 종각은 그렇게 변화를 겪었지만, 그래도 크게 보면 서울의 중앙임을 드러내는 랜드마크로서 제자리를 지켰다. 대한제국기 만민공동회萬民共同會가 그 앞에서 여러 차례 열린 것도, 해방이 되었을 때 사람들이 누가 시키지 않아도 종로 네거리 종각 앞으로 쏟아져 나온 것도 다 이런 역사적 맥락이 있기에 나타난 현상이었다.

보신각은 한국전쟁으로 다시 폭격을 맞아 완전히 파괴되었으나, 1953년에 전쟁이 끝나자마자 바로 다시 지었다. 위치는 조금 더 뒤로 물렸고, 형태는 이전대로 단층 건물이었다. 편액은 검은 바탕에 해서체 흰 글씨였는데, 당시의 대통령 이승만의 글씨였다. 이때 다시 지으면서 원래의 주춧돌들은 그대로 땅속에 묻어두었던 듯, 1970년대 초반 지하철 1호선 공사를 할 때 땅 밖으로 나왔다. 이 주춧돌들은 지금의 경복궁 내 국립민속박물관 동남쪽 앞뜰에 옮겨져 있다가, 지금은 서울역사박물관 앞마당으로 옮겨져 있다. 주춧돌 하나하나의 크기가 대단하다.

지금의 종각은 지하철 1호선이 뚫린 이후 1979년에 다시 지은 건물이다. 정면 5간 측면 4간의 2층 철근콘크리트 건물이다. 위치는 종각이었던 시절보다도 더 동남쪽으로 벗어나 있다. 바라보는 방향은 일제강점기에 바뀌었던 그대로 서북쪽을 바라보고 있다. 편액은 검은 바탕에 금색 글씨인데, 글씨는 이승만의 글씨를 그대로 모각한 듯하다. 재질, 형태, 위치, 좌향 어느 하나 원래 모습과 맞는 것이 없는 건조물이다.

이름은 보신각인데, 종각이라고도 부른다. 전철역 이름도, 그 일대 지역을 가리킬 때도 흔히 종각이라고 그런다. 그런데 '각閣'은 단층 건물이

서울역사박물관 앞 종루 주춧돌 | 원래 자리에서 발굴되어 서울역사박물관 앞마당으로 옮겨져 전시되어 있는 종루 주춧돌. 주춧돌 전부가 아니지만 이렇게 남아 있는 주춧돌만 보아도 종루가 얼마나 장대했는지 가늠할 수 있다.

나, 2층 건물의 1층 부분을 가리키는 말이다. 그런데 지금 건물은 2층이고, 종도 물론 2층에 걸려 있다. 지금의 보신각은 '루樓'일 수 밖에 없다. 한자로 '루樓'는 지면에서 적어도 한 길 이상 높이 지은 마루로 되어 있는 건물이나, 2층 건물의 2층 부분을 가리키기 때문이다. 지금의 건물은 보신각이라고 하기에는 여러모로 걸맞지 않는다. 인근 전철역이나 지역의 이름도 종각이라고 하기에는 어색한 점이 있다. 그렇다고 '보신루', '종루'라고 할 수도 없고…. 이래도 문제, 저래도 문제다.

게다가 오늘날 종을 치는 일도 어색하기 짝이 없다. 평상시에는 전혀 치지 않다가 몇몇 국경일 낮 12시에, 그리고 양력 12월 31일 밤 12시에 서른세 번을 친다. 왜 그럴 때 치는지, 또 그럴 때 왜 서른세 번을 치는지 그 근거를 어디에서도 찾을 수 없다. 일제강점기에 일본인들은 정오 시각

현재 보신각 | 위치는 뒤로 물러났고, 좌향은 엉뚱하게 서북쪽을 바라보며, 철근콘크리트 2층 건물이다. 세부 모양과 장식도 근거를 찾기 어렵다. 게다가 달려 있는 종도 제 것이 아니다. 보신각이라고 부르는 것이 마땅한지 의문을 갖지 않을 수 없다.

을 알리기 위해서 오포午砲라 하여 대포를 쏘기도 하였고, 새소리를 방송하기도 하였다. 그 연장인가? 그렇다면 매일 낮 12시에 쳐야 하는데 그렇지도 않다. 더구나 인경과 바라를 알리던 조선시대의 전통과는 아무런 연관성을 찾을 수 없다. 아무런 근거가 없는, 그저 만들어진 이벤트에 지나지 않는다고 볼 수밖에 없다.

저 보신각을 어찌해야 좋을지 모르겠다. 조선시대의 모습으로 되돌리기에는 현재의 상황이 너무 달라져 있다. 그렇다고 지금의 어느 것 하나 맞는 것 없는 외형을 그대로 두고, 또 아무런 근거가 없는 타종 행사를 지속하는 것도 마땅치 않다. 어찌해야 하나? 일단 건물부터 전통을 바탕으로 현대에 맞는 모양과 크기로 바꿀 수는 없을까? 위치도 다시 옛날 자리를 되찾아줄 수는 없을까? 그러면서 옛날식으로 해 뜰 무렵에 서른세 번 바라를, 해질 무렵에 스물여덟 번 인경을 치면 안될까? 그래서 여기가 서울의 한복판이라는 랜드마크로, 상징이 빈곤한 서울의 상징으로 우뚝 세울 수는 없을까? 그래서 서울 사람들, 서울을 찾는 사람들의 마음을 하나로 묶는 끈으로 삼을 수는 없을까? 하릴없이 별 호응을 얻을 것 같지도 않은 꿈, 또 많은 사람들이 그거 좋겠다, 한 번 해보자 하면 이루지 못할 것도 없는 꿈이나 꾸어본다.

기념비전

남대문로를 따라 들어와 종루에서 서쪽으로 방향을 틀어 운종가를 따라 가다가 광화문 네거리에서 오른편북쪽으로 돌아드는 모퉁이에 큰 비석을 품고 있는 옛 건물이 있다. 오늘날의 교보생명빌딩 앞이다. 그 비는 대한제국대황제보령망육순어극사십년칭경기념비大韓帝國大皇帝寶齡望六旬御極四十年稱慶紀念碑라는 긴 이름을 가지고 있다.

단숨에 읽기도 힘든 이 긴 이름을 풀어보자. '대한제국 대황제'는 고종을 가리킨다. '망육순'은 육순을 바라보는 나이, 즉 51세가 되는 것을 이르는 말이고, '어극 사십년'은 임금이 된 지 40년이 되었다는 뜻이다. 고종은 1852년생으로서 1863년 12세에 왕위에 올랐다. 1902년은 고종이 망육순이 되는 해이자 임금이 된 지 40년이 되는 해였다. 이에 1901년 12월부터 당시 황태자후일의 순종純宗가 주동이 되어 이를 기념하는 존호尊號를 올리고, 잔치를 베풀 것을 청하는 상소를 올려 이듬해에 이런저런 행사를 벌였다. 그 일환으로 1902년광무 6 5월 4일에는 고종이 기로소耆老所에 들었다. 기로소는 정2품 이상 된 고위 관원으로서 나이가 일흔이 넘은 사람들에게 경로敬老하는 예우를 갖추기 위해 설치한 관청이었다. 임금도 나이가 많으면 특별히 기로소에 드는 경우가 있었는데, 태조가 60세, 숙종肅宗이 59세, 영조英祖가 51세에 기로소에 든 전례가 있었다. 1902년에도 영조의 예에 따라 고종을 기로소에 들도록 하였다. 기로소는 광화문앞길의 동쪽 끝, 바로

현재 기념비전(위) ǀ '대한제국대황제보령망육순어극사십년칭경기념비'를 품고 있는 기념비전. 자리는 제자리를 지키고 있지만 주위 건물이 사라지고, 높은 빌딩이 들어서고, 도로도 몇 차례 넓어지는 등 주변 환경이 변함에 따라 매우 옹색한 처지가 되었다.

기념비전 옛 모습(아래) ǀ 담장으로 둘러싸여 있던 기념비전. 하지만 이것도 원래 모습은 아니다. 원래는 기로소 행각 안에 있었다. (《꼬레아 에 꼬레아니》)

기념비전의 십이지신 석상 | 기념비전 바깥에 돌난간을 두르고 그 난간 위에는 석수들을 조각하여 앉혔다. 십이지신에 해당하는 것도 있고, 정체를 알 수 없는 것도 있다. 그 가운데 호랑이(왼쪽)와 말(오른쪽)이다. 인상이 얌전하고 소박하다.

오늘날의 광화문 네거리 교보빌딩 자리쯤에 있었다. 그 한 모퉁이에 이러한 사실을 기념하기 위해 세운 비석을 세우고, 비를 보호하기 위한 보호각으로 건물을 세웠던 것이다.

이 건물은 그러므로 왕이 아닌 황제인 고종의 장수와 오랜 재위를 기념하기 위한 목적에 걸맞은 치장을 갖추고 있다. 이중으로 기단을 쌓고 그 위에 정면 3간, 측면 3간의 다포식 건물을 지었다. 둘레에는 돌난간을 두르고 난간 기둥에 돌로 상서로운 짐승을 만들어 앉혔으며, 남쪽 전면에는 홍예문아치문을 세우고 그 가운데 "만세문萬歲門"이라는 이름을 새겨 넣었고 문짝은 철로 격자문을 해 달고 가운데에 태극 문양을 넣었다. 그냥 지나치면 아무것도 아니지만, 자세히 보면 상당히 공을 들였음을 알 수 있다. 이러한 가운데 특히 주목할 것이 이름이다. 비석을 보호하기 위해 지은 건물을 흔히 "비각碑閣"으로 부르는 데 비해 지금 이 보호각은 비각이 아닌 "기념비전紀念碑殿"이라는 편액이 붙어 있다.

신분제 사회인 조선시대에는 건물도 주인의 신분에 따라 격이 달랐으며, 명칭도 구별해서 붙였다. 건물에 붙는 이름 가운데 전殿 자는 임금이나 임금에 버금가는 인물과 관련된 건물에만 붙였다. 궁궐이나 일반 사가에서는 아무리 높은 신분의 사람이 사는 건물이라도 당堂 자나 그 이하의 합閤, 각閣, 재齋, 헌軒, 누樓, 정亭 등 다른 글자를 붙여 격을 낮추었다. 기념비전의 이름에 '각'이 아닌 '전'을 붙인 것은 황제인 고종과 관련된 건물임을 드러내기 위함이었다. 그런 기념비전도 우리 근대사의 격랑에 따라 수난을 면치 못하였다. 일제강점기에 어떤 일본인이 그 문을 떼어다 충무로에 있는 자기 집의 문으로 사용하였고, 한국전쟁의 와중에 일부 파손되었던 것을 1954년 7월 비전을 보수하면서 다시 찾아다 세웠다. 지금의 비전은 1979년에 다시 해체, 복원 과정을 거친 것이다.

그러는 사이 언제부터인지 비전의 이름이 비각으로 굳어버렸다. 지금은 밑으로는 지하철과 지하도가 뚫리고, 옆에는 엄청난 크기의 빌딩이 들어서 있어 사람들의 눈길에서 벗어나 있다. 그곳에 비각이 있다는 사실 자체는 널리 알려져 있지만 이 비각이 무슨 비각인지, 다시 말하자면 그 안의 비석이 어떤 비석인지, 명칭이 실은 비각이 아니라 비전이며, 비각과 비전의 차이가 무엇인지를 알아주는 이 얼마나 있을까 궁금하다.

광화문앞길

기념비전이 서 있는 광화문 네거리. 지금은 동서남북으로 종로, 새문안로, 세종대로와 같은 큰길들이 뚫려 있고, 그 일대에는 정부종합청사, 서울특별시청, 세종문화회관 등 국가 기관들을 비롯해서 미국대사관, 신문사들, 큰 회사의 사옥, 호텔 등 고층 빌딩들이 즐비하게 들어서 있다. 과연 우리나라의 중심지 수도 서울, 그 가운데서도 가장 중앙임에 틀림없다.

오늘날만 그런 것이 아니라 옛날 조선시대에도 서울의 중심지였다. 다른 점이 있다면 조선시대에는 이곳이 네거리가 아니라 삼거리였다는 사

현재 광화문앞길 | 도로 안에 광장이 갇혀 있는 형국이다. 세종대왕 동상을 넘어 광화문으로 가까이 가기 전에는 광화문과 그 뒤 풍경을 보기 어렵다. 가까이 간들 곧바로 걸어가서 광화문으로 들어갈 수도 없다.

1890년대의 광화문 문루에서 남으로 내다본 풍경 | 해태 한 쌍이 지키는 앞으로 광화문앞길이 넓고 곧게 뻗어 있다. 길 끝은 황토현이 가로막고 있는데, 그 너머로 멀리 관악산이 불쑥 솟아 있다.

실이다. 오늘날에는 남쪽으로 세종대로가 넓게 나 있어 서울특별시청, 숭례문으로 통하지만, 옛날에는 그곳은 언덕으로 막혀 있었다. 돈의문 남편에서 시작한 등성이가 러시아공사관 자리를 지나 미국대사관저하비브하우스 뒤로 해서 영국대사관을 지나 오늘날의 서울특별시청 방향으로 흘러내려 광화문 네거리 바로 남쪽에서 황토현黃土峴이라는 이름의 나지막한 고개를 이루었다. 광화문에서 내다보면 정면으로 길이 뚫린 것이 아니라 이 고개가 앞을 슬쩍 가려주고 있는 형국이었다.

그 삼거리에서 동쪽으로는 흥인문까지, 서쪽으로는 돈의문까지 이어지는 운종가가 나 있었다. 운종가는 개념으로 보자면 흥인문에서 돈의문까지의 길을 가리키지만, 실제로는 종루를 중심으로 서쪽으로는 이 삼거리까지요, 동쪽으로는 이현梨峴, 배오개 정도까지가 아니었을까 짐작된다. 삼거리에서 북으로 난 길은 길이기는 하지만 통행을 위한 길이라기보다는 출입을 위한 길이었다. 북쪽을 향해 섰을 때 길 정면에는 경복궁景福宮의 정문인 광화문光化門이 맞아준다. 다시 말하자면 이 길은 경복궁으로 들어가고 경복궁에서 나오는 길이다. 하지만 그저 지나다니는 길로 그치지 않았다. 경복궁의 주인인 임금과 백성이 만나는 접점이요, 광장이었다.

언제부터인지 이 길을 "육조六曹거리"라고 부른다. 하지만 육조거리라

광화문앞길 옛 모습 | 길 동편과 서편에는 국가의 중추 관서들의 행각과 정문이 담처럼 경계를 이루고 있다. 정면에 광화문이 남면하며 주인으로서 자리를 차지하고 있다. 더 멀리는 백악 산줄기가 감싸주는데, 북한산 보현봉이 슬쩍 넘겨다보고 있다.

는 이름은 문헌 자료에서는 근거를 찾기 어렵다. '거리'라는 말은 순수한 우리말이니 한자로 표기할 수 없기에 한문으로 된 옛 자료에서 찾아질 리 없다. 이럴 때는 선입견을 없애고 자료에서 근거를 찾아보는 것이 좋다. 근거 자료로 가장 신뢰할 만한 것이 조선왕조실록,《승정원일기》등 조선 당대의 공식 기록물이다. 이들 자료에는 이 길의 이름이 통일되어 있지 않고 다양한 명칭이 나온다.

'광화문전로光化門前路, 광화문앞길'는 조선 초기부터 조선 후기에 이르기까지 많이 쓰이던 이름이었다.[26] 조선 후기에는 광화문 자체는 그 자리에 서 있지 않았기에 '구광화문전로舊光化門前路'라고 표현되기도 하였다. 광화문전로는 광화문 앞 일대를 비교적 객관적으로 가리키는 용어요, 그런 점에서 대표적인 이름이라고 볼 수 있다.

'경복궁전로景福宮前路, 경복궁앞길'라는 이름은 《인조실록仁祖實錄》부터 나타나기 시작하여 조선 후기 《승정원일기》에는 매우 자주 등장한다. 임진왜란에 불타버린 후로 조선 후기 내내 경복궁은 비어 있는 궁궐이었지만, 함부로 들어가지 못하도록 관리되고 있었다.[27] 여타 궁궐과 마찬가지로 임금이 사시는 지엄한 곳으로 대우를 받았다. 관원들은 경복궁 정문인 광화문 앞을 지날 때 경의를 표하기 위해 말에서 내려야 했다.[28] 왕세자王世子도 타고 가던 가마인 연輦에서 내려 걸어서 지나가거나,[29] 연을 낮추어 지나갔다.[30] 경복궁앞길은 임금이 궁궐 밖으로 행차할 때 자주 지나가는 경로였다. 경복궁앞길 좌우에는 육조와 많은 관사가 좌우에 도열해 있어 그 규모가 정연하였고,[31] 군대가 진을 치는 곳으로 자주 이용되었다.[32] 경복궁전로라는 이름에는 이러한 지엄하고 반듯한 공간이라는 뜻이 담겨있다고 볼 수 있다.

'육조전로六曹前路, 육조앞길'라는 이름도 여러 차례 나온다. 육조전로라는 이름은 주로 조선 후기 《승정원일기》에 집중적으로 등장한다. 이 길 좌우로는 육조六曹로 대표되는 국가의 중추 관서들이 늘어서 있었다. 광화문에서 나오면서 보자면, 동쪽으로 의정부議政府, 이조吏曹, 한성부漢城府, 호조戶曹, 기로소耆老所가 줄지어 있었다. 서쪽으로는 예조禮曹, 병조兵曹, 사헌부司憲府, 형조刑曹, 공조工曹 등이 연이어 있었다. 조선 후기에서 조선 말기로 갈수록 길 좌우에 건물이 빽빽이 들어섰는지, 옛날에는 육조전로에 인가를 금하였는데 지금은 많다고 문제점을 지적하는 영조 대의 기록이 있다.[33] 순조純祖 연간에도 근래에는 길 옆에 집을 짓는 폐단이 크게 늘었다는 지적,[34] 좌우 가가를 철거하지 않았다는 지적 등이 나온다.[35] 이 육조전로라는 이름에는 경복궁이나 광화문과의 관계는 덜 설정되어 있다고 볼 수 있다. 드물기는 하지만 조선 후기 《승정원일기》에는 육조전로 외에도 '육조대로六曹大路', '육조가六曹街', '육조로六曹路', '육조대로가六曹大路街' 등 육조와의 관계에서 파생된 이름들이 나온다. 이러한 표현들은 엄격하게 구별된 것이라기보다는 관행적 표현이라고 할 수 있으며, 단순히 그 도로나 도로변의 가로를 가리키는 용례로 볼 수 있다.

그런데 광화문이나 경복궁과의 관계를 전제로 한 호칭을 물리치고 육조를 전제로 한 호칭, 그 가운데서 육조거리가 살아남아 오늘날 이 거리를 가리키는 옛 호칭으로 자리 잡은 까닭은 무엇일까? 만약 경복궁과 광화문이 계속 제자리를 지키고, 기능 혹은 상징성을 지켰어도 육조거리가 대표적인 호칭이 되었을까? 그렇지는 않았을 것이다. 1896년 고종이 이른바 아관파천俄館播遷을 한 이후에 경복궁은 빈 궁궐이 되었고, 이후 일제가 이를 점령하여 근정문勤政門 앞에 조선총독부 청사를 짓고, 광화문을 헐어 옮기면서 이 길과 경복궁 및 광화문과의 관계가 잊혔다. 그 결과 육조와의 관계, 그중에서도 단순히 가로를 가리키는 관행적 표현인 육조거리가 대중화한 것이 아닌가 추정된다. 이제 육조는 모두 사라졌고, 광화문은 다시 만든 것이기는 하지만 제자리를 지키고 있으니 이 거리 이름도 광화문앞길로 부르는 것이 마땅하지 않겠는가? 그런 뜻에서 나는 이 공간의 이름을 광화문앞길로 부르기를 제안한다.

조선시대에 광화문앞길은 궁궐의 정문 앞이면서 주요 관서들의 대문과 행각으로 둘러싸여 있어서, 거리라기보다는 광장이라고 해야 할 곳이었다. 광화문앞길에서는 가끔 임금이 친림하여 출정하는 군인들에게 음식을 나눠주기도 하고, 서울의 일반 백성들을 불러 모아 효유曉諭를 하기도 하였다. 역으로 백성들이 엎드려 임금에게 집단으로 자신들의 의견을 호소하는, 이른바 복합상소伏閤上疏를 올리기도 하였다. 광화문앞길은 이렇게 정치와 행정의 중심지였다. 임진왜란으로 모든 궁궐과 관아가 불타 없어지고, 광해군 대에 창덕궁과 창경궁이 중건되어 법궁이 되고 경희궁慶熙宮이 새로 세워져 이궁이 되는 와중에 경복궁은 궁궐 터로 남아 있었다. 그러한 시기에도 관아들은 경복궁 앞 옛 자리에 복구되었고, 이 거리는 중심 관청가의 기능을 잃지 않았다. 19세기 순조 연간에 유본예柳本藝가 쓴

광화문앞길에 모인 사람들 | 사진 맨 왼쪽에 광화문의 반이 보이고, 그 앞으로 관아들의 행각과 문이 직선으로 이어져 있다. 광화문앞길을 흰 옷에 흰 갓 또는 삿갓 아니면 희고 검은 장옷을 입은 사람들과 아이들이 가득 메우고 있다. 전신주가 보이지 않는 것으로 보아 1899년 이전이다. 그렇다면 1897년 명성왕후의 빈소를 경복궁에서 경운궁으로 옮긴 것과 관련이 있는 것으로 짐작된다.

《한경지략漢京識略》의 기사가 조선 후기에도 광화문앞길이 여전히 제 기능을 유지하고 있었음을 잘 보여준다.

> 의정부와 육조 및 주요한 임무를 담당하는 몇 관서가 경복궁 앞 어로御路 좌우에 늘어서 있었다. 이는 고제古制인데 경복궁이 폐지된 후에 창덕궁과 경희궁이 시어소時御所가 되었으나 의정부 이하 각 조는 옮겨 설치할 수 없었다. 마침내 두 궁궐 앞에 각각 한 건물을 두어 이서吏胥들이 이를 지키면서 승정원에서 반포하는 임금의 왕명이나 정령政令을 기다렸다. 그 건물을 조방朝房이라고 불렀다. 속칭 직방直房이라고 했다.[36]

시정오년기념조선물산공진회장이 된 경복궁 | 공진회장 광고탑에서 동남쪽을 찍었다. 중앙 약간 왼쪽에 근정문이 있다.그 오른편에 크게 'ㅁ'자로 보이는 가건물이 공진회 제1호관이다.(계속)

그랬던 광화문앞길이 1896년 고종 임금이 경복궁을 떠나 러시아공사관으로 가면서 바뀌기 시작하였다. 고종은 러시아공사관에 머문 지 1년 만인 1897년에 그곳을 떠났으나 경복궁으로 돌아가는 대신 경운궁慶運宮을 짓고 그리로 옮겨갔고, 이에 따라 의정부 등 일부 관서들도 경운궁 인근으로 옮겨갔다. 광화문앞길에 남아 있던 관서들도 이름과 기능이 수시로 바뀌었다. 관서들은 거기 있었지만 임금이 계시지 않는 경복궁과 그 정문 광화문의 권위는 빛을 잃었다.

1905년 러일전쟁에서 승리한 일본이 대한제국의 실권들을 야금야금 빼앗아가면서 광화문앞길은 더욱 빛바랜 거리가 되어 갔다. 1910년 일제의 식민지로 전락하면서 경복궁과 광화문이 갖고 있었던 왕조의 중심이라는 의미는 사라졌다. 당연히 광화문앞길 좌우에 있던 관서들도 사라지고, 일제의 식민통치를 수행하는 기관들이 대신 들어섰다. 광화문앞길의 이름은 광화문통光化門通으로 바뀌었다.

1915년 일제는 경복궁에서 시정오년기념조선물산공진회始政五年記念朝

오른쪽에 오벨리스크를 얹고 있는 것은 철도국 특설관이다. 그 오른편에 광화문이 있고, 광화문 앞으로 광화문통으로 이름이 바뀐 광화문앞길이 나 있다. (《조선물산공진회보고서》)

鮮物産共進會를 열었다. 일제가 다스린 지 5년 만에 이렇게 살기 좋아졌다는 선전을 위한 박람회였다. 그러면서 경복궁에 있던 전각들을 주요 건물 몇 채를 제외하고는 대거 헐어버렸다. 그리고 공진회가 끝나자 바로 광화문과 근정문 사이에 조선총독부를 짓기 시작하였다. 미리 치밀하게 계획한 바였다. 1926년 총독부 건물이 완공되면서 광화문은 경복궁의 동쪽 궁성의 북쪽 편으로 옮겨져 버렸다. 광화문 없는 광화문통은 일제 식민통치의 상징이자 중심 거리가 되었다.

해방 뒤 미군정을 거쳐 대한민국 정부가 수립되면서 그 거리는 다시 대한민국의 상징이자 중심거리가 되었다. 이름도 세종로를 거쳐 세종대로가 되었다. 그리고 2009년에는 길 한가운데에 광화문광장이 들었다. 하지만 길 한가운데 광장이 있는 모습은 그리 자연스럽지 않다. 남쪽 끝에 이순신 장군 동상이 높이 서 있고, 그 뒤편에 세종대왕 동상이 앉아 있어 더욱 갑갑하다.

2016년 10월 29일부터 2017년 4월 29일까지 23차에 걸쳐 광화문 일대는 주말마다 촛불로 덮였다. 정의롭지 못한 권력의 부당한 행위를 규탄하면서, "이게 나라냐?", "박근혜는 물러가라"는 100만 시민의 외침이 울려퍼졌다. 그 결과 박근혜 대통령은 결국 탄핵을 당해 대통령 자리에서 물러났다. 새 정권이 세워지면서, 이 공간을 새롭게 꾸미려는 움직임이 일어나고 있다. 중세 왕조국가의 통치의 중심 공간이라는 역사적 의미에 더하여 시민들의 목소리가 모이는 직접 민주주의의 공간이라는 현대의 성취를 담고 미래 서울이라는 도시, 대한민국이라는 나라의 지향을 표현하는 공간으로 꾸미면 좋겠다.

개천의 상류 백운동천白雲洞川의 흐름을 살려, 거기서 북으로 광화문 뒤편에 포근하게 안아주고 있는 백악과 더 멀리 서울을 든든하게 받쳐주고 있는 북한산 보현봉을 훤히 바라볼 수 있게 시야를 시원하게 열면 좋겠다. 광화문 앞의 월대를 살리고, 해태에게 제자리를 찾아주고, 이곳에 있던 관서들의 대표격인 의정부 터를 온전히 발굴하여 이곳이 국가 경영의 중심지였음을 알리면 좋겠다. 식민지의 아픈 경험, 산업화와 근대화를 지향하던 시기의 빛과 그림자를 돌아보는 흔적을 담았으면 좋겠다. 나아가 미래의 대한민국, 통일된 새 나라를 그려볼 수 있는 공간으로 꾸미면 좋겠다.

이어지는 대로

조선시대에는 광화문앞길만이 아니라 운종가에서 북쪽에 있는 다른 궁궐이나 종묘로 들어가는 길 역시 대로였다. 임금이 정식으로 동가動駕 행행行幸을 하기 위해서는 많은 인원이 움직여야 하였고, 이들이 위의를 갖추어 움직일 공간이 필요하였다.

종루에서 동쪽으로 한참, 그러니까 걸어서 한 10여 분, 전철로는 한 정거장을 가면 오늘날의 종로3가역이 나온다. 그곳에 네거리가 있는데, 북쪽으로 올라가는 길이 창덕궁의 돈화문敦化門으로 들어가는 길이다. 오늘

돈화문로 옛 모습 | 사진사가 몇 명 아이들을 세워놓고 사진을 찍었다. 구경하는 아이들도 화면 안에 넣었다. 길 좌우에는 초가집들이 늘어서 있는데, 저 멀리 돈화문이 남면하고 있다. (《중국, 여행 스케치》)

날의 이름은 돈화문로이다. 조선시대 돈화문로에는 꼭 필요한 몇몇 관서들만 있었을 뿐 광화문앞길처럼 관서들이 도열해 있지는 않았다. 공간이 제한되어 있는 도성 안에 관청가를 두 군데나 둘 수는 없었고, 그럴 필요도 없었다. 그렇기에 대로치고는 다소 한적한 느낌을 주는 길이었다.

운종가에서 돈화문로가 갈라지는 곳에서 다시 조금 더, 한 200~300미터 더 동쪽으로 가면 종묘 앞이다. 운종가에서 종묘 정문은 가깝다. 하지만 짧은 길이라도 임금은 겸손함과 경외심을 최대로 하여 가야 했다. 종묘로 가는 길로 들어설 때는 물론, 종묘로 들어가지 않고 그 앞을 지날 때도 임금들은 가마나 말에서 내려 걸어서 지나갔다. 종묘로 들어가는 길은 당

종묘 들어가는 길 | 운종가에서 북으로 방향을 틀면 운종가의 북쪽에서 운종가를 따라 서에서 동으로 흐르는 제생동천을 건너야 했다. 그곳에는 당연히 돌다리가 걸쳐 있었다. 임금을 제외한 사람들은 모두 이 다리를 건너기 전에 탈것에서 내려야 했다.

연히 그에 맞는 폭과 주변 환경을 갖추었을 것이다. 오늘날 주위를 정비하여 나무가 많은 공원으로 꾸미고 길을 넓게 냈다. 하지만 이 모습이 원래 모습인지는 의문이다.

오늘날의 종묘 앞에서 다시 동쪽으로 조금 더 가면 오늘날의 종로4가. 그곳에서 북쪽으로 꺾어 올라가면 창경궁 앞으로 통하는 길이다. 이 길은 광화문앞길은 물론 돈화문로보다도 덜 중요하게 여겨진 것으로 보인다. 하지만 궁궐로 닿는 길이기에 여느 길들과 같은 등급은 아니었다고 보아야 한다. 홍화문弘化門에서 북으로 더 가면 성균관으로 통하는 길이 갈라지고, 주욱 더 나아가면 혜화문으로 닿았다. 지금도 그렇기는 하지만 옛 모습을 유추하기는 어렵게 되었다.

운종가의 서편 끝은 경희궁의 흥화문興化門으로 닿았다. 거기서 남쪽으로 살짝 감아돌아 돈의문으로 나갔다. 지금 흥화문 자리에는 구세군회관이 들어서 있고, 경희궁 터는 상당 부분이 잘려나가 주택가가 되었다. 남은 터에는 서울역사박물관이 들어서 있다.

길이 꼭 넓어야 중요한 길은 아니겠다. 하지만 사람이 많이 다니고, 더구나 임금의 행차가 다니는 길은 넓고 번듯하게 꾸몄던 것은 사실이다. 도성 안의 길들은 이 대로들에서 다시 갈라지고 갈라져서 중로와 소로, 그리고 골목길이 되어 도성의 구석구석을 연결했다. 집들은 그 길에 매달려 길을 향해 문을 내어서 세상과 통했다.

묘사궁궐

종묘사직

도시에 건물들이 배치되고 크고 작은 길이 나는 데는 힘이 작용하였다. 서울도 마찬가지였다. 그 결과 서울 도성 안은 일견 무질서한 듯 보이면서도 질서를 이루고 있었다.

서울을 설계할 때 기본적인 기준은 중국의 것을 참고하였다고 할 수 있다. 중국은 워낙 넓은 땅에 수많은 왕조가 섰다가 없어지기를 무상하게 하였다. 왕조마다 도읍을 정하였고, 도읍마다 궁궐을 비롯해서 도읍으로서 갖추어야 할 시설물들을 만들었다. 저마다 개성은 있었겠지만 도읍을 만드는 원칙 같은 것이 있어서 전체적인 공통점도 갖고 있었을 것이다. 중국은 도시를 보통 평지에 네모반듯하게 만들고, 가로 또한 바둑판처럼 반듯하게 낸다. 동서 한가운데에 북쪽으로 치우쳐서 궁궐을 두고 궁궐에서 남쪽으로 주작대로朱雀大路라 부르는 큰길을 내었다.

하지만 서울은 평지가 아닌, 뒤로 산을 등지고 앞으로 물을 끌어안은 자리에 있다. 그런데 서울의 산들 가운데 북쪽의 산은 전체의 한가운데에 있지 않다. 백악은 서쪽으로 치우쳐 있고, 높이가 백악의 반 정도인 응봉은 동쪽으로 치우쳐 그 자락을 길게 드리우고 있다. 그래서 종묘, 궁궐을 비롯한 주요 시설들을 반듯하게 배치하기 어려웠다. 조선 초기부터 이 문제가 논란이 되기도 하였다.

중국은 천자天子를 자처하는지라 천단天壇, 지단地壇, 일단日壇, 월단月壇 등 하늘과 땅에 관계되는 제단들을 많이 지었다. 임금의 조상들의 신주를 모시는 사당인 태묘太廟, 땅과 곡식의 신에 제사 지내는 제단인 사직단도 거기 포함되기는 하나 제사 지내는 장소들 가운데 등급은 낮은 편이다. 이 태묘와 사직을 배치하는 원칙으로 좌묘우사左廟右社라는 것이 있다. 태묘는 왼쪽동쪽에, 사직단은 오른쪽서쪽에 배치한다는 뜻이다. 이때 기준이 되는 것이 궁궐이다. 다른 도시는 몰라도 지금 베이징의 태묘와 사직단은 궁궐 자금성 천안문의 동쪽과 서쪽에 있다.

조선에서도 수도를 건설하면서 좌묘우사의 원칙에 따라 종묘와 사직단을 배치한 것은 맞다. 하지만 중국처럼 궁궐에 바로 붙여서 배치하지는 않았다. 좌묘우사의 기준이 궁궐정확히는 경복궁이 아닌 도성 전체의 산세와 도시구조였다고 보는 편이 더 정확하다. 종묘는 주산 백악에서 동쪽으로 흘러나가던 산줄기가 불쑥 솟아 이룬 응봉에 안겨 있다. 백악이 오른쪽 젖가슴이라면 응봉은 왼쪽 젖가슴에 해당된다. 응봉은 백악과 달리 남으로 길게 자락을 드리워 거의 운종가까지 이르렀는데, 종묘는 그 자락의 끝에 자리 잡았다.

사직단은 토지의 신인 사社와 곡식의 신인 직稷에게 제사 드리는 제단이다. 사방을 담장으로 둘러치고 가운데 두 개의 네모난 제단을 쌓은 매우 단순하고 소박한 시설이다. 하지만 농업이 기본 산업이었던 조선시대에 농업의 풍요를 비는 이곳은 매우 신성한 곳이었다. 오늘날 사직단은 광화

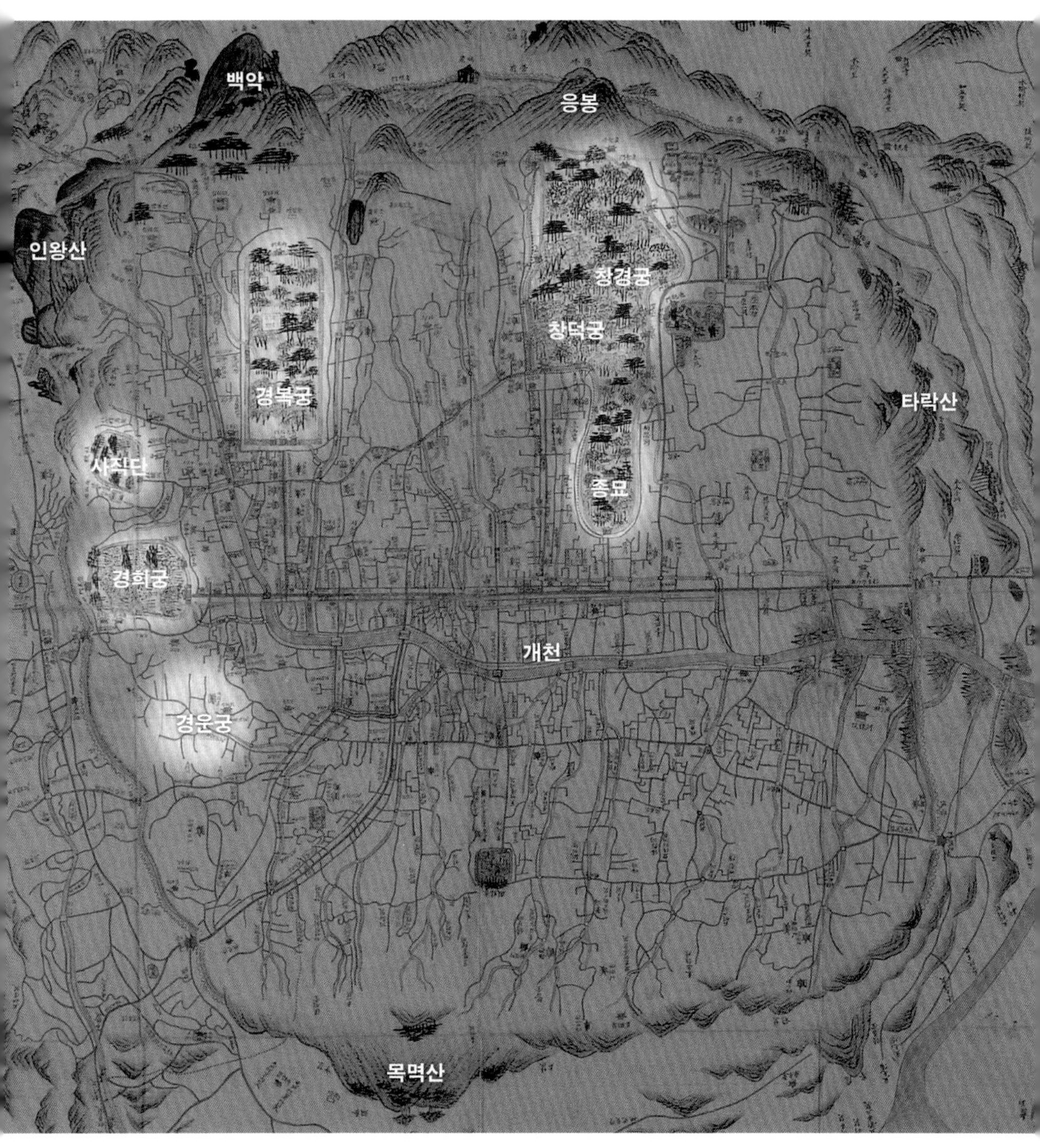

〈도성도〉(부분)에 나타난 종묘, 사직과 궁궐 | 종묘가 서울의 중앙에 있음을 알 수 있다. "경복궁을 기준으로 좌측에 종묘, 우측에 사직단을 지었다"는 말은 수정되어야 한다. 적어도 관념적으로는 종묘 자리부터 정하였고 그다음에 경복궁 자리를 잡았다고 《태조실록》은 말한다. 중국의 종묘와 조선의 종묘는 성격과 위상이 상당히 다르다. 경운궁은 없던 때의 지도이기에 그 자리만을 표시하였다. (삼성미술관 리움 소장)

사직단 | 지금 주위에 선 종로도서관, 어린이도서관을 포함한 넓은 지역은 인왕산 자락의 끝에 달린 울창한 숲이었다. 종묘가 그렇듯 사직단 또한 숲에 안긴 신성한 공간이었다.

문에서 서쪽으로 나아가는 길인 사직로를 따라가다가 인왕산에서 남으로 흘러내리는 산줄기를 뚫고 나가는 사직터널 조금 못 미친 지점, 길의 북쪽에 있다.

백악 품 안 경복궁

조선왕조를 세우고 개경에서 한양으로 천도를 할 때 첫 궁궐 경복궁이 세워졌다. 경복궁의 터는 서울의 주산인 백악에 기대어 배치하였다. 그 자리는 동편과 서편에 하천이 흘러 경계를 이루고, 전체적으로 반듯하게 평지를 이루어서 누가 보아도 궁궐이 자리 잡을 만했다. 정문 광화문 앞으로는 큰길을 내고 그 좌우에 주요한 관아를 배치하였다. 이 경복궁과 그 앞길이 서울이라는 도시를 설계하는 기준이 되었다.

오늘날의 광화문광장에서 북으로 바라보면 저 끝에 경복궁의 정문 광

경복궁 | 동십자각 앞 더케이트윈타워에서 서북쪽으로 바라본 경복궁 전경이다. 백악과 인왕산이 만들어 낸 품에 안겨 있는 모습이 반듯하다.

화문이 보이고, 광화문 뒤로 경복궁 전각들의 지붕이 언뜻언뜻 머리를 내밀고 있다. 그 너머로 젊은 엄마의 젖가슴처럼 백악이 불룩 솟았고, 서쪽으로는 오른팔인 양 인왕산이 힘 있게 솟아 있다. 백악과 인왕산이 만들어낸 너른 품, 널찍한 평지에 경복궁은 번듯하게 자리 잡고 있다.

응봉 자락 동궐

궁궐로서 두 번째인 창덕궁과 세 번째인 창경궁은 서울을 품고 있는 왼쪽 젖가슴인 응봉 자락에 사이좋게 안겨 있다. 종로3가역에서 돈화문로를 따라 북쪽으로 걸어 올라가면 창덕궁의 정문 돈화문이 보인다. 돈화문 너머로 저 멀리 북한산의 보현봉이 불쑥 고개를 내밀고 있고, 그 앞으로는

창덕궁 | 돈화문의 남서쪽에 있는 빌딩에 올라가 동북쪽으로 바라본 창덕궁 전경. 응봉에서 길게 흘러내리는 산자락의 서쪽 기슭에 자연스럽게 자리 잡았다.

응봉이 앉아 있다. 응봉에서 천천히, 그러나 길게 산자락이 흘러내린다. 그 산자락에 창덕궁은 안겨 있는 것이다. 하지만 창덕궁은 응봉 품을 독차지하고 있지는 못하다. 응봉에서 흘러내리는 자락에는 창경궁도 함께 매달려 있다. 창덕궁은 응봉에서 흘러내리는 산자락의 서쪽 기슭에 기대어 있고, 그 동쪽 기슭은 창경궁이 차지하고 있다. 이처럼 창덕궁과 창경궁은 서로 다른 별개의 궁궐이면서도 또 함께 하나의 궁역을 이루는 한 형제이기도 하다. 그래서 조선시대에는 흔히 두 궁궐을 합쳐서 '동궐東闕'이라고 부르기도 하였다.

응봉 자락에는 창덕궁과 창경궁만 있지 않다. 남쪽 끝으로는 종묘가 잇닿아 있고, 그 북쪽으로는 성균관이 매달려 있으며, 동쪽으로 약간 벗어난 곁가지 자락에는 사도세자의 사당 경모궁景慕宮이 달려 있었다. 응봉

창경궁 | 서울대학교병원 의생명연구원에서 서남쪽으로 바라본 창경궁 전경. 응봉에서 흘러내리는 산자락의 동쪽 기슭에 동향으로 자리 잡았다. 창경궁 너머로 서울 도심이 빌딩 숲을 이루었다.

은 백악처럼 탱탱한 양감은 없이 중년 지난 여인의 젖가슴처럼 푸욱 퍼졌다. 하지만 다른 한편으로는 이렇게 아이들 여럿을 키운 어머니의 젖가슴이 갖는 넉넉함을 가지고 궁궐과 종묘, 성균관, 사당 등 국가의 주요 시설들을 거느리고 있는 것이다.

새문안 경희궁

서울의 다섯 궁궐 가운데 경희궁과 경운궁은 백악과 응봉 자락을 벗어나 서울의 서쪽에 치우쳐 있다. 그중 경희궁慶熙宮은 창덕궁과 창경궁을 '동궐'이라 부르는 데 대해서 '서궐西闕'이라 불렀다. 광화문 네거리에서 서쪽으로 뻗은 길이 새문안로다. 그 새문안로를 따라 서쪽으로 가다 보면 길이 남쪽으로 살짝 꺾어진다. 그 자리 어간에 본래는 경희궁의 정문 흥화문이

경희궁 | 멀리 떨어진 빌딩에서 서북쪽으로 바라본 경희궁의 외전 영역. 새로 지은 건물들이지만 숲과 어울려 궁궐 분위기를 제법 낸다.

동향으로 서 있었다. 경희궁은 일제강점기에 흔적 없이 사라졌지만, 근년에 외전 일대를 복원해 조금이나마 본래 모습을 떠올릴 수 있게 되었다.

정릉동 경운궁

지금 경운궁은 다른 궁궐들과는 달리 산이나 물과 아무 상관이 없는 것처럼 보인다. 하지만 경운궁도 산자락에 기대어 있다. 인왕산이 낮아지면서 남으로 흘러내리다가 돈의문 어간에서 동남 방향으로 갈라져 나온 낮은 산자락 한 가지가 정동의 북쪽을 지나 지금의 서울특별시청 방향으로 이어진다. 그 자락은 너무 낮은데다 지금은 건물들과 길로 이리저리 눌리고 끊어져 있기에 그것이 산자락임을 알아보는 것이 쉽지 않다. 그렇기는 하지만 어엿한 산자락이며, 더욱이 옛날에는 보통 산자락이 아니었다.

태조 임금은 자신의 왕비 신덕왕후神德王后가 죽자 이곳에 묻었다. 그

경운궁 | 서울시의회 별관에서 정북 방향으로 바라본 경운궁 전경. 야경인 덕분에 경운궁의 부자연스럽고 초라한 부분들이 가려져서 그런대로 궁궐다운 면모를 느낄 수 있다.

무덤의 이름이 정릉貞陵이다. 신덕왕후와 정치적으로 대립 관계에 있었던 태종太宗은 그 능을 도성 밖 동쪽, 북한산 기슭으로 천장하였다. 그러나 그 일대는 오늘날까지도 정릉동貞陵洞, 줄여서 정동貞洞으로 불리고 있다.

1880년대에 들어서 정동 일대에 서양 사람들이 들어와 살기 시작하였고, 곧 서양 공관들이 들어섰다. 1896년 2월 고종은 궁궐을 떠나 이곳에 있던 러시아공사관으로 옮겨갔다. 아관파천이다. 그때부터 이곳에 궁궐을 짓기 시작해 1897년 2월에 환궁을 하였으니 이것이 경운궁이다. 경운궁은 처음부터 품이 넓고 번듯하지 못한 터에 옹색하게 자리 잡았다. 지금은 그나마 원래의 터가 이리저리 잘려나가고 남은 터에 건물들도 거의 없어진 뒤끝이다. 1907년 고종이 강제로 퇴위되면서 이름조차 경운궁이 아니라 덕수궁德壽宮으로 바뀌었다. 궁궐로서 제 규모와 짜임새를 잃어버리기는 했지만 지금도 힘겹게나마 그 자리를 지키고 있으니 고마울 따름이다.

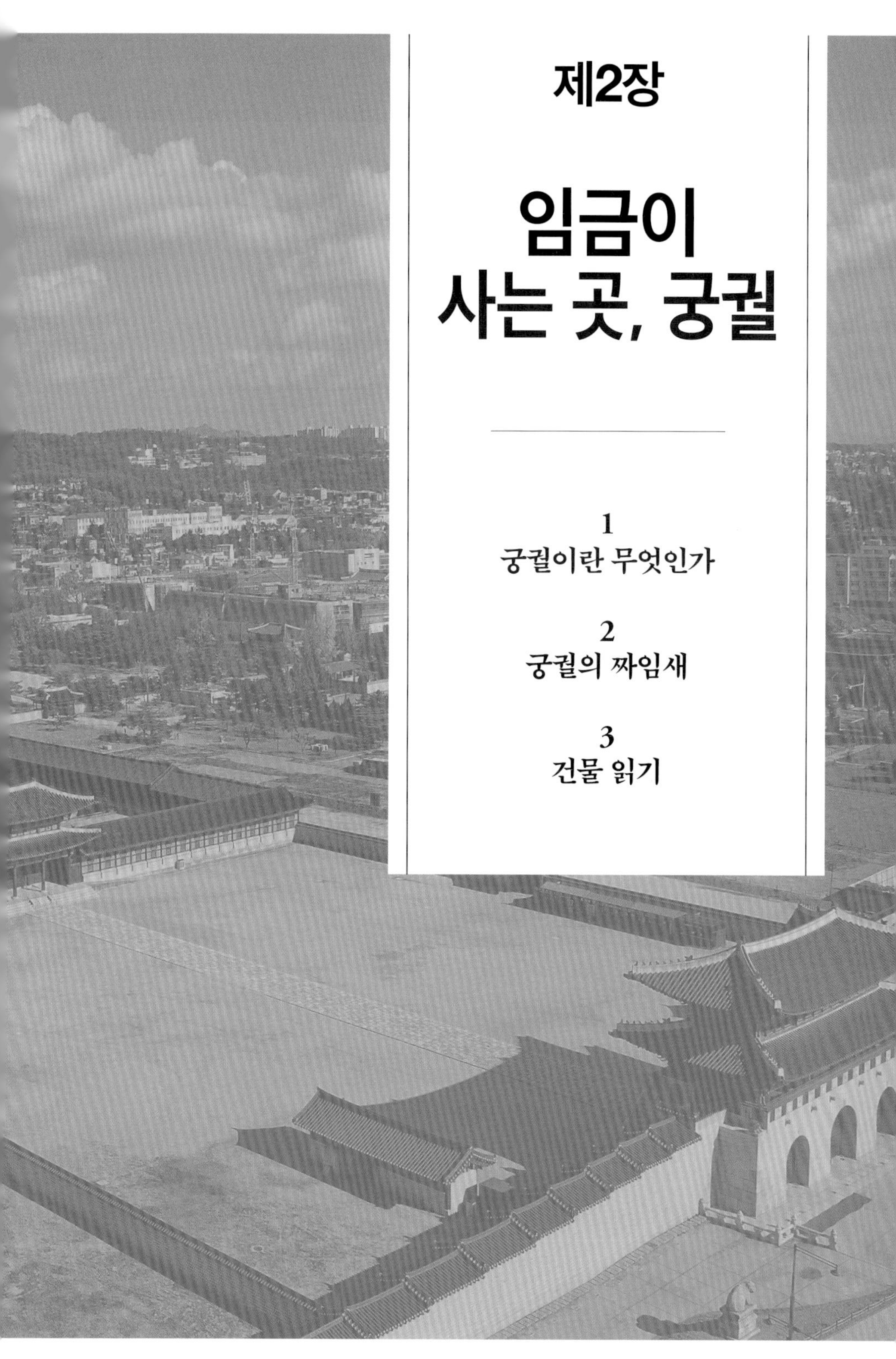

제2장

임금이 사는 곳, 궁궐

1
궁궐이란 무엇인가

2
궁궐의 짜임새

3
건물 읽기

1

궁궐이란 무엇인가

궁궐, 그 낱말의 뜻

궁궐은 죽었다, 고궁

흔히 '궁궐'이라는 단어를 써야 할 때 '고궁古宮'이라는 말을 쓰기도 한다. 경운궁에 있던 궁중유물 전시관이 경복궁에 들어서면서 바뀐 이름이 고궁박물관이다. 중국 베이징에 있는 자금성을 고궁故宮이라 하고, 그 안에 있는 박물관은 고궁박물원故宮博物院이라 하는 것, 장개석 국민당 정부가 중국의 주요 유물을 가져가 대만 타이베이[台北]에 세운 국립고궁박물원國立故宮博物院 등을 연상시킨다. 다만 중국은 고故 자를 쓰는 데 비해 우리나라는 고古 자를 쓰는 것이 다르다.

고궁이란 말뜻 그대로 따르자면 '옛날의 궁궐'이라는 뜻이다. 이는 뒤집어보면 오늘날에는 궁궐이 아니라는 뜻을 함축하고 있다. 딱히 또렷하

중국 베이징 자금성의 북문 | "고궁박물원"이라는 현판이 붙어 있다. 자금성은 그 많은 왕조가 생겼다가 없어진 중국에서 거의 유일하게 남아 있는 궁궐이다. 물론 현재 살아 있는 궁궐은 아니다. 고궁으로서, 박물관을 겸하고 있다.

게 의식해서 쓰는 것은 아니겠지만 궁궐이라 할 곳을 두고 고궁이라는 말을 쓰는 데는 이런 인식도 깔려 있다고 할 수 있다. 따지고 보면 이런 인식을 틀렸다고 할 수도 없다. 일본 도쿄의 황거皇居, 러시아의 크렘린궁, 영국의 윈저궁, 버킹엄궁, 프랑스의 엘리제궁을 가리켜 고궁이라고는 하지 않는다. 이런 궁들은 나름대로 '살아 있는' 궁이다. 현재도 임금이든 수상이든 대통령이든, 최고 권력자 혹은 상징적 국가 원수가 기거하면서 활동하기 때문이다. 이에 비해 우리나라의 궁궐들은 모두 '죽었다'고 할 수 있다. 단지 관광의 대상이거나 그도 못된 빈터로 남아 있을 뿐 정치적으로나 행정적으로나 실질적인 기능은 거의 없다. 그러니 오늘날의 궁궐이 아닌 옛날의 궁궐이라는 뜻으로 고궁이라고 하는 데 별 잘못이 없다고 할 수도 있겠다.

창덕궁 인정전 일대 | 창덕궁 서쪽 건물 높은 곳에서 본 전경이다. 오래된 건물도 있고, 새로 지은 건물도 있지만 어쨌거나 모두 죽은 건물들이다. 왜냐하면 사람이 살지 않기 때문이요, 본연의 제 기능을 발휘하지 않고 있기 때문이다.

그렇기는 하지만 고궁이라는 말이 흔쾌히 받아들여지지는 않는다. 고궁이라는 말에서는 바싹 마른 화석化石 냄새가 난다. 고古 자가 주는 느낌은 아주 멀다. "옛날 아주 먼 옛날 이곳에 임금님이 살았단다. 임금님은 후덕한 왕비를 내쫓고, 간교한 후궁後宮을 사랑했지. 그러다가 후궁의 패악이 드러나자 임금님은 후궁을 내쫓고 다시 왕비를 이 궁궐로 불러들여 애기 낳고, 잘 먹고 잘 살다가 죽었단다. 어때 재밌지?" 하는 식이다. 이런 이야기에 나오는 옛날의 임금님은 지금 우리와는 아무 상관도 없게 느껴진다. 우리는 조지 워싱턴, 아브라함 링컨, 엘리자베스 1세, 루이 14세나 16세, 나폴레옹 등 서양의 인물들은 우리 시대의 사람처럼 받아들이지만 영조, 정조正祖, 고종은 과거의 인물로 밀어낸다. 그와 함께 궁궐도 우리와는 별 상관이 없는 옛것으로 밀어낸다. 고궁이라는 말 속에는 그런 의식이 깔려 있진 않은가?

〈영조어진〉 | 우리는 조선의 임금을 아주 먼 옛날 사람으로 생각한다. 반면에 조선의 임금을 우리의 임금으로 여기는 생각도 저변에 깔려 있다. 서로 어긋나는 이러한 생각을 정리하여 옛 사람들에 대하여 객관적이면서 정확한 인식을 가질 필요가 있다. (국립고궁박물관 소장)

지금 서울에 남아 있는 조선왕조의 궁궐, 그러니까 고궁은 어떤 것들이 있나? 흔히 5대 고궁을 꼽지만, 목록조차 헛갈린다. 옛 궁궐로 치자면 경복궁, 창덕궁, 창경궁, 경희궁, 경운궁 이 다섯을 꼽는 것이 마땅하나, 경희궁은 다른 고궁들과는 다르게 취급되고 있다. 다른 고궁들은 문화재청에서 관리하는데 경희궁은 서울특별시에서 관리한다. 경희궁은 다른 고궁들에 비교가 되지 않게 궁역도 대부분 잘려나갔고, 옛 전각도 남아 있지 않다. 그곳에 일본인 중학교가 들어섰다가, 그 뒤를 이은 서울고등학교가 강남으로 이전한 뒤에 서울역사박물관이 들어서는 등

워낙 곡절이 심했고, 그 결과 제 모습을 거의 잃어버렸다.

경희궁 대신이라고 하기에는 뭣하지만 문화재청에서 궁궐과 거의 같은 차원에서 직접 관리하는 곳이 종묘이다. 종묘가 1997년에 유네스코 세계유산에 등재될 정도로 문화유산으로서의 가치를 인정받고 있기에 널리 알리고 싶은 뜻을 헤아리지 못할 바 아니지만, 아무리 그렇다 하더라도 종묘는 궁궐은 아니다. 그러므로 종묘를 고궁에 포함시키는 것은 어색한 일이다. 그래서 요즈음에는 5대 고궁이라는 말을 쓰지 않고, '궁묘宮廟'라고도 하는데, 이 또한 딱 들어맞는 호칭인가 논란의 여지가 있다.

'고궁'이라고 부르는 것과 '궁궐'이라고 부르는 것은 어떤 차이가 있나? 앞서 말한 바와 같이, 궁궐이란 말에는 본래 기능을 하고 있다는 뜻이 들어 있다면, 고궁이란 말에는 이제는 그 기능이 사라졌다는 뜻이 들어 있다. 그런 점에서 보면 궁궐보다는 고궁이 더 적합한 표기일지 모르겠다. 하지만 그 살아 있던 시기의 모습을 헤아리고 살려보려고 한다면 궁궐이라고 부르는 것이 더 적극적이지 않나 하는 생각이 든다. 그래서 나는 '궁궐'이라는 말을 쓴다.

문 좌우에 망루가 있어야 궁궐?

그렇다면 궁궐이란 무엇인가? 궁궐에 대해서는 여러 가지로 정의할 수 있고, 실제로 여러 설이 있다. 이를테면 '궁宮'은 방이 많은 큰 집을 가리키고, '궐闕'이란 문 좌우에 세운 망루를 가리킨다고 하는 설명이 있다. 이는 궁宮 자나 궐闕 자에 대한 한자 풀이는 혹 될지 몰라도 궁궐에 대한 정의라고 보기는 어렵다. 이 설명에 따른다면 궁궐이란 무엇인가? 방이 많은 큰 건물, 혹은 건물군에 문 좌우에 망루와 같은 시설을 갖추어야 궁궐이 된다고 할 수 있다.

그렇다면 조선시대 서울에 그런 궁궐이 어디에 있었는가? 경복궁인가? 이러한 설에 따르자면 경복궁에 있던 동십자각東十字閣과 서십자각西十

字閣이 '궐'에 해당된다고 보기도 한다. 하지만 동십자각과 서십자각은 군사들이 파수를 보는 망루라고 하기 어렵다. 사헌부 관원들의 직소直所인 성상소城上所의 흔적으로 보아야 한다고 나는 생각한다.

경복궁 동십자각 옛 모습 | 높은 대 위에 잘 생긴 누가 있고, 그 안에 작은 방이 있다. 성상소다. 동십자각 바로 옆으로 삼청동천이 흘러내려 개천으로 들어간다. 그 삼청동천에 난간도 없는 돌다리가 걸려 있다.

백보 양보해서 십자각이 '궐'이라 치고, 그래서 경복궁은 궁궐이라고 하자. 그렇다면 나머지 창덕궁, 창경궁, 경희궁, 경운궁은 무엇인가? '궐'에 해당한다고 볼 수 있는 시설물이 전혀 없다. 그러니 궁궐이 아니란 말인가? 이런 식의 한자 풀이에 근거한 설명은 지나치게 단순하고 소박해서 납득하기 어렵다. 궁궐을 정의할 때는 외형보다 본질 혹은 기능을 기준으로 삼아야 한다. 어떤 사람이 무슨 활동을 하는 곳인가? 본질적 특성이 무엇인가? 궁궐도 시설물이니 사람이 쓰려고 만들었을 것이다. 누가 무엇에 쓰려고 만들었는가, 어떤 외형적 조건을 갖추어야 하는가를 따져야 한다는 뜻이다. 이렇게 볼 때 궁궐이란 '임금이 사는 곳'이다.

임금이란 존재

임금이란 어떤 존재인가? 왕조국가 조선에서 임금은 주권자요 통치자였다. 행정부의 수반, 법의

圖說

朝鮮國王之印 銀鍍黃金鈕 龍頭龜身

板修補鈕以銀改鑄方四寸高一寸一分郭五分鈕長四
寸八分廣二寸四分頭高二寸六分體高一寸七分 周禮黑尺
腹下有橫穴全體並鍍黃金

《보인소의궤》 중 조선국왕지인 ｜ 조선 임금의 존재와 권력을 알리는 대표적인 인장, 대보다. 전서체 한자와 청나라 글자로 새겼다. (서울대학교 규장각한국학연구원 소장)

제정자이자 집행자, 군대의 통수권자, 국가의 원수, 백성들의 어버이, 하늘의 대행자로서 누구나 그 권위 앞에 복종해야 하는 성스러운 존재였다. 실제 왕권은 그때그때의 정치 지형에 따라 강약에 상당한 차이가 있었지만, 적어도 관념적으로는 말 한마디로 하늘의 나는 새도 떨어뜨리는 절대 권력이었다.

그런 임금이 '산다'는 것은 무엇을 하는 것인가? 임금도 인간이기에 우선 먹고, 입고, 자고 하는 일상생활을 하지 않을 수 없었겠다. 산다는 것은 그런 일상생활을 뜻하기도 한다. 그러나 일반인들도 그렇지만 특히 임금이 산다는 것은 그저 일상생활로 그치지는 않는다. 왕조사회의 주권자요 통치자인 임금이 산다는 것은 자신에게 주어진 본연의 일, 다시 말해서 통치행위를 한다는 데 더 큰 비중이 있었다.

조선왕조의 행정과 정치는 관료제의 틀 안에서 이루어졌다. 관료제가 돌아가는 과정에서 모든 정책의 최종 결정은 모두 임금의 몫이었다. 국정의 모든 사안은 임금을 중심으로 논의되고 결정되었다. 모든 정책은 왕명에 따라 집행되고 임금에게 결과가 보고되었다. 왕명 가운데 지속성이 있는 것은 법령으로 정착되었다. 그런 점에서 임금은 행정의 최종 책임자요 결정권자인 동시에 입법권자이기도 하였다. 궁궐은 이렇듯 임금이 사적인 일상생활을 하는 공간임과 동시에 공적인 통치행위를 하는 공간이라는 양 측면이 있다. 역사를 공부하는 눈으로 보자면 양자 가운데서도 통치행위를 하는 공간이라는 점이 더 주목할 가치가 있다.

임금은 그런 궁궐을 벗어나는 일이 매우 드물었다. 임금이 수행하는 모든 일이 거의 궁궐 안에서 이루어졌다. 임금은 여러 직책을 설정하여 특정한 임무를 나누었다. 그러한 직책을 맡은 사람들이 관원들이다. 그러한 관원들 가운데 각 분야와 관서의 책임을 맡았거나, 또는 특별한 역할을 맡은 관원들은 직접 임금을 만나야 하였다. 그런데 임금이 궁궐 밖으로 나가는 일이 드물다면 그들이 임금을 만나 정치적인 협의를 하고, 집행 결과를 검토하고, 보고하는 등의 활동을 하기 위해서는 궁궐에 들어오지 않을 수 없었다. 궁궐은 왕권으로 대표되는 권력의 발원지요, 모든 관청이 바라보며 따르는 가장 높은 관부官府요, 정령을 내는 곳이요, 국정의 중심이었다.

탕평정책을 추진하면서 임금이 정국을 주도해야 한다고 강조하였던 정조는 궁궐에 대해 다음과 같은 말을 하였다. "궁궐은 임금이 거주하면서 다스리는 곳이다. 사방의 사람들이 우러러보고 신민이 둘러 마음을 향하는 곳이다. 그러므로 부득불 그 제도를 장대하게 하여 존엄을 보이고, 그 이름을 아름답게 하여 우거하는 데 경계를 되새기고 읊으면서, 그 거처를 호사스럽지 않게 하면서도 그 경관을 화려하게 하는 것이다." 궁궐은 중앙집권체제를 갖추고 있던 왕조국가 조선의 운영 체계의 정점이요 핵심이었다.

궁궐은 아닌, '궁'들

별궁 본궁

임금이 사는 곳, 궁궐의 이름에는 대개 궁宮 자가 붙는다. 그런데 궁 자가 붙어 있지만 궁궐은 아닌 곳도 몇 가지가 있다. 그저 궁 자가 붙었다고 모두 궁궐이라고 하면 대단히 큰 혼란이 생긴다. 궁궐이라고 불러야 하는 곳을 그저 궁이라고 해도 문제가 생긴다. 궁 자가 붙었지만 궁궐이 아닌 것들을 잘 분별할 필요가 있다.

임금은 아버지 임금과 어머니 왕비 사이에서 맏아들로 궁궐에서 태어나서 궁궐에서 생활하다가 왕세자로 책봉되고, 궁궐에서 즉위하여 임금으로 활동하다가 궁궐에서 승하하여 아들에게 왕위를 물려주는 것이 정해진 모습이다. 그렇기는 하나 실제로 조선과 대한제국 27명의 임금들 가운데 그런 예로 꼽을 이가 누가 있나? '태정태세'는 아니고 문종文宗이 근접한 경우라고 할 수 있겠다. 하지만 엄밀히는 그 아버지 세종이 충녕대군忠寧大君이던 시절 궁궐 밖 사저에서 태어났다. '단세 예성연중인명선 광인효현', 현종顯宗? 현종은 임금의 아들로 태어나 임금이 되었다가 아들에게 왕위를 물려주기는 했지만, 아버지 효종孝宗이 봉림대군 시절 인질로 잡혀가 있던 만주 심양瀋陽에서 태어났다. 그다음 숙! 숙종이 여러 면에서 딱 맞는 예에 해당한다. '경영 정순헌철고순'. 의외로 없다.

오히려 이런저런 이유로 궁궐 밖에서 생활하다가 임금이 되는 경우가 더 많았다. 그럴 때 임금이 되기 전에 살던 집을 잠저潛邸라 한다. 잠저는 임금이 된 뒤에 어떻게 하였을까? 다른 이들에게 팔았을까? 그럴 수는 없었다. 왕조국가에서 임금이 사시던 곳에 감히 누가 들어가 살 수는 없었다. 그러므로 잠저는 주인이 임금이 된 뒤에도 계속 왕실 소유로 갖고 있

함흥본궁 | 이성계가 임금이 되고 나서 함흥이 있는 자신의 잠저에 지은 건물이다. 이성계가 죽은 뒤에는 왕실의 사당으로 쓰였다. 늙고 굽은 소나무가 자리를 지키고 있다. 오른편에는 노둣돌이 보인다. 이 노둣돌을 밟고 내리는 이는 누구일까? (《조선고적도보》)

으면서 왕실에서 필요한 대로 사용하였다. 이런 곳을 별궁別宮이라 하였는데, 임금이 살던 본 집이라는 뜻에서 본궁本宮이라고도 하였다.

별궁은 기본적으로 도성 안에 있었다. 임금의 아들들, 더 넓게는 가까운 왕실의 종친들은 도성을 벗어나 지방에 가서 사는 것이 금지되었다. 임금의 그늘, 도성 안에만 살 수 있었다. 그것은 특권이기도 하였고, 다른 한편 감시의 범위 안에 갇혀 있다는 뜻이기도 하였다. 철종과 같이 강화도에 있다가 얼떨결에 임금이 되어서 잠저가 현재 강화도에 용흥궁龍興宮이라는 이름으로 남아 있는 경우가 없지는 않으나, 그야말로 특별한 예외라고 할 수 있다.

궁궐 밖에 나가 살다가 즉위한 임금이 늘어남에 따라 별궁도 따라서 많아졌지만 모든 임금이 별궁을 계속 지니고 있지는 않았다. 자신의 아들

건구고궁 현판 | 주역 건괘(乾卦)는 여섯 효(爻)가 모두 양효(陽爻, −)로 되어 있다. 구(九)는 양효를 가리킨다. 그 가운데 첫째, 곧 맨 아래 양효인 초구(初九)는 잠룡을 가리킨다. 아직 용이 되기 전 물에 잠겨 있는 상태다. 이러한 뜻을 담아 영조는 자신의 잠저였던 창의궁 정당에 이 "건구고궁"이라는 현판을 써서 걸었다. (국립고궁박물관 소장)

이나 딸이 혼인하여 궁궐에서 나가 살게 될 때 자신이 갖고 있던 잠저를 주는 일이 많았다. 그 밖에 다른 이유로도 잠저를 처분할 일이 생기니 도성 안에 별궁이 그리 많지는 않았다. 조선 중기 이후 가장 대표적인 별궁은 효종이 봉림대군 시절에 살던 집인 어의궁於義宮이다. 어의궁은 효종이 즉위한 이후 별궁으로 계속 쓰였다. 조선 후기에 또 눈에 띄는 별궁은 창의궁彰義宮이다. 창의궁은 영조가 임금이 되기 전, 연잉군延礽君 시절에 살던 잠저였다. 현재 경복궁의 궁성 서문인 영추문迎秋門 바로 서편에 있었다. 영조가 임금이 된 이후 창의궁은 요절한 왕자들의 사당 등으로 유지되었다. 영조는 자신의 잠저인 창의궁에 대해 각별한 애정을 갖고 임금이 된 이후에도 가끔 들르기도 하였다.

이런 기준으로 볼 때 운현궁雲峴宮은 다소 모호한 점이 있다. 임금을 기준으로 보면 운현궁은 고종의 잠저이다. 하지만 고종의 잠저라서 운현궁이라는 이름이 붙은 것은 아니다. '운현'이란 말을 순 우리말로 풀면 '구름재'다. 구름이 모여드는 고갯마루라는 뜻이 아니다. '운'은 서운관書雲觀, 곧 관상감觀象監을 말한다. 운현은 그러니까 관상감이 있던 고개라는 뜻이다.

운현궁 노락당 | 흥선대원군이 권력을 잡고 있던 때는 그 위세에 걸맞은 규모를 갖추었지만, 이후 영역도 축소되고 건물들도 바뀐 것이 많다. 그 후손들이 지키지 못하고 지금은 서울특별시 소유로 관리되고 있다.

지금은 종로구 원서동의 현대빌딩이 관상감 터를 차지하였다. 운현궁은 운현 남쪽 운니동에 있던 집, 형식 논리로 보면 잠저로서 별궁이라고 하겠지만, 실질적으로는 흥선대원군興宣大院君의 집을 가리킨다. 고종보다는 흥선대원군의 집을 높여 부르던 이름이다.

궁방

왕실의 안에는 당연히 위계질서가 있다. 가장 높은 등급은 임금과 왕비이다. 이들은 대전大殿, 중궁전中宮殿이라는 단어에서 보듯 '전殿'으로 표기된다. 이와 함께 '전'으로 불리는 왕실 구성원이 전 왕비, 다시 말해 대비大妃, 왕대비王大妃, 대왕대비大王大妃이다. '전' 다음이 '궁宮'이다. '궁'으로 불리는 대표적인 왕실 구성원이 왕세자王世子와 왕세자빈王世子嬪이다. 후궁 가운데 급이 높은 후궁, 대표적으로는 낳은 아들이 왕세자로 책봉된 후궁도 '궁'

의 반열에 들었다. 궁 아래가 '방房'이다. 방은 대군大君 이하 왕자, 공주, 옹주 등 왕실 가족이 모두 포함되었다.

임금 이하 왕실 가족은 공과 사의 경계에 걸쳐 있었다고 할 수 있다. 그들은 관료 기구에 포함되어 있지는 않았지만, 국가 재정으로부터 경제 지원을 받아 생활했다. 내용內用의 미곡과 포목, 잡물과 노비를 공급하는 일을 받았던 관서가 내수사內需司이다.[1] 내수사는 정5품 아문으로 정규 관서였다. '내용', 즉 안에서 쓴다는 것은 궁궐에서 생활하는 임금 이하 왕비 등 왕실 가족이 쓰는 것을 가리킨다고 할 수 있다. 내수사만이 아니라 제용감濟用監, 내자시內資寺, 내섬시內贍寺 등 왕실에서 쓸 물품을 조달하는 관서들이 있었다.[2] 여기까지는 공의 영역이다.

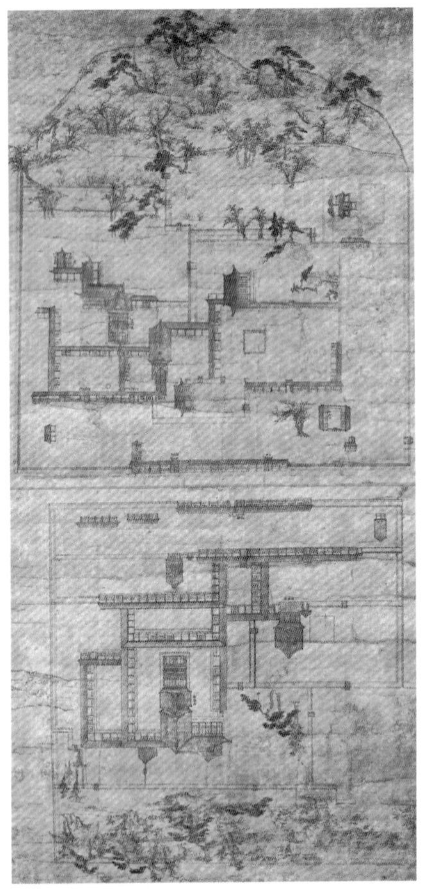

〈인평대군방전도〉 | 타락산 기슭에 있던 인조의 셋째 아들 인평대군의 집(위)을 그린 그림이다. 인평대군의 형으로서 나중에 효종이 되는 봉림대군의 집(아래)을 함께 포함하였다. 봉림대군의 집에는 조양루(朝陽樓), 인평대군방에는 석양루(夕陽樓)가 있어 서로 마주보며 형제 우애를 다졌다 한다. 정조 대에 집을 고쳐 짓고, 1792년(정조 16) 이 도면을 그렸다. (서울대학교 규장각한국학연구원 소장)

그러나 이 관서들이 공급하는 것만이 왕실 가족의 경제 기반은 아니었다. 별도의 경제 기반으로서 토지나 어전漁箭, 염분鹽盆, 산림천택山林川澤 등을 갖고 있었다. 어전은 바닷물이 들고 나는 곳에 고기잡이를 위해 말뚝을 꼽아놓은 어장이고, 염분은 소금을 굽는 솥이며, 산림천택은 경제적으로 가치가 있는 산자락이나 저지대를 말한다. 궁방의 경제 기반으로 가장 비중이 크고 중요한 것은 물론 토지였다. 궁방이 갖고 있는 경작지를 궁방전宮房田이라 하였다.

궁방전은 주로 경기도 밖의 지방에 있었는데, 하나하나 규모가 대단히 컸다. 오늘날 지방에는 '궁말'과 같이 궁 자가 들어간 지명이 많은데, 대개 궁방전이 있던 곳들이다. 궁방전의 소유권을 궁방이 갖고 있는 경우가 있고, 그 땅에서 국가에 내야 하는 조세를 궁방이 받게 되어 있는 경우도 있었다. 궁방전이 많아질수록 국가 재정은 줄어들게 되어 있어 문제가 되었다. 또 궁방은 임금의 권세를 등에 업고 무리한 이득을 취하여 많은 폐단을 낳았다. 궁방은 애초에는 어느 왕실 가족 개인을 가리키는 말에서, 그 개인을 경제적으로 뒷받침하는 토지를 관리하는 조직을 가리키는 말로 뜻이 확대되었다. 궁방은 그 개인이 죽으면 없어지는 것이 원칙이었다. 그러나 사후에 소유권을 갖고 있는 토지는 물론, 어느 토지에 대한 수조권도 후손들에게 승계되는 경우가 많았다. 그러면서 관리 조직인 궁방도 존속되었다.

이처럼 왕실 가족 특정인에서 시작하여 후손으로 이어지는 궁방 외에 왕실과 관련은 있으나 특정인이나 그 후손이 아닌 왕실의 어떤 자리나 왕실의 시설물을 유지, 관리하기 위한 몫으로 설정된 궁방도 생겨났다. 그러한 것으로 조선 중기부터 국가 차원에서 유지하는 대표적인 궁방이 넷 있었다. 명례궁明禮宮, 어의궁於義宮, 용동궁龍洞宮, 수진궁壽進宮이 그것이다.

명례궁은 왕비 몫의 토지를 관리하였다. 광해군 연간에 정릉동행궁貞陵洞行宮에서 창덕궁으로 이어하면서 정릉동행궁을 경운궁이라고 이름을 붙였다. 그러나 나중에 그곳이 비게 되면서 명례궁이 자리 잡았다. 어의궁은 같은 이름의 별궁을 유지, 관리하기 위한 궁방이었다. 용동궁은 조선 중기 명종明宗의 장남인 순회세자順懷世子가 살던 곳이라서 순회세자궁으로 불리다가, 순회세자가 13세에 죽자 그 왕세자빈인 공회빈恭懷嬪에게 속한 궁방이 되었다. 조선 후기에는 사도세자思悼世子의 왕세자빈이자 정조의 생모인 혜경궁惠敬宮 홍씨의 궁방이 되었다가, 조선 말기에는 헌종의 생모이자 효명세자孝明世子의 왕세자빈인 신정왕후神貞王后의 궁방이 되었다. 중부中部 황화방皇華坊, 현재 중구 정동에 있다가 수진방壽進坊, 현재 종로구 수송동으로 옮겼다. 수진궁은 봉작封爵을 받기 전에 죽은 임금의 왕자들, 출가하기 전에 사망한 공주나 옹주 같은 모실 사람이 없는 영령들을 함께 제사 지내주기 위한 궁방이었다. 마찬가지로 중부 수진방에 있었다.

사당

왕실 가족 혹은 그의 토지를 관리하던 기구를 가리키는 궁방은 해당 인물이 죽은 후 그를 기리는 사당으로 연결되는 경우가 많았다. 궁방 주인의 후손이 본래 주인을 제사 지내는 명목으로 경제적 이익을 승계한 것이다. 그런데 사당을 가리키는 명칭에도 꽤 까다로운 등급이 매겨져 있었다.

일반적인 사당은 '묘廟'라고 한다. 신주 혹은 위패位牌를 모셔놓고 때에 맞추어 제사를 드리는 곳이다. 신주나 위패는 모두 어느 신위의 명칭을 써넣은 나무판으로서 영령이 깃들어 있다고 생각하는 상징물이다. 묘 자가 붙은 사당으로서 국가에서 관리하는 것이 있었다. 그 가운데 가장 많은 것이 후손이 없이 죽은 왕실 종친의 사당이다. 그러한 것으로서 조선 후기에 자료에 많이 나타나는 것이 의소묘懿昭廟와 문희묘文禧廟이다.

의소묘는 사도세자의 맏아들로서 요절한 의소세손懿昭世孫의 사당이다. 의소세손은 영조의 장손자요 정조의 형이 되는데, 1750년영조 26 사도세자와 혜경궁 홍씨 사이에서 태어나 바로 왕세손에 책봉되었으나 세 살에 죽었다. 영조는 의소세손의 사당을 자신의 잠저인 창의궁에 두었다. 문희묘는 문효세자文孝世子의 사당이다. 문효세자는 1782년정조 6 정조와 의빈宜嬪 성씨 사이에서 정조의 맏아들로 태어나서 두 살 때 왕세자로 책봉되었으나 다섯 살에 죽고 말았다. 정조는 문효세자의 사당을 안국방安國坊에 세웠는데, 고종 연간에 창의궁으로 옮겨졌다.

일반 사당을 가리키는 '묘'보다 격을 높여 부를 때는 '궁宮'이라 하였다. 먼저 특별한 대우를 받았던 것으로 주목되는 사당으로 경모궁景慕宮이 있다. 경모궁은 사도세자의 사당이다. 사도세자의 아들 정조 임금이 경모궁을 높여 중사中祀에 속하게 하였는데, 정조 이후 실제로는 거의 대사大祀인 종묘와 사직에 버금가는 대우를 받았다.

궁 자는 주로 후궁으로서 그가 낳은 아들이 임금이 된 이들의 사당에도 붙였다. '묘'와 '궁'은 같은 사당이라도 위상에 상당한 차이가 있는 것으로 받아들여졌다. 예를 들면 영조의 생모인 숙빈淑嬪 최씨의 사당은 처음에는 육상묘毓祥廟란 이름이었다.[3] 영조는 여러 신료들의 반대를 무릅쓰고 끈질기게 격을 높일 것을 주장하여 재위 29년째에 드디어 이름을 육상궁毓祥宮으로 바꾸었다.[4] 탕평책을 기반으로 강력한 왕권을 행사하였던 영조지만, 생모의 사당 명칭을 묘에서 궁으로 바꾸는 데 30년 가까이 투쟁에 가까운 노력을 기울이고서야 겨우 뜻을 이루었던 것이다.

한반도가 일제의 식민지로 전락해가던 무렵인 1908년융희 2에 서울에는 그런 궁이 육상궁毓祥宮 외에 저경궁儲慶宮, 대빈궁大嬪宮, 연호궁延祜宮, 선희궁宣禧宮, 경우궁景祐宮 등 다섯이 더 있었다. 저경궁은 선조 후궁 인빈仁嬪 김씨의 사당이다. 인빈 김씨는 인조의 생부인 원종元宗의 생모이니 인조의 친할머니가 된다. 저경궁은 본래 정원군定遠君, 원종의 군호의 집터였던 남부 태평방太平坊 송현松峴, 오늘날의 한국은행 자리에 있었다. 대빈궁은 숙종의 후궁 희빈禧嬪 장씨의 사당이다. 희빈 장씨는 '장희빈'이라는 명칭으로 널리 알려진 인물로 경종의 생모生母다. 대빈궁은 중부中部 경행방慶幸坊 교동校洞, 현재 종로구 낙원동 24번지 일대에 있었다. 연호궁은 영조의 후궁 정빈靖嬪 이씨의 사당이다. 정빈 이씨는 영조의 첫아들로, 나중에 진종眞宗으로 추존된 효장세자孝章世子의 생모다. 육상궁 구내에 있었다. 선희궁은 영조의 후

육상묘, 연호궁 편액 | 뒤편의 육상묘는 육상궁으로 승격되기 전 영조의 생모인 숙빈 최씨의 사당 이름이다. 연호궁은 숙빈 최씨의 며느리이자 영조의 후궁인 정빈 이씨의 사당 이름이다. 시어머니와 며느리의 신주가 한 건물에 동거하고 있는 셈이다.

궁 영빈暎嬪 이씨의 사당이다. 영빈 이씨는 사도세자의 생모로, 영조가 사도세자를 죽이는 데 일조한 기구한 사연을 갖고 있다. 사도세자가 고종 광무光武 연간에 장조莊祖로 추존되면서 그 사당도 묘에서 궁으로 높여졌다. 북부北部 순화방順化坊 백운동白雲洞, 현재 국립서울농학교 자리에 있었다. 경우궁은 정조의 후궁 수빈綏妃 박씨의 사당이다. 수빈 박씨는 제23대 임금 순조의 생모다. 원래는 오늘날 계동 현대빌딩 자리에 있다가 1908년에 북부 순화방 옥동玉洞, 현재 옥인동 군인아파트 자리으로 옮겼다.

이 사당들은 상당히 넓은 면적을 차지하고 있었다. 쉽게 말하자면 서울 시내 웬만한 고등학교 하나에서 둘을 지을 수 있는 정도였다. 조선을 장악하고 서울을 개조하려는 의도를 갖고 있는 통감부에서 이 사당들을 그냥 놓아두지 않았다. 1908년 통감부에서는 궁 자 붙은 사당들을 육상궁으로 몰아넣고, 본디 사당들이 있던 땅은 국유로 하였다. 다시 말하자면 일제의 수중에 넣었다.

이후 1929년에 영친왕英親王의 생모 순헌귀비純獻貴妃 엄씨의 사당인 덕

안궁을 육상궁 구내로 옮기면서 육상궁의 사당들은 '칠궁七宮'이라고 불렸고, 그 이름은 오늘날까지 이어지고 있다. 지금 칠궁은 청와대 바로 서편에 붙어 있다.

행궁

궁 자가 붙었으나 궁궐은 아닌 것으로 행궁行宮이 또 있다. 행궁은 임금이 도성을 벗어나 행차할 때 잠시 머무르던 거처이다. 위에서 말한 '궁'들이 거의 대부분 도성 안이나 인근에 있다면, 행궁은 도성을 벗어난 곳에 있었다. 임금이 궁궐 밖으로 나서는 일은 그리 흔한 일이 아니었다. 많은 관원들과 군인들, 그리고 시중드는 사람들이 동원되는 큰일이었다. 그나마 종묘나 다른 어떤 사당 같이 도성 안에 있는 곳으로 가는 거둥擧動은 당일에 갔다 올 수 있으므로 수월한 편이었다. 하지만 도성을 벗어나는 행행行幸은 비용과 인력이 많이 드는 쉽지 않은 일이었다.

임금이 도성을 벗어나 가장 많이 가는 곳은 왕릉이었다. 임금은 별 일이 없는 한 한 해에 봄가을 두 차례 능행陵幸을 하는 것이 관례였다. 왕릉은 도성을 벗어나 하루 거리, 대개는 경기도 안 서울 인근에 있다. 동쪽으로 동구릉東九陵, 서쪽으로 서오릉西五陵, 서삼릉西三陵 등이 있다. 오늘날에야 하루 안에 다녀올 수 있는 거리이지만 조선시대에는 하루 안에 능행을 하기는 어려웠다. 가능하다 할지라도 그렇게 하지 않았다. 임금은 능에 가면 능을 살펴보고, 전배展拜를 하였는데, 능에서 드리는 제사는 다른 제사와 마찬가지로 한밤중에 드려야 하였다. 그러기 위해서 재숙齋宿하는 재실齋室을 능마다 마련해두었다. 가까운 능에 다녀올 때는 재실에서 밤을 새우면 되었지만, 하룻길이 넘는 능행에서는 그럴 수가 없었다. 강원도 영월에 있는 장릉莊陵이야 임금이 행행한 바가 없으니 제쳐놓더라도 수원의 융릉隆陵, 건릉健陵, 여주의 영릉英陵, 영릉寧陵 같은 데 가려면 중간에 하루 묵어갈 곳이 필요하였다. 그렇다고 별도로 큰 규모의 숙소를 마련하기도 쉽지 않은 일. 하루 묵어갈 군郡이나 현縣의 관아에 별도의 건물을 준비하여 관리하다가 숙소로 이용하였으니 이것이 행궁이다. 수원 화성에 갈 때는 과천행궁果川行宮이나 시흥행궁始興行宮, 여주의 능에 갈 때는 광주 남한산성행궁南漢山城行宮에 머물렀다. 그 밖에도 지방에 임금이 행차하였거나 행차할 만한 곳에는 행궁을 마련해두었다.

조선왕조 행궁들 가운데 이러한 일반적인 행궁의 모습을 벗어났던 것이 온양행궁溫陽行宮과 화성행궁華城行宮이다. 조선시대에는 온천 하면 온양이었다. 온천에 간다는 것은 단순히 목욕을 하러 가는 것이 아니라 피부병이나 속병을 치료하러 가는 의료 목적이 컸다. 갔다 오는 데 거의 보름이 걸리는 길이었으니 간 김에 한 열흘 묵지 않을 수 없었다. 그동안 임금이 공무를 처리하지 않을 수 없으니 관련 관원들이 따라가기 마련이었고, 장졸들도 다수가 동원되는 큰 행렬이었다. 군졸들이야 노숙 아니면 민가를 임시로 빌어서 숙박한다 하더라도 관원 등 행렬이 머물며 활동하려면 그에 걸맞은 규모를 갖추지 않을 수 없었다. 그런 목적으로 세운 것이 온양행궁이다. 온양행궁은 온천샘을 중심으로 한 약 20여 채의 건물로 이루어졌었다. 그것이 세월에 따라 없어지고 온천샘은 지금은 무슨 여관인가 호텔의 차지가 되었다.

화성행궁은 정조의 뜻에 따라 건설된 특별한 행궁이다. 1796년정조 20 정조가 아버지 사도세자의 무덤인 현륭원顯隆園에 행행할 때에 묵어가기 위해 지었다. 하지만 그것이 다가 아니고 경제 거점 신도시로 건설한 화성을 경영하는 데 중심으로 삼으려는 더 깊은 의도가 있었다고 보아야 할 것이다. 따라서 화성행궁은 보통 행궁의 규모를 넘어서 거의 임금이 상주하면서 공적인 활동을 할 수 있을 만한 규모를 갖추었다. 하지만 임금 혹은 상왕上王의 상주常住는 이루어지지 않았다. 대한제국이 식민지로 전락하는 시기에 그 자리에 병원이 들어섰고, 이후 경찰서와 민가, 학교가 들어서면서 화성행궁은 자취를 감추었다. 해방 이후 그 자리는 역사적 의미를

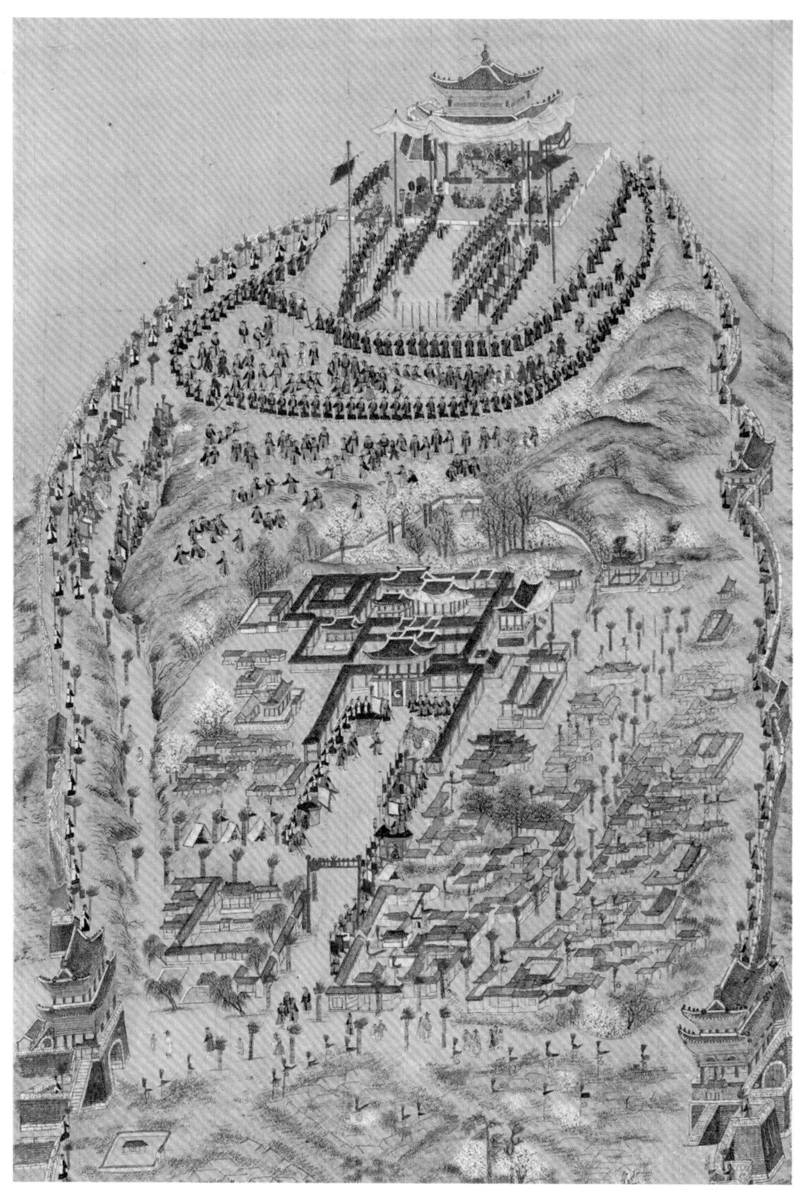

〈화성행행도병〉 중 서장대야조도의 일부 | 1795년(정조 19)에 정조가 어머니 혜경궁 홍씨를 모시고 사도세자의 무덤인 현륭원에 갔다 오는 장면을 그린 여덟 폭 병풍 중 서장대에서의 야간 군사 훈련 장면이다. 가운데 화성행궁이 보이는데, 행궁으로서는 규모가 크고 짜임새가 있다. (국립고궁박물관 소장)

기려 1972년 경기도 기념물로 지정되었으며 지역 주민을 비롯한 각계의 요구에 따라 1996년부터 2003년까지 복원 공사를 하여 제 모습을 되살린다고 되살렸다. 2007년 사적 제478호로 지정되었고, 2009년에는 가까이 수원천 건너에 수원화성박물관이 생겨 이래저래 많은 관람객들이 찾고 있다. 좋은 일이다.

하지만 나는 화성행궁을 볼 때마다 어딘지 부족함을 느끼게 된다. 정조 때 화성을 축조하고 나서 그 시말을 상세히 기록한《화성성역의궤華城城役儀軌》라고 하는 책자를 만들었다. 화성과 화성행궁은 이러한 옛 자료들을 근거로 하여 복원되었다. 하지만 화성행궁이 제대로 '복원'된 것인지, 이것이 화성행궁의 본모습인지 나는 신뢰를 갖기가 어렵다. 의궤는 두말할 나위 없이 좋은 자료이다. 하지만 그것만으로는 복원을 하기에 부족하다. 복원을 하려면 실측 도면이 있어야 한다. 도면이 아니더라도 그 위치와 형태, 크기를 가늠할 수 있는 근거 자료가 있어야 한다. 의궤에도 건물 모양을 알려주는 도설圖說이 있기는 하지만 개념도 수준이지 실측 자료는 아니다. 아무래도 설계를 하고 공사를 하는 사람들의 경험과 정성이 더해져야 하는데 그 부분이 부족해 보인다.

화성행궁을 준공하고 몇 년 뒤에 정문인 신풍루新豊樓 앞의 넓은 터를 확보하여 추가 발굴을 했다. 그 결과 신풍루 앞을 흐르는 금천禁川과 금천교禁川橋가 드러났다. 그런데 금천교와 신풍루의 축이 어긋나 있었다. 금천교가 자리를 옮겼을 리는 없으니, 신풍루부터 시작해서 화성행궁 전체의 위치가 과연 정확한지 의심이 들 수밖에 없다. 이렇듯 위치에 의문이 가는 것에 더해서 그 안에 복원한 건조물들도 크기와 형태 그리고 질감 등도 도무지 신뢰가 생기지 않는다. 건물과 건물 사이의 관계도 아주 어색하게 되어 있는 부분이 많다. 여기서 실제로 사람들이 살 수 있을까 의구심을 지우지 못하겠다. 화성행궁만 유난히 잘못했다는 뜻이 아니다. 복원한다고 하는 공사들이 전반적으로 문제가 심각한 가운데, 그나마 화성행궁

복원된 화성행궁 | 2003년에 복원을 마친 화성행궁을 팔달산 쪽에서 내려다본 모습이다. 이 행궁은 정확한 위치에 옛 모습대로 복원되었는가? 그래서 과연 여기서 사람이 살 수 있을까? 아무리 보아도 그렇게 보이지 않는다.

이 잘된 편이라고 인정할 수 있음에도 불구하고 이 정도밖에 되지 않는다는 뜻으로 쓰는 것이다.

화성행궁만 한 규모는 아니지만 경기도 광주의 남한산성 안에도 복원된 행궁이 있다. 남한산성은 한강 이남에서 서울 지역을 지키는 요지였던 남한산南漢山에 자리 잡고 있다. 남한산은 백제 때부터 성이 있었던 곳으로, 광해군 대에 다시 보장保障의 땅으로 삼아 산성을 새로 쌓았고, 1624년 인조 2부터 2년 넘게 걸려서 고쳐 쌓고 행궁도 지었다. 1636년 인조 14 12월 병자호란丙子胡亂 때 인조와 조정은 청나라 군대를 피해서 남한산성으로 들어가 버티었으나, 47일 만에 그곳을 나와서 항복하였다.

청나라의 통제가 좀 풀린 숙종 연간부터 정조 연간 사이에는 이미 있던 산성과 행궁을 여러 차례 고치고 시설을 보태었다. 종묘와 사직의 신주

복원된 남한산성행궁 | 인조가 유사시를 대비해서 지은 시설인데, 실제로 병자호란이 일어났을 때 활용하였다. 사라졌던 것을 복원하긴 하였으나 의문이 남는다. 남한산성이 유네스코 세계유산에 등재되었다고 해서 모든 문제가 해결되었다는 뜻은 아니다. 오랜 시간의 층위가 쌓여 있는데…. 그것을 살리는 방법은 정녕 없었을까? 아쉽고 안타깝다.

를 봉안하는 시설까지 마련하였다. 광주부를 이곳으로 들여와 군사 업무만이 아니라 행정 업무까지 이곳에서 수행하게 하면서 남한산성은 그저 산성이 아니라 많은 민간인들이 사는 공간이 되었다.

남한산성은 근대 이후 의병이나 항일 투쟁을 하는 사람들의 근거지로로 쓰였다. 그런 역사에 대한 반작용으로 일제강점기에는 작은 마을로 쇠락하였다. 또 일제는 이곳을 고적古蹟으로 지정하기도 하였다.[5] 한국전쟁으로 크게 파손되었으나 전쟁이 끝난 직후인 1953년 10월에 이승만 대통령의 특별 유시로 고쳐 지어 이듬해 5월 남한산성공원으로 개원하였다.[6] 1955년에는 이승만 대통령의 81세 생일을 축하하는 송수탑頌壽塔이 세워지기도 하였으나[7] 4.19혁명 이후 철거되었다. 1963년에는 국가 사적史蹟 제57호로 지정되었고, 1971년 3월 17일에는 경기도립공원 제158호로 지정되었다. 1975년부터 1999년 사이에 무너진 성벽을 복원했고, 2014년에 유네스코 세계유산에 등재되었다. 그 안의 행궁은 1999년부터 2007년 사이에 여덟 차례에 걸쳐 발굴하였다. 이후 신라시대 건물지 등은 전시관으로 꾸미고 나머지 공간에 행궁을 복원하였다. 하지만 그 복원된 모습 역시 화성행궁의 복원에서 보았던 한계를 벗어나지 못하고 있다.

오늘날 행궁들은 거의 없어지고 이름만 남았다. 복원된 건조물들은 복원했다고 하기에는 부족한 모습이다. 행궁의 기능을 가졌었다고 볼 수 있는 건물로 유일하게 남아 있는 것이 과천시 관문동에 있는 온온사穩穩舍다. 원래 과천현의 아문衙門 건물이었는지 객사客舍 건물이었는지 명확하지 않다. 정조가 안양을 거쳐 수원으로 가던 길을 과천을 거치도록 바꾼 뒤 이곳에 머문 적이 있는데, 그때 이름을 붙이고 어필을 써 내려 편액을 걸게 하였다는 기록이 전한다.[8]

왕조가 사라지고 임금도 없는 시대에 행궁들이 온전히 남아 있기를 바랄 수는 없는 노릇이다. 이 자리에 행궁이 있었다고 알려주는 표지를 설치하는 정도면 좋겠는데 복원이라는 이름으로 고증에 미흡한 점이 보이는 건물들을 다수 지어놓았다. 이 복원의 한계는 앞으로 두고두고 짐이 될 것이다.

2

궁궐의 짜임새

오문삼조?

이상 속 궁궐 궁궐은 '임금이 사는 곳', 즉 임금과 왕실의 거처이자 정치와 행정의 중심, 최고의 관부였다. 그런 만큼 이에 걸맞게 대단히 많은 건물들이 들어서 있었다. 그러한 건물들은 기능에 따라 각기 일정한 구역에 모여 있으면서 하나의 짜임새를 만들었다. 이러한 짜임새를 공간구조空間構造라고 부르기로 한다.

궁궐의 공간구조는 기준에 따라 여러 각도에서 조망해 볼 수 있다. 중국 고대서부터 전해오는 원론적인 기준은 '오문삼조五門三朝'라는 틀이다. 내용을 간략하게 소개하자면 이렇다. 궁궐은 궁성으로 둘러싸여 있고, 그 내부는 몇 개의 구역으로 나뉘어 있다. 각 구역에는 들어가는 문이 있게 마련인데 앞에서부터 뒤로, 곧 남에서 북으로 들어가면서 고문皐門, 고문庫門, 치문稚門, 응문應門, 노문路門이라는 이름이 붙은 다섯 문이 있다. 이 다섯 문에 따라 구역이 구별되는데 첫 번째 고문 안이 외조外朝, 네 번째 응문 안이 치조治朝, 다섯 번째 노문 안이 연조燕朝로 이 외조, 치조, 연조를 합쳐서 삼조三朝라고 부른다는 것이다.

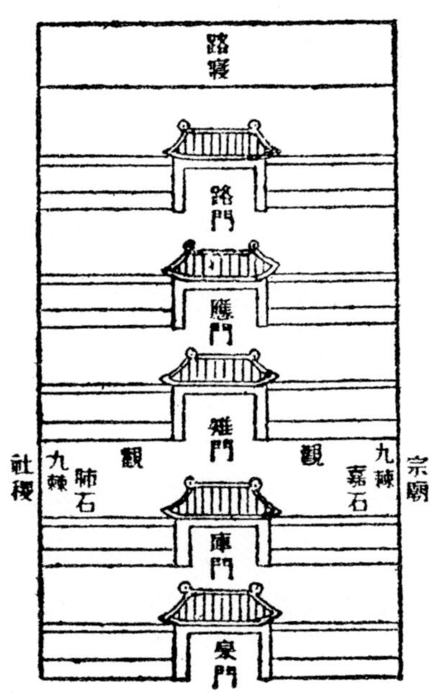

〈오문삼조〉, 《삼재도회》 | 고문(皐門)에서 노문(路門)까지 다섯 문이 구역을 나누고 있다. 외조, 치조, 연조는 명확하게 표기되어 있지 않다. 두 번째 고문(庫門) 안에 가석(嘉石) 등이 있고, 그 좌우에 종묘와 사직이 표기되어 있다. 종묘와 사직의 위치와 위상이 우리나라와 다른 점이 있다.

이러한 내용의 근거로 이야기되는 책이 《주례周禮》요, 그 가운데 〈고공기考工記〉에 그런 내용이 있다고 한다. 실제로 《주례》 제41권 〈고공기〉의 장인영국匠人營國 조에 도성을 어떻게 설계하여 만드는지 그 치수 등이 나온다. 하지만 아무리 찾아보아도 궁궐의 구조를 알려주는 내용, 오문삼조라는 말의 근거가 될 만한 내용은 없다. 《주례》라는 책은 주周나라의 법전으로 알려져 있으나 아무래도 주나라가 《주례》에 규정된 것처럼 그렇게 짜임새 있는 체제를 갖추고 있었다고 보기는 어렵다. 이상형을 만들어내고 싶어서 후대에 만든 것이라는 주장이 더 설득력이 있다.

《주례》 이후 중국에서도 이 오문삼조가 실제로 있었는지에 대해서 여러 학자들의 학설과 논쟁이 진행되었다. 대체로 천자는 오문, 제후는 삼문으로 궁궐을 조성하였다는 쪽으로 의견이 모아졌다. 《예기禮記》를 비롯한 다른 자료에서 삼조는 궁궐들이 거의 갖추었던 것으로 이야기된다.

오문삼조라는 공간 구성 방식이 중국이나 우리나라에서 하나의 원칙처럼 인식되어 왔는지는 모르겠다. 그러나 원칙이란 어디까지나 원칙일 뿐. 구체적 궁궐 조성에서는 지형적 여건과 당시 사람들의 조형 의지에 따라 다양한 모습이 드러날 수밖에 없다. 중국은 평지에다 도시를 만드는 경우가 많았다. 그러한 도시들은 사각형으로 성을 두르고, 그 안에 바둑판처럼 구역을 나누었다. 궁궐은 그 동서 한가운데 북쪽으로 치우쳐 배치되었다. 궁궐의 외부 모양도 사각형이고, 내부 역시 바둑판처럼 반듯반듯하게 구역이 나누어졌다. 하지만 중국에서도 궁궐의 실제 모습은 오문삼조라는 구조에 딱 들어맞지는 않았다. 더구나 우리나라로 오면 어느 궁궐도 오문삼조와 같은 구조를 하고 있지 않았다.

궁궐의 공간구조

우리 문화가 여러 면에서 중국의 영향을 받은 것은 부인할 수 없는 사실이고, 그런 까닭에 중국 문화와 공통점이 상당히 많다. 그렇지만 중국의 영향을 받았다는 사실을 인정한다고 해서 그것이 곧 우리 문화는 중국의 아류요 종속적인 것이라고 간단히 결론 내릴 수는 없다. 중국의 영향을 받았지만 그것을 변용해서 나름대로 독창적인 면을 발전시켜온 것이 우리 문화다. 서울의 궁궐들을 보더라도 그렇다. 궁궐 조성의 기본 원칙은 중국의 것을 빌려왔을 수도 있다. 그러나 우리 궁궐들은 삼국 이래로 이 땅의 풍토와 환경에 맞추어 자기 필요에 맞는 모습을 만들어온 결과물이다.

궁궐에는 임금만이 아니라 왕실 가족과 그들을 수발드는 수많은 사람들, 궁궐을 지키는 군인들, 국정의 한 부분을 맡은 관원들, 내시, 궁녀, 그 아래 여러 부류의 평민, 천민, 하예下隷들이 상주하거나 드나들었다. 정확하게 말하기는 어려우나 줄잡아 1,500명 이상이었을 것으로 보인다. 자연히 궁궐은 그에 걸맞은 공간과 건물 규모를 갖추고 있었다. 이러한 규모를 갖추지 않은 곳은 궁궐이라 할 수 없었다.

건물 규모 역시 시기에 따라 변동이 있었고, 또 각 궁궐에 따라 차이가 있었으므로 일률적으로 말하기는 어려우나 경복궁의 경우 가장 많을 때 약 7,000간이 넘었다. '간'이란 네 개의 주춧돌과 기둥으로 이루어지는 사각형 공간, 대체로 한 사람이 드러누워 네 활개를 벌렸을 때 조금 여유가 있는 정도의 면적이다. 조선왕조에서는 신분에 따라 집의 규모를 제한하였다. 흔히 민가民家는 아무리 지체가 높은 양반가라 하더라도 99간을 넘길 수는 없었다고 이야기한다. 이러한 이야기의 근거가 무엇인지 정확하지는 않지만, 아무튼 이에 비하면 궁궐의 규모는 대단히 큰 것이다. 가장 큰 규모의 대갓집들이 70여 집이 모여 있는 규모다. 큰 집 작은 집이 어울려 마을이나 도시를 만든다는 사실을 감안한다면, 수백 집이 모여 있는 하나의 도시, 그것도 매우 밀도가 높은 도시라 할 수 있다.

이렇게 많은 건물들은 서로 연관이 깊은 것들이 일정한 구역에 모여 있게 마련이다. 우선 누가 사는가에 따라 연관 관계가 정해진다. 지체가 높은 인물, 대표적으로는 임금과 같은 인물이 기거하여 활동하는 건물은 홀로 서 있지 않고 이를 보호하고 외부와 경계를 짓는 시설물, 곧 담이나 행각行閣으로 둘러싸여 있다. 그러한 경계 안에 건물이 하나가 있을 수도 있고, 몇 채가 있을 수도 있다. 그 경계 안에서 해당 공간의 주인이 되는 사람을 시중들고 보좌하는 사람들이 활동한다. 그렇게 담장이나 행각으로 둘러싸인 건물군은 또 서로 연관 있는 것들끼리 가까이 배치된다. 임금의 공간인 대전이 있으면 그 뒤편에 왕비의 공간인 중궁전을 두고, 그 인근에 후궁들의 공간을 두는 식이다. 그렇게 건물들이 작은 공간을 이루고, 작은 공간들이 일정한 질서를 갖추며 배치된 형식, 그것이 궁궐의 공간구조이다.

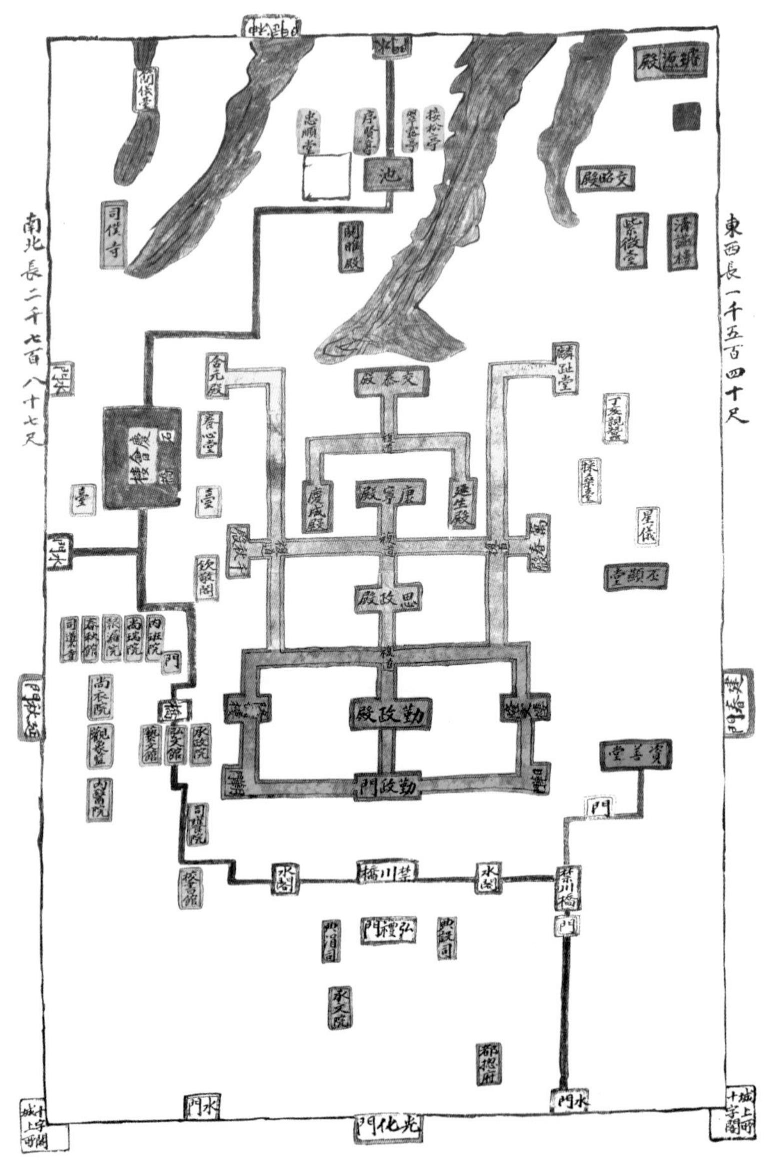

외전
내전
동궁
궐내각사
생활기거공간
후원

조선 후기에 조선 전기 경복궁의 구조를 추정해 그린 지도인 〈경복궁도〉(국립중앙도서관 소장)에 궁궐의 여섯 공간을 각각 다른 색으로 표시하였다.

궁궐의 여섯 공간

실제 궁궐의 형태

조선시대 궁궐의 공간구조는 오문삼조라는 중국에서 만들어진 먼 원리에 억지로 맞추기보다는 조선에 존재했던 궁궐들을 통해 살펴봐야 실상에 더 가까이 접근할 수 있을 것이다. 궁궐 전체가 몇 개의 구역으로 나누어졌는가, 각 구역에는 어떤 건물들이 배치되어 있었는가, 각 구역 각 건물에는 어떤 사람들이 주로 활동했으며, 주로 이루어지는 행사 또는 활동은 무엇이었는가 등을 살펴보는 것이 궁궐의 공간구조를 파악하는 출발점이 될 것이다.

궁궐은 지엄한 임금이 사시는 특별한 공간이었으므로 높은 담장으로 외부와 구별되었다. 궁궐 전체를 둘러싼 담장은 담장이라 하지 않고 궁성宮城이라 불렀다. 서울을 둘러싼 도성과 대응하는 성으로 본 것이다. 궁성에는 보통 동서남북에 큰 문을 내고 사이사이에 작은 문들을 내었다. 이 문들 가운데 원칙적으로는 남쪽 문이 정문 구실을 하였다. 창경궁이나 경희궁과 같이 지형에 맞추기 위해서 또는 외부로 연결되는 길의 방향에 따라서 정문을 동향으로 낸 경우도 없지 않다.

궁성 안의 공간은 서로 엄격하게 구별된 구역들로 나뉘어져 있었다. 그 구역은 외전外殿에서부터 내전內殿, 동궁東宮, 궐내각사闕內各司, 생활기거 공간, 후원後苑까지 여섯으로 구분할 수 있었다.

외전

외전은 궁궐 정문을 들어서서 처음 만나는 구역이다. 정문을 들어서면 개울[川渠]이 가로질러 흐른다. 자연적으로 흐르는 개울이 아니라 일부러 끌어들인 것으로, 개울의 양안兩岸은 돌로 튼튼히 쌓았다. 이 개울을 금천

경복궁 외전 구역 | 광화문 안에 흥례문, 흥례문 안에 영제교, 영제교 건너 근정문, 근정문 안에 근정전. 광화문 밖에서 근정전에 이르기까지 문을 셋, 다리를 하나, 총 네 개의 경계를 지나야 한다. 어느 문이 고문(皐門)이고 또 고문(庫門)이며, 치문이며 응문인가? 어느 공간이 외조이고 치조인지 연결시키기가 어렵다.

禁川이라고 한다. 금천에는 금천교禁川橋가 놓여 있다. 다리의 길이는 짧지만 폭이 넓고 잘 가꾸어진 돌다리이다.

금천교를 건너면 다시 문을 지나게 되어 있다. 궁궐에 따라서는 이 문과 금천의 순서가 바뀌어 있는 예도 있다. 두 번째 문을 들어서면 건물로 둘러싸인 넓은 마당이 있다. 이 공간은 그저 지나가는 길 정도가 아니라 특별히 조성한 공간이다. 그다음 문의 안에 있는 공간을 조정朝廷이라 하는데, 이 공간은 조정을 보조하는 아랫조정이자 바깥조정이다.

근정문 문루에서 바라본 근정전 | 근정문 안, 근정전 앞에는 회랑으로 둘러싸인 넓은 마당이 열린다. 이를 조정이라고 한다. 저 조정에 가득 차게 들어선 많은 관원들, 곧 만조백관을 그려본다.

외조의 끝에 세 번째 문이 있다. 이 문을 들어서면 다시 사방이 건물로 둘러싸인 넓은 마당이 있다. 그 마당 주위를 둘러싼 건물은 사람들이 다니게 트여 있어 이를 회랑回廊이라고 한다. 회랑으로 둘러싸인 넓은 마당이 조정이다.

조정의 가운데 북쪽 편에는 축대를 쌓아 평지보다 높게 터를 조성한 기단이 있다. 기단을 건물 앞으로 넓게 내어 쌓고, 그곳을 오르는 계단을 중앙과 좌우측에 내었는데 이 부분을 월대越臺 혹은 月臺라고 한다. 기단 월

대 뒤편에 크고 높은 건물이 위엄을 자랑하고 있다. 이 건물이 외전의 중심 건물로서 흔히 법전法殿이라고 부른다. 법전이란 용어는 이 건물을 가리키는 고유 명사는 아니다. 그 용도가 엄격하게 규정된 공식적인 건물을 가리키는 일반 명사다. 혹은 정전正殿이라는 표기도 나오는데, 정전이라는 용어는 건물이나 담으로 둘러싸인 공간 안에 여러 건물이 있을 때 그중 중심이 되는 건물이라는 뜻이다.

외전의 법전은 궁궐 전체에서 가장 크고 높고 화려한 건물이다. 임금의 위엄을 드러내기 위하여 한껏 권위를 갖춘 건물이다. 하지만 이 법전은

창덕궁 인정전 | 정면 5간 측면 4간에 중층 지붕의 다포식 건물이다. 2층 기단 위에 좌우 대칭을 하고 있어 매우 엄격한 느낌을 준다.

그 자체로 독립적인 기능을 갖고 있는 건물은 아니었다. 다시 말해서 문을 닫고 그 안에서 어떤 일을 하게 되어 있지 않았다는 뜻이다. 법전은 조정과 연결되어 있다. 법전은 조정에서 행사를 할 때 임금이 전좌殿座, 임금이 어떤 행사에 공식적으로 임어하는 것하던 자리이고, 조정은 행사에 참여하는 많은 관원들이 도열하던 자리이다.

같은 행사에 참여하는 임금과 관원들을 차단할 수는 없는 노릇. 이러한 행사를 할 때는 늘 법전의 문을 열어 조정과 통하게 하였다. 정면 다섯 간 가운데 맨 가장자리의 두 간을 제외한 나머지 가운데 세 간의 문은 열

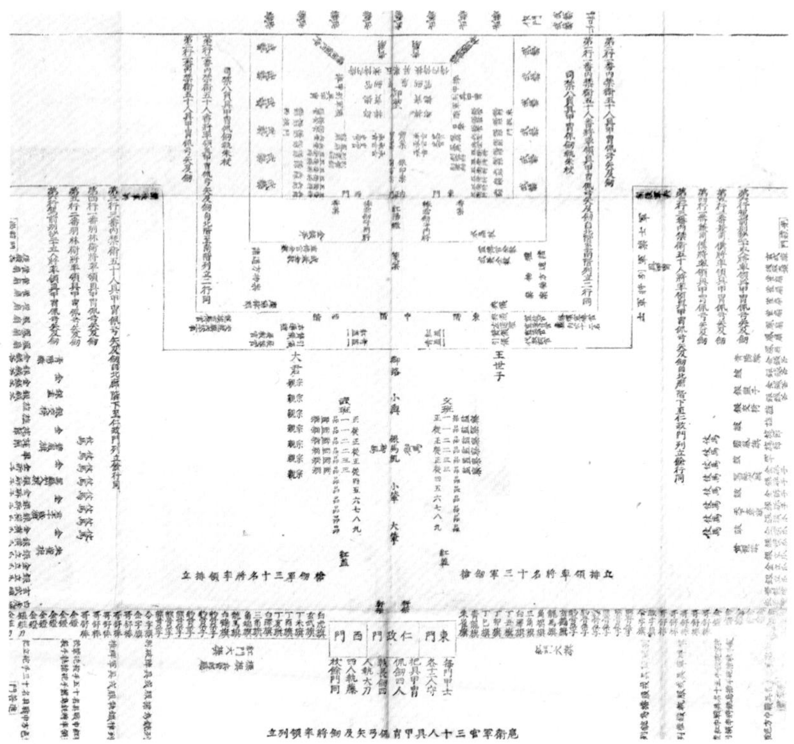

〈정아조회지도〉(부분) | 정아란 궁궐을 가리킬 수도 있고 여기서처럼 조정을 가리킬 수도 있다. 조정에서 조회할 때 각 참여자들이 자리 잡을 위치를 밝힌 도면이다. 조회에 참여하는 인원수가 대단히 많다. (한국학중앙연구원 소장)

어서 들어 올려 걸게 되어 있는 분합문分閤門이다.

조정은 조회朝會를 하는 뜰이다. 조회란 조정에서 갖던 여러 모임을 가리킨다. 이곳에서 많이 하던 행사는 조참朝參이다. 조참은 한 달에 네 번 혹은 다섯 번 당상관 대부분과 각 관서에서 한두 명의 당하관이 참석하여 임금에게 충성의 뜻을 표하던 의식 행사이다. 조참의 중심 내용은 국궁사배鞠躬四拜, 즉 관원들이 조정 마당에 자리를 깔고 엎드려 네 번 머리를 땅에 대며 절하는 것이었다. 국정의 실무를 처리하는 절차도 있지만 그저 의식 행사의 일환일 뿐 실질적인 논의와 결정 집행이라고 보기는 어려웠다. 조정에서는 그 밖에 공식적인 큰 연회를 벌이고, 외국 사신을 맞이하고, 과거를 보게 하는 등 각종 행사를 벌였다. 조선왕조에서 이러한 행사는 모두《국조오례의國朝五禮儀》라는 국가 의례서의 규정에 따라 치렀다. 모두 의례儀禮의 범주에 드는 행사이지 정무政務 활동이라고 하기는 어려웠다. 조선왕조에서는 의례가 정무보다 훨씬 더 무겁고 중요한 일이었다. 외전은 그러한 예禮를 구현하고 실행하는 공간이었다.

내전

외전을 지나면 궁궐의 중심부 내전에 이른다. 내전은 위치로 볼 때 궁궐의 한복판을 차지하고 있다. 내전은 대전大殿과 중궁전中宮殿을 합한 구역이다. 대전이란 임금이 기거하고 활동하던 공간을 가리킨다. 대전은 건물 한 채가 아니다. 내전의 정전을 중심으로 그것을 보좌하는 건물들이 주위에 있고, 그 건물들을 둘러싼 부속 건물과 담장이 대전의 경계를 이룬다.

임금은 주로 대전에서 머무르며 활동하였다. 임금이 공식적으로 임어하고 계신 공간이라는 뜻에서 이곳을 시어소時御所라고 하였다. 임금이 내전에서 외전으로 나가는 일은 그저 같은 공간에서 움직이는 것이 아니라 공식적인 외출이었다. 외전에 나갔다 내전으로 돌아오면 고위 핵심 관원들이 따라 들어와 평안하시냐고 문안을 하고는 하였다. 국정 운영에서 아주 중요한 사안에 대해서는 고위 핵심 관원들을 내전으로 불러 만났다. 이를 소견召見이라 한다. 소견을 비롯해서 임금이 관원을 만나는 일은 공식적인 일이었으므로 항상 사관史官 두 명과 주서注書 한 명이 참석하여 기록하였다. 내전은 임금의 일상생활뿐만 아니라 국정 운영에서 아주 중요한 사안이 결정되고 감독되는 공적인 공간이었다.

대전을 임금이 공식적인 활동을 하지 않을 때, 비공식이자 사적으로 쉬고 있는 공간이라는 뜻으로는 연거지소燕居之所라고 한다. 임금도 관원

경복궁 강녕전 내부 | 강녕전은 경복궁의 내전이다. 그에 걸맞게 그 내부도 널찍하다. 가운데 대청마루의 양쪽으로 온돌방이 있고, 마루와 대청마루 사이는 들어 올릴 수 있는 분합문으로 나뉘어 있다.

을 만나지 않고, 다시 말해서 공식적인 활동을 멈추고 쉬고 있을 때가 있었다. 임금도 사람이니 자고, 일어나고, 씻고, 입고, 음식을 먹고, 때로는 놀기도 하고 가족도 만나고 그랬을 것이다. 그러지 않고 살 수가 있을까? 물론 이러할 때라도 내시나 궁녀는 내전을 일터로 삼아 그곳에 머물며 임금을 모셨다. 내전은 임금의 일상생활 공간이기도 하였다.

또 임금이 이곳 내전에서 주무신다는 뜻으로는 침전寢殿이라고도 하였다. 임금의 일거수일투족 모든 언행이 기록되지만 그것은 공식적인 활동에 한하였다. 비공식적인 활동, 더구나 밤에 주무시는 것까지 어디서 누구와 주무셨으며, 어떤 언행을 하였다고 기록할 수는 없었다. 임금의 '밤의 생활'에 대한 기록을 찾는 것은 무망한 일이다. 그러므로 임금이 어느 때 어느 건물에서 누구와 주무셨는지를 확인하기도 어렵다. 다만 왕비와 동침하는 날에는 중궁전에서, 다른 후궁이나 궁녀와 동침하는 날에는 대전에서, 혹 별도 공간을 갖고 있는 후궁과 동침하는 날에는 그 후궁의 건물에서 주무셨을 것으로 추정할 뿐이다. 이 가운데 대전과 중궁전은 공식적으로 주무시게 되어 있는 곳이므로 둘 다 침전이라고 한다.

중궁전中宮殿은 왕비가 기거하고 활동하던 공간이다. 중전中殿, 중궁中宮, 곤전坤殿, 壼殿 등으로도 불렀다. 위치상으로 궁궐의 중앙부에 있는 내전에서도 가장 깊숙한 부분, 더 이상 바로 뒤편에는 건물들이 없고 산자락이나 숲이 받쳐주는 곳에 있다. 여성의 공간답게 그윽하고 아늑한 분위기에 젖어 있다. 중궁전 역시 한 건물로 되어 있지 않고 정전을 중심으로 이를 보좌하는 건물 몇 채, 그리고 부속 건물들로 이루어져 하나의 영역을 이루고 있다. 허락받지 않은 남성은 여기에 함부로 들어갈 수 없었다.

왕비는 공인公人이었다. 임금의 부인으로 그치는 존재가 아니었다. 위로는 왕실의 웃어른이신 대비, 왕대비, 대왕대비를 모시고, 대군, 왕자, 공주 등 친자식만이 아니라 군왕자君王子, 옹주翁主 등 후궁들이 낳은 자녀들을 포함하여 임금의 모든 자녀를 보살폈다. 아래로는 내명부內命婦, 임금의 후궁들과 수많은 궁녀들을 포함하여 궁궐 안에 기거하면서 활동하는 여성들를 다스리고, 또 외명부外命婦, 궁궐 밖에 살면서 궁궐에 자주 드나드는 여성들, 곧 출가한 임금의 딸들, 종친의 처, 관원의 처 같은 사람들를 맞이하고 응대하였다. 필요한 경우 이런저런 국가 행사에 참여하기도 하고, 내진찬內進饌 같은 여성들만의 잔치를 주재하기도 하였다.

다시 강조해서 말하지만 왕비는 흔히 사극 드라마에서 묘사되듯 그저 남편의 사랑에 굶주려 후궁들과 시앗 싸움이나 일삼고, 당쟁黨爭의 단초나 제공하는 그런 여자가 아니었다. 왕비에게도 사적, 인간적 측면이 왜 없겠나마는, 그것보다는 왕비는 공인이라는 속성이 더 본질적이었다고 보아야 할 것이다. 그렇게 보아야 왕비가 제대로 보이고, 왕실과 국가, 조선 왕조가 제대로 보인다. 중궁전은 그렇게 왕비가 공인으로 활동할 수 있도록 꾸며져 있다. 중궁전의 정전은 외전이나 대전의 정전들처럼 문을 들어서면 널찍한 마당이 있고, 건물 앞에는 월대가 있다. 월대는 대청에서 보

〈무신진찬도병〉 중 통명전진찬도 | 통명전은 창경궁 중궁전의 정전이다. 외부의 남성들은 원칙적으로 들어올 수 없었다. 통명전에서의 진찬은 그러므로 여성들의 진찬, 내진찬이다. (국립중앙박물관 소장)

면 거의 수평으로 보이거나 약간 내려다보인다. 마당이 너무 아래에 있어 잘 보이지 않는 점을 보완하기 위한 것이다. 월대에서는 잔치를 벌이기도 하고, 궁궐의 여령女伶들이 춤을 추는 등 공연을 하기도 하고, 잘못을 범한 궁녀를 벌주는 등 내명부를 다스리기도 하였다. 월대는 중궁전의 정전이 공적인 활동이 벌어지는 공간이었음을 보여주는 하나의 징표이다. 중궁전은 공인인 왕비의 시어소이자 연거지소, 침전이었다.

외전과 내전 사이에는 편전便殿이 있다. 편전은 임금과 관원들의 공식 회의실이라고 할 수 있다. 편전 건물은 경복궁의 사정전思政殿, 창덕궁의

경복궁 사정전 일원 | 사정전은 경복궁의 편전이다. 편전은 임금과 관원들이 만나서 국정을 논의하는 회의 공간이다. 가운데 편전의 정전인 사정전은 하나의 마룻방으로 되어 있는 데 비해 그 동편에 만춘전, 서편에 천추전은 가운데 마루를 두고 좌우에 온돌방을 갖추고 있다.

선정전宣政殿, 창경궁의 문정전文政殿, 경희궁의 자정전資政殿처럼 어느 특정한 건물이 정해져 있다. 하지만 임금이 관원들을 만나는 일이 잦아지고, 장소도 여러 곳이 쓰임에 따라 편전은 한 건물에 고정되지 않는 유연한 개념으로 바뀌었다.

편전은 내부가 넓은 마루방으로 되어 있어서 많은 인원이 모여 회의를 할 수 있게 되어 있다. 편전에서 임금과 주요 관서의 관원들이 매일 회의를 열게 되어 있었는데, 이를 상참常參이라고 하였다. 원칙적으로는 매일 열게 되어 있었지만, 그 전날 상참을 열지 말지 임금의 뜻을 물어 결정하였다. 상참을 하겠다는 왕명이 내렸을 때 별도의 명이 없다면 장소를 편전에 마련하였다.

상참에는 종친부宗親府, 의정부, 충훈부忠勳府, 중추부中樞府, 의빈부儀賓府,

돈녕부敦寧府, 육조, 한성부의 당상관 그리고 사헌부司憲府, 사간원司諫院의 언관言官 각각 한 사람, 경연經筵의 당상관堂上官과 당하관堂下官 각 두 사람이 번갈아[輪次] 참여하게 되어 있었다.[9] 상참은 종친부 등 고위 예우 관서 및 육조 등 실무 관서의 당상관들, 그리고 감독 비판 역할을 맡았던 언관들이 참여하는 공식 회의였다. 이러한 상참을 여는 편전은 궁궐에서, 그리고 전체 관청들 가운데서도 가장 중심이 되는 정무 공간이었다.[10]

동궁

동궁은 차기 왕위 승계자인 왕세자의 활동 공간이었다. 왕세자는 떠오르는 해처럼 다음 왕위를 이을 사람이기 때문에 내전의 동편에 배치하고 그에 따라 동궁이라 불렀다. 동궁이란 왕세자가 활동하는 공간의 이름이기도 하고 왕세자 자신을 가리키는 이름으로 쓰이기도 하였다. 동궁에는 왕세자를 교육하고 보필하는 업무를 맡은 세자시강원世子侍講院, 춘방春坊과 왕세자를 경호하는 임무를 띠고 있는 세자익위사世子翊衛司, 계방桂坊 등의 관서들이 함께 있었다. 왕세자가 혼인을 하였을 때는 왕세자빈의 거처도 동궁에 포함되었다.

궐내각사

궁궐은 관청이었다. 임금이 일상생활을 하면서 동시에 공적인 통치 행위를 하던 곳이 궁궐이다. 임금은 관원은 아니었고, 품계를 갖고 있지도 않았다. 하지만 모든 관서는 임금을 향해 움직였다. 국정 운영에 관계되는 문서는 모두 궁극적으로 임금에게 보고되고 임금의 결정을 받아 시행되었다. 그러한 임금은 특별한 일이 아닌 한 궁궐을 벗어나지 않고, 궁궐에서 그러한 통치행위, 정치적이고 정무적인 행위를 하였다. 그러기 위해서는 관료들이 궁궐로 들어와서 임금을 뵈었다. 임금을 측근에서 모시는 관서들은 청사가 궁궐 안에 있었다. 이렇게 궁궐 안에 들어와 활동하는 관서

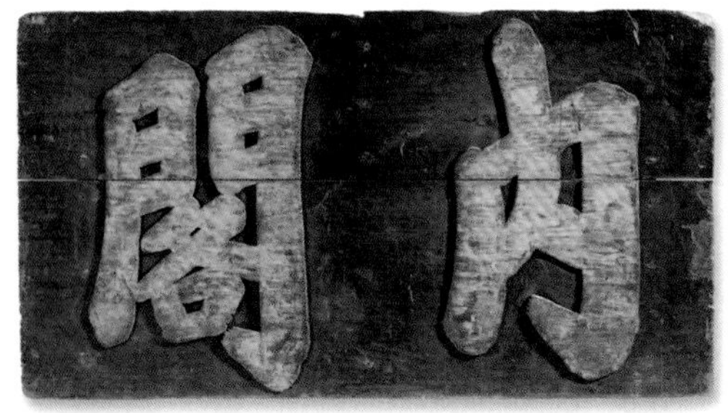

내각 편액(위)과 옥당 편액(아래) | 내각은 규장각, 옥당은 홍문관의 별칭이다. 당대인들에게는 별칭이 더 친숙했기에 이렇게 별칭 편액을 달았나 보다. (국립고궁박물관 소장)

들을 가리켜 궐내각사闕內各司라 한다.

궐내각사에는 정치, 행정 업무를 담당하는 정규 관원들의 활동 공간, 경비와 호위 등 군사 관계 업무를 맡는 군사 기구, 왕실 시중과 궁궐의 시설 관리를 맡는 관리 기구 등이 있었다. 이 가운데 아무래도 정치적으로 가장 비중이 큰 것은 정규 관원들의 활동 공간이었다.

아주 중요한 것만 꼽아보면 정승이나 판서 등 고위 관료들의 회의 공간인 빈청賓廳, 이조와 병조의 관원들이 들어와 인사 업무를 처리하는 정청政廳, 사헌부와 사간원의 언관들이 언론 활동을 논의하고 준비하는 대청臺廳, 왕명 출납을 담당하는 승지들의 관서인 승정원承政院, 학문을 도야하여 임금의 주문에 대응하고 또 임금과 함께 경전과 역사책을 토론하는 홍문관弘文館, 외교문서를 짓는 예문관藝文館, 실록 편찬 등 역사 기록을 담당하는 춘추관春秋館 등이 있었다.

그 밖에 임금과 왕실 가족의 일상생활을 할 수 있도록 음식과 복식, 탈

것과 그 밖의 각종 소모품을 조달하고 만드는 관서들도 궁궐에 들어와 있었다. 궁궐은 고급 물품을 생산하여 고급 문화를 선도하는 곳이기도 하였다. 또 궁궐은 높은 궁성으로 둘러싸여 엄격하게 수비되었다. 이를 위하여 여러 부대, 여러 등급의 장졸들이 들어와 근무하였다. 이러한 수비를 총괄하는 관서가 병조 가운데 궁궐에 들어와 있는 부서인 내병조內兵曹였다. 군부대들은 승정원의 지휘를 받아 궁궐문을 열고 닫는 일도 담당하였다.

궐내각사가 있었으면 궐외각사闕外各司도 있었을 터. 궁궐 밖에서 궁궐과 관계를 맺고 활동했던 관서를 가리켜 궐외각사라고 하였다. 원칙적으로 모든 관서는 임금을 향해 있고, 임금이 계시는 궁궐을 향해 있었다. 하지만 궁궐 밖에 있는 모든 관서를 궐외각사라고 하지는 않았다. 궁궐 가까이 있으면서 관서의 장이 임금을 직접 뵙고 국정을 논의하는 정도의 관서나, 궁궐 운영에 필요한 물품을 조달하는 등 직접 궁궐과 업무상 관계를 맺고 있는 관서로 좁혀서 말하는 것이 더 궐외각사의 뜻에 들어맞는다. 궐외각사는 바로 임금과 연결된다기보다는 궐내각사를 통해서 임금과 연결되었으며, 조선왕조의 관료제 운영 체계는 임금-궐내각사-궐외각사로 이어졌다고 할 수 있다.

경복궁의 정문인 광화문 남쪽 좌우에는 의정부, 사헌부, 한성부와 육조 등 관료 기구의 중추를 이루는 관서 건물들이 어깨를 나란히 하고 늘어서 있었다. 이곳에 배치된 관서들은 궁궐, 특히 경복궁과 긴밀한 관계를 갖고 정치와 행정의 중추적 기능을 담당하였다. 이런 점에서 볼 때 궁궐의 정치 행정적 기능과 비중은 비단 궐내각사의 구성만 가지고 이해할 것이 아니라 광화문앞길의 궐외각사를 함께 고려하여 생각해야 한다.

궐외각사는 경복궁 광화문앞길에만 있던 것은 아니다. 크고 작은 관서들이 서울 전역에 흩어져 있었다. 그러나 이런 관서들을 모두 궐외각사로 주목할 것은 아니다. 조선 후기에 광화문앞길에 있던 주요 관서들 외에 궐외각사로서 주목할 것은 비변사備邊司이다. 비변사는 처음에는 국방 업무

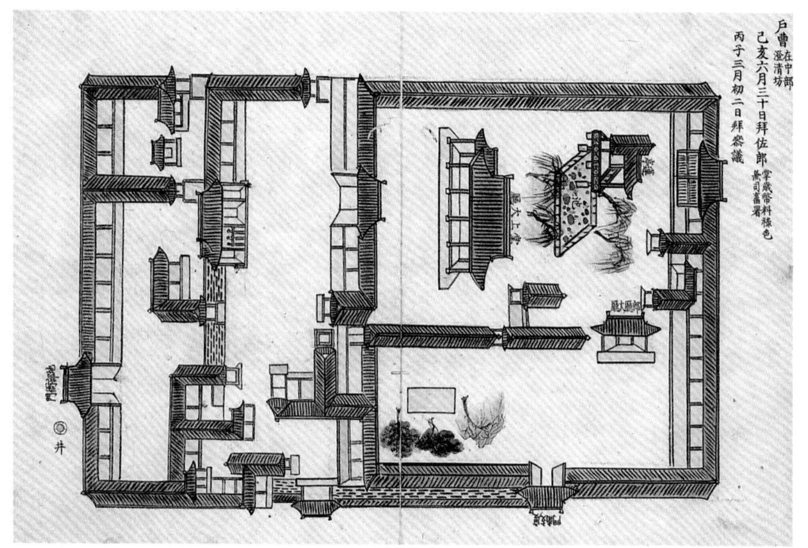

〈호조〉, 《숙천제아도》 | 19세기의 문관인 한필교가 자신이 근무하였던 관서들을 그림으로 그려 모은 화첩인 《숙천제아도》 가운데 호조의 그림이다. 호조는 광화문앞길에 있었다. (하버드대학교 옌칭도서관 소장)

를 잘 아는 고위 관료들의 회의체였으나 점차 재정을 비롯한 국정 전반으로 업무 범위가 확장되어 조선 후기에는 오늘날의 국무회의와 비슷한 성격을 갖는 기구가 되었다. 비변사는 실무를 담당하는 기구가 아니라 국정 전반에 대해서 논의하고 감독하는 기능을 갖는 기구로서 거기에 참여하는 위원들을 비변사 당상堂上이라고 하였다.

동궐이 법궁, 경희궁이 이궁으로 쓰이던 조선 후기에 비변사의 청사는 창덕궁 돈화문 바로 앞에 하나, 경희궁 흥화문 바로 앞에 하나가 있었다. 의정부, 육조 등의 관서들은 경복궁 앞 광화문앞길에 고정되어 있었지만 비변사는 임금이 이어하는 데 따라 청사를 번갈아 썼던 것이다. 비변사는 현실적으로 의정부를 대신해서 국정 전반을 총괄하는 궐외각사의 대표라는 자리를 차지하고 있었다. 지금은 그 청사는 없어지고 돈화문 길 건너에 표석 하나만이 세워져 있다.

경복궁 함화당 | 경복궁의 중궁전인 교태전의 북쪽, 생활기거공간으로 분류할 수 있는 영역에 있다. 동쪽으로는 집경당이 연결되어 있으며, 주변의 행각은 일제강점기에 사라졌다가 근년에 복원되었다.

생활기거공간

내전과 동궁 일대는 임금과 왕비 그리고 왕세자와 같은 주요 인물과 그들을 시중드는 사람들의 공간이었다. 그런데 궁궐에는 이들만 사는 것은 아니었다. 임금의 어머니나 할머니, 또 후궁들, 왕자, 공주 등 왕실 가족만 해도 상당수에 이르렀다. 또 그들을 시중드는 내시, 궁녀, 노복, 군병들도 상당히 많은 수가 있어야 궁궐이 유지되었다. 그러한 사람들이 먹고 자고 활동하는 공간은 내전의 뒤편으로 배치되었다. 이 공간은 상당히 넓은 자리에, 수많은 건물들로 이루어져 있었다. 내전의 연장으로 볼 수 있는데 뚜렷한 명칭이 따로 있는 것은 아니어서 '생활기거공간' 정도로 구별해두면 될 것이다.

창덕궁 소요정 | 동궐의 후원 옥류천 영역의 한가운데에 있는 정자다. 소요정의 이름 중 '소요'는 《장자》에 나오는 표현으로 무엇에도 얽매이지 않는 상태를 가리킨다. 후원은 이렇게 자연에 안기고자 하는 공간이었다.

후원

후원은 궁궐의 북쪽 산자락에 있는 원유苑囿를 가리킨다. 위치에 따라 북원北苑, 아무나 들어갈 수 없는 금단의 구역이기에 금원禁苑이라고도 불렀다. 후원은 일차적으로는 임금을 비롯해서 궁궐에서 생활하는 사람들의 휴식 공간이었다. 그러한 용도에 맞게 후원의 산골짜기, 연못가에는 아담한 정자들이 배치되어 있다. 하지만 후원의 기능이 단지 휴식 공간에 그치는 것은 아니었다. 후원에서는 과거 시험을 치르기도 하였고, 군사 훈련을 하면서 가끔 임금이 몸소 참관하기도 하였으며, 종친들의 모임과 같은 대규모 집회를 열기도 하였다. 또 내농포內農圃라는 소규모 논을 만들어 임금이 농사를 직접 체험하는 실습장으로 삼기도 하였다. 후원은 말하자면 다용도 집회장이었다고 할 수 있다.

3

건물 읽기

전통건축의 구조

쉽지 않은 건물의 이해

궁궐에는 사람 사는 데 필요한 자연과 인공 건조물은 거의 다 있었다고 할 수 있다. 잘 가꾸어진 숲과 온갖 나무와 화초, 슬쩍 끌어들인 개울과 거기 놓인 다리, 크고 작은 연못과 그 안의 섬, 그 못가의 정자들이 곳곳에 배치되어 있었다. 개울가 어느 곳에는 뜻밖에 논도 있었다. 곳곳에 샘과 우물, 천문과 시각 및 기상을 관측하는 과학 기구들, 돌이나 쇠붙이로 만든 각종 장식물들이 널려 있었다. 담장은 골목골목을 만들며 끝없이 이어지고, 요소요소에는 헤아리기도 힘들게 많은 문이 버티고 있었다. 그 담장과 문 안에는 크고 작은 건물들이 빼곡히 들어앉아 있었다.

지금은 원래 모습을 찾아보기 어렵게 망가지고 사라져 버렸지만, 그래도 그랬다는 흔적은 적지 않게 남아 있다. 그 가운데 아무래도 가장 두드러지는 것은 건물이다.

궁궐에 있는 건조물 가운데서 가장 큰 비중을 차지하는 것이 건물이라면 건물을 이해하는 것은 궁궐을 이해하는 데도 매우 긴요함에 틀림없다. 그러나 건물을 곧바로 이해하기는 만만하지 않다. 건물이라는 것이 간단한 물건이 아니기 때문이다. 좀 더 관심을 가지고 건물을 소개하는 책이나 안내판을 읽어보아도 온통 전문 용어로 되어 있어 쉽게 이해하기 어렵다. 어렵고 이해도 안 되는 전문용어 투성이인 안내문을 하루 빨리 쉬운 우리말로 바꾸어야 한다고 요구할 만하다. 이러한 요구에 동의하지만, 한편으로는 일반인들도 전문가들의 고충을 헤아려 아량을 베풀어야 한다고 생각한다. 전문가들로서는 일단 전문 용어에 익숙해지면 그것이 정확하고 편리하기에 이런 용어를 쓰지 않고서는 달리 어떻게 설명을 할 수가 없다. 그러다 보면 점점 더 전문 용어만 쓰는 습성에 젖어 일반인들이 알아들을 수 있는 쉬운 말로 풀어줄 능력을 잃어버리게 된다. 전문가들이 전문 용어를 쉽게 풀어주려는 노력을 기울여야 마땅하나, 현실적으로 그것이 잘 이루어지지 않는 상황에서 그들의 말을 알아들으려면 하는 수 없이 일반인들이 전문가들의 말을 배워 내용을 파악하려 노력하는 것이 더 속편하다.

터

건물을 볼 때는 구경꾼의 눈보다는 내가 건물을 짓는다고 생각하면서 보는 것이 좋다. 건물을 지으려면 우선 어떤 목적으로 건물을 짓겠다고 마음을 먹고, 비용은 얼마를 들일 것인지, 어느 터에 얼마나 크게, 어떤 형태의 지을 것인지 구상을 해야 한다. 이 구상은 건물에 어떤 겉모습으로 드러나지는 않더라도 건물을 규정하는 매우 중요한 요소이다. 이를 알아보아야 건물이 제대로 보일 것이다.

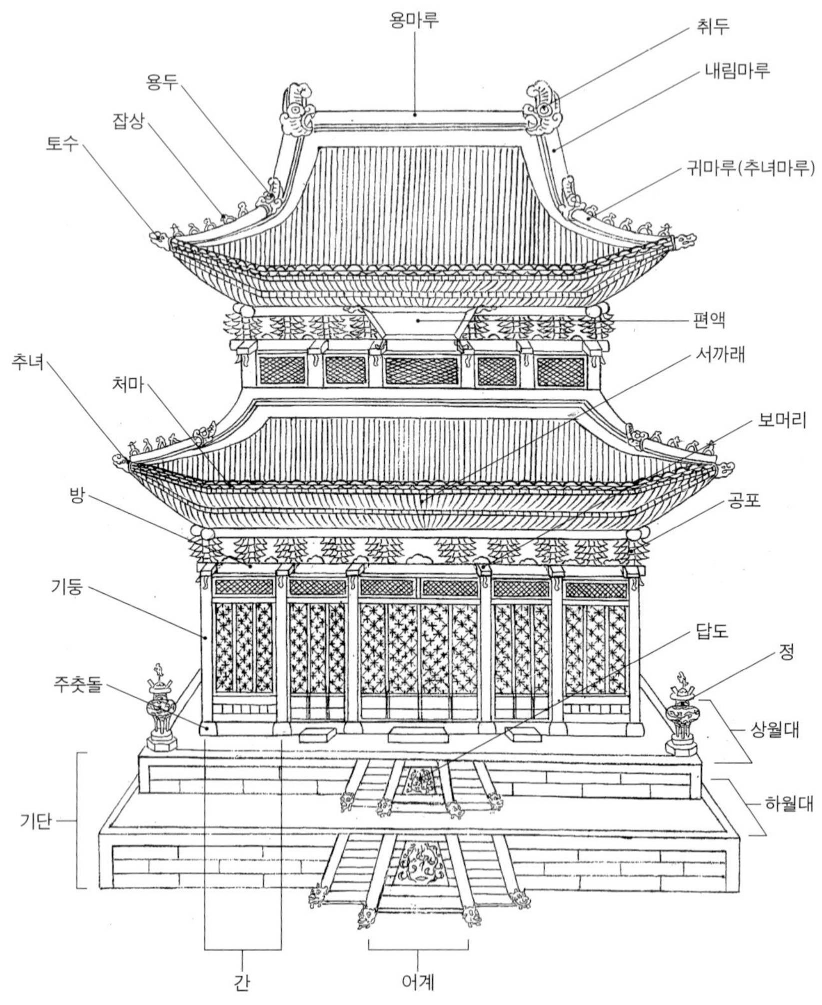

건물의 요소들 | 옛 자료에는 전통 건축물의 세부 명칭이 매우 세세하게 나온다. 하지만 이는 전문가의 영역에서 필요했기 때문이다. 일반인들은 필요한 만큼 알아가면 그만이다. 《중화전영건도감의궤》(서울대학교 규장각한국학연구원 소장)의 중화전 도설을 밑그림으로 삼고 세부 명칭을 붙였다.

구상을 한 다음에는 터를 잡는다. 여유를 갖고 도시나 마을에서 떨어진 곳에 터를 잡을 때는 산과 물의 조화, 주위 풍광을 깊이 따져 좋은 데를 선택할 것이다. 하지만 도시나 마을 안에서는 그러기가 쉽지 않다. 이웃에 있는 집들이나 도로 등에 맞추어 터를 잡을 수밖에 없다. 그다음에는 지을 집의 규모와 형태를 정하고 자리를 잡는 일, 포치布置를 한다. 요즈음에야 건폐율, 용적률을 따지면서 주어진 땅에 최대한 채우려고 하지만 옛날에는 그렇지 않았다. 포치를 하면서 자연히 좌향을 고려하였다. 여기까지는 건물을 짓는 주인이 도목수와 상의하면서 정했을 것이다.

그다음부터는 도목수의 일. 각종 자재를 준비한다. 요즈음에야 어떤 건축 자재든 전화 한 통이면 배달해준다고 한다. 하지만 옛날에는 좋은 대들보감, 기둥감을 얻으려면 직접 나무가 있는 산으로 가서 표시를 해놓고, 가을 지나 베어서 나르고, 말리고 마름질하는 과정을 거쳐야 하였다. 시간과 노력이 많이 들 뿐 아니라, 좋은 나무를 보는 안목이 없으면 이룰 수 없는 일이다. 석재나 철재, 기와 등 다른 건축에 필요한 자재들도 많은 노력을 들여야 얻을 수 있었다.

건물을 짓는 과정에서 본격적인 공사 단계로 들어가는 것이 개기開基, 즉 터 고르기이다. 개기할 때는 제사를 지내며 축문을 읽는다. 땅의 신에게 고하는 의식이다.

기단과 주춧돌

터를 고른 다음에는 집터를 높이고자 하면 기단을 쌓는다. 기단을 쌓으려면 토목 공사를 추가로 해야 하지만, 기단을 쌓으면 지열을 차단하고 침수를 막으며, 벌레를 막아주는 등 좋은 점도 많다. 무엇보다도 기단 위에 지은 집은 권위가 있어 보인다. 기단을 건물 앞으로 빼내어 건물 높이로 넓게 조성한 부분을 월대라 한다. 월대가 있는 건물은 특히 범상치 않은 건물이다. 그 안팎에서 무언가 공식적인 의식 행사를 치르는 건물이다. 월

경복궁 강녕전 월대 | 건물에 월대가 있다는 것은 그 건물이 그럴 만한 격을 갖추고 있다는 의미였다. 경복궁에서 임금이 머무는 대전 강녕전 역시 그러하였다.

대는 그런 행사를 할 때 마당과 건물을 잇는 공간이다.

맨땅이든 기단이든 기둥 세울 자리는 땅 밑을 굳게 다진다. 땅을 파고 돌을 차곡차곡 쌓거나 잡석을 넣어서 다지거나 한다. 나중에 건물이 없어지고 오랜 세월이 지난 뒤에 발굴을 하면 주로 이 부분만 나오는데 이를 적심積心이라 한다. 적심은 기둥 자리를 찾고, 건물의 규모와 구조를 추정하는 데 중요한 근거가 된다. 적심-주춧돌-기둥의 수효와 배치가 건물의 규모가 된다. 기둥과 기둥 사이를 한 간間이라 한다. 그래서 건물의 규모는 정면 몇 간, 측면 몇 간, 곱해서 몇 간 하는 식으로 따진다. 예를 들면 정면에서 보았을 때 기둥이 여섯 개가 서 있고, 측면에서 보았을 때 다섯 개가 서 있는 집은 정면 5간, 측면 4간 해서 20간 집이 되는 것이다. 말하자면 간수는 바닥 면적이 되는 셈이다. 간수가 많은 건물은 바닥 면적이 넓고, 대체로 그에 비례해서 웅장하고 화려하게 된다.

창경궁 경춘전 | "경춘전은 정면 ( )간, 측면 ( )간 해서 전체 ( )간 건물입니다." 건물을 보면 먼저 바닥의 규모부터 보는 것이 좋습니다. ( ) 속에 알맞은 숫자를 써 넣으세요.

적심 위에는 주춧돌을 놓는다. 적심까지는 땅속에 있는 데 비해, 비로소 지표면 위에 나타나는 구조물이 주춧돌이다. 주춧돌은 기둥을 받치는 기능을 한다. 주춧돌을 놓는 일을 옛날에는 정초定礎라고 하였다. 개기할 때는 이를 알리는 의식을 치르는데, 정초할 때는 그렇게까지 하지는 않으나 건축 공사에 관한 기록에는 남긴다. 주춧돌이 없는 요즘의 석조 건물이나 시멘트 건물에도 "정초 □□□□년 □□월 □□일"이라고 기록해놓은 것을 흔히 본다.

주춧돌도 모양이 여러 가지이다. 정으로 깔끔하게 다듬은 것도 있고, 자연석 그대로인 것도 있고, 심지어 바위 암반이 그대로 주춧돌 노릇을 하는 건물도 있다. 다듬은 주춧돌도 바탕은 사각형에 기둥을 받치는 부분만 원으로 된 것도 있고, 전부 사각형으로 된 것도 있다. 그런데 주춧돌을 깔끔하게 다듬은 편이 더 기술적으로 수준이 높다고 생각하기 쉽다. 대체로는 맞는 말이지만, 기둥까지 넣어서 생각하면 그렇지 않은 경우도 적지 않다.

지대가 높으면 높은 대로, 낮으면 낮은 대로 주춧돌을 놓아 기둥의 길이를 길고 짧게 하여 높이를 맞추는 방식은 매우 수준 높은 기술이다. 자연석이나 암반을 그대로 주춧돌로 쓰면서 기둥의 밑부분을 그에 맞추어 깎는 것을 그랭이질이라 한다. 그랭이질을 한 기둥은 얼핏 보면 투박하게 보인다. 기술이나 정성이 부족하여 그렇게 하였나 싶지만 기실은 반대이다. 그랭이질을 하여 기둥을 세우면 자연미가 한껏 살아날 뿐더러 주춧돌과 기둥이 꼭 맞물려 더 튼튼하다고 한다. 이렇게 주춧돌은 이미 건물의 일부로서 그 건물의 특성을 반영하고 있다. 밑에 깔려 있다고 주춧돌을 그냥 지나치면 곤란하다.

기둥, 보

주춧돌 위에는 기둥이 선다. 기둥은 건물을 떠받치는 아주 중요한 부재이다. 오죽하면 뭔가 중요한 일을 하는 사람들을 나라의 기둥이라고 하겠는가? 기둥은 누구나 잘 볼 수 있는 부재이지만, 실은 눈여겨보는 이들이 드물지 않나 생각한다. 기둥에는 크게 원주圓柱, 둥근 기둥과 방주方柱, 네모 기둥가 있다. 둥근 기둥은 다시 아래 위가 같은 굵기인 평주平柱, 평기둥와 가운데에서 약간 윗부분이 아래 위보다 굵은 배흘림기둥, 그리고 아랫부분이 굵고 윗부분이 가느다랗게 본래 나무 모양이 드러나는 민흘림기둥이 있다. 이 가운데 어느 것이 가장 좋으냐고 물으면 아마 많은 사람들이 배흘림기둥이라고 대답하리라 예상된다. 왜 배흘림기둥이 좋냐고 다시 묻는다면, "딱히 뭐, 그냥…. 돌아가신 최순우 선생님이 무량수전 배흘림기둥에 기대서셨다니까…." 이렇게 얼버무리지 않을까 모르겠다. 그럼 나는? 나는 좋고 나쁜 게 없다. 그때그때 건물에 따라서 알맞은 형태를 적용했을 뿐이다. 각각 다 나름의 느낌을 준다. 굳이 고르라면 민흘림? 그 투박하면서도

종묘 정전의 기둥들 | 종묘 정전은 벽과 문을 맨 바깥 기둥에 내지 않고 한 간 뒤로 물려서 냈다. 그 결과 전면 한 간은 회랑이 되었고, 맨 바깥 기둥은 노출되었다. 배흘림기둥이 길게 늘어서서 빚어낸 모습이 매우 깊고 긴 울림을 준다. 그런데 가까이 보이는 왼편 기둥은 원이 아니라 네모다. 정전의 기둥이 아니라 익랑 기둥이기에 격을 낮추었나 보다.

깊은 맛이 좋다.

기둥은 홀로 서 있을 수 없다. 가로세로로 나무를 짜 맞추어 고정시켜야 한다. 건물의 정면에서 보았을 때 가로로 연결하는 나무를 방枋이라 한다. 건물이 크고 지붕이 무거우면 방을 아래 창방昌榜과 위 평방平枋 두 겹으로 하기도 한다. 건물 앞에서 뒤쪽으로 건너가면서 지붕을 받쳐주는 큰 나무를 보라고 한다. 보 중에서 건물의 한가운데 대청에 있어서 겉으로 드러난 보를 대들보라 한다. 보, 특히 대들보는 아주 길고 굵은 나무를 쓰지 않을 수 없다. 그래서 한 나라의 운명을 지고 나갈 큰 인물을 나라의 대들보라고 하는 것이다. 들보는 한자로 량樑이라는 글자를 쓴다. 그래서 기둥과 들보를 합쳐서 동량棟樑이라고 한다.

도리, 서까래

량樑이라는 한자는 또한 도리를 뜻하기도 한다. 도리란 무엇인가? 보 위에 지붕을 만드는데, 옆면에서 보았을 때 'ㅅ'자 모양이 되게 하기 위하여 보 위에 서까래를 걸 구조물을 짠다. 이러한 구조물을 짜는 것을 가구架構라 하는데 그럴 때 다시 정면에서 보았을 때 서까래를 받치기 위하여 가로로 질러 대는 나무를 도리라 한다. 도리는 집의 크기에 따라 셋, 다섯, 일곱, 아홉까지 얹을 수 있는데, 그에 따라 삼량집, 오량집, 칠량집, 구량집 등으로 부른다.

기둥 위에 방과 보를 엮고, 그 위에 도리를 얹고 도리 위에 서까래를 거는 방식, 그러니까 크게 보아 기둥에 지붕을 얹는 방식은 민도리, 공포栱包, 익공翼工 세 가지 양식이 있다. 보통 단출한 민가에서 보듯 기둥 위에 방을 가로지르고 그 위에 바로 서까래를 거는 가장 단순한 방식을 민도리라 한다. 방의 모양이 둥글면 굴도리 또는 원도리라고 하고, 네모지면 납도리 또는 평도리라고 한다.

집의 규모가 커지면 자연히 지붕의 크기도 커지는데 큰 지붕을 기둥

광화문 문루 2층의 도리(위) | 광화문을 다시 지을 때의 모습이다. 도리는 서까래를 얹는 굵은 나무를 가리킨다. 가장 윗부분의 도리를 종도리라고 한다. 도리는 지붕의 모양을 만드는 골격이다.
광화문 문루 1층 내부(아래) | 다시 지은 광화문의 1층 문루 내부 전경이다. 공포 등 구조물들이 의도적으로 제작한 조형 작품처럼 아름답다.

광화문 공포 | 공포는 장식품이 아니라 기둥에서 지붕을 받쳐주기 위한 구조물이다. 복잡한 모양이라 더욱 정교하게 다듬어 만들어야 한다.

끝에 바로 얹으면 전체적으로 집이 너무 낮아 겉에서 보기에도 답답하고 빛이 들지 않아 실내가 어두컴컴해진다. 이러한 점을 개선하려면 기둥과 도리 사이를 띄워서 지붕을 높여야 한다. 하지만 너무 높이 띄우면 껑뚱할 뿐만 아니라 비가 들이친다. 그러므로 지붕은 높이와 크기를 아주 세밀하게 계산하여 만들지 않으면 안 된다. 그렇게 기둥에서 도리를 떠받치기 위해 짜 넣는 구조물을 공포라 한다.

공포를 기둥 위에만 설치하는 형식을 주심포柱心包 양식, 기둥과 기둥 사이에도 두세 개 짜 넣는 형식을 다포식多包式이라 한다. 공포는 소로, 첨차 등으로 구성되어서 복잡한 모양을 하는데 그런 소로와 첨차 한 조로 짜인 구조를 출목出目이라 한다. 서까래는 건물 안쪽이 높고 바깥쪽이 낮게 경사져 있으므로 기둥 바깥으로 출목이 둘이면 안에는 셋, 바깥이 셋이면 안은 넷, 이런 식으로 바깥보다 안이 하나가 더 많은 것이 공식이다.

이를 외 2출목 내 3출목, 외 3출목 내 4출목 등으로 표기하는 것이다.

공포는 도리를 위로 들어 올리면서도 동시에 바깥쪽으로 내미는 기능도 한다. 이에 비해 소로와 첨차가 겹쳐지면서 도리를 바깥쪽으로는 나오지 않게 하면서 단지 위로만 들어 올리게 하는 방식을 익공 양식이라 한다. 익공도 한번 들어 올려 혓바닥같이 생긴 쇠서가 밖으로 하나만 나와 있으면 초익공, 둘 나와 있으면 이익공 하는 식으로 표기한다.

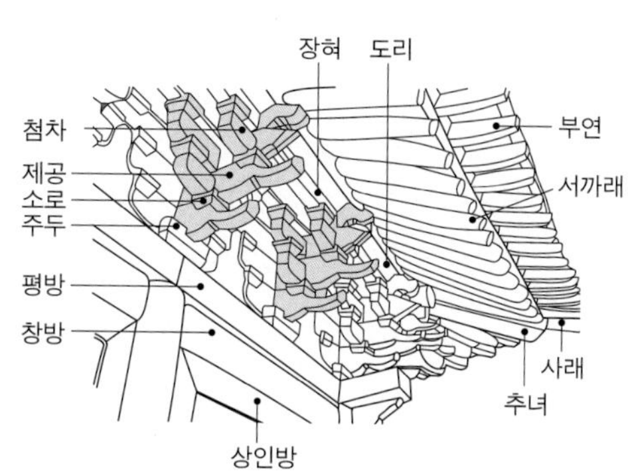

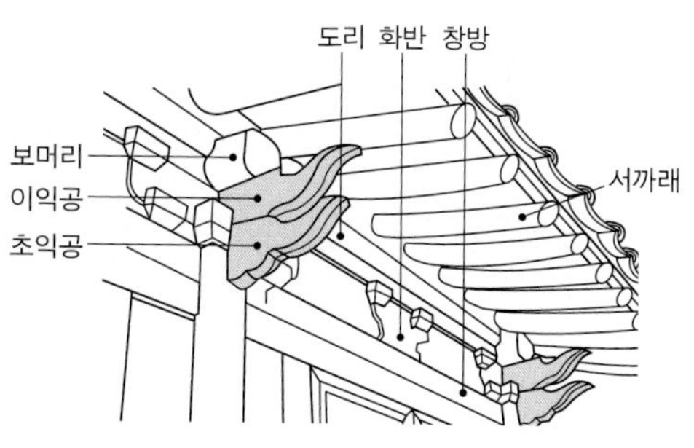

다포 구조(위)와 이익공 구조(아래)

기둥과 도리 사이를 어떻게 처리하였는가에 따라서 지붕의 크기와 높이에 상당한 차이가 생기고, 그에 따라 건물이 화려하게 또는 단출하게 보이는 차이도 함께 나타난다.

도리 위에 서까래를 건다. 서까래는 지붕을 만들어주는 경사진 나무들이다. 우리나라 서까래는 보통 둥글다. 하지만 어떤 집은 둥근 서까래 끝부분 위에 다시 네모난 서까래를 덧붙이기도 한다. 이를 부연附椽, 혹은 며느리서까래라고 하는데, 부연을 다는 이유는 지붕의 경사면에 곡曲을 주면서 지붕의 크기를 조금 크게 하기 위함이다. 지붕의 끝단을 처마라고 하는데, 부연이 없는 처마는 홑처마, 부연이 있는 처마는 겹처마라고 한다. 서까래 위에는 판자나 삿자리 등을 깔고, 그 위에 흙을 이겨 얹고 다시 그 위에 기와로 지붕을 얹는다.

지붕

한옥의 인상을 결정하는 가장 큰 요소는 지붕이다. 지붕은 재료에 따라 짚이나 억새 등으로 이은 초가지붕, 판판한 돌이나 나무를 쪼갠 판으로 이은 너와 지붕, 그리고 흙을 구워 만든 기와로 이은 기와지붕 등이 있다. 궁궐의 건물들은 거의가 기와지붕이며 간간이 초가지붕도 있다.

기와지붕은 모양에 따라 몇 가지로 나눈다. 기와지붕의 형태를 이해하려면 먼저 용마루, 내림마루, 추녀마루귀마루라는 용어를 알고 들어갈 필요가 있다. 마루란 지붕면과 지붕면이 만나거나, 지붕면이 끝나는 부분에 기와를 쌓아 마무리한 낮은 담 같은 것을 가리킨다. 용마루란 전면의 지붕면과 후면의 지붕면이 만나는 가장 꼭대기 부분의 마루이며, 내림마루는 용마루의 양끝에서 수직으로 내려오는 마루이고, 추녀마루는 지붕의 네 꼭짓점 부분으로 대각선으로 향하는 마루를 가리킨다.

지붕면이 앞뒤 두 면으로만 이루어지고 옆면은 터진 가장 단순한 형태의 지붕을 맞배지붕이라 한다. 맞배지붕에는 용마루만 있다. 우진각지붕은 옆 지붕면이 삼각형 모양을 하여 그 위 꼭짓점이 용마루 끝에 닿은 형태다. 내림마루와 추녀마루가 하나의 선을 이루어 용마루 끝에서 추녀로 대각선으로 비스듬히 이어진다. 팔작지붕은 옆 지붕면이 사다리꼴을 이루어 건물 측면의 중간에 가 닿아, 거기서부터 용마루의 끝 사이에 삼각형의 수직 단면합각이 생기는 형태의 지붕이다. 용마루 끝에서 수직으로 내림마루가 내려오고, 내림마루가 중간에서 끝나고 거기서 꺾이어 대각선으로 추녀 끝으로 추녀마루가 이어진다. 팔작지붕은 크기도 크고 높이도 높아 웅장하고 화려한 느낌을 준다. 그 밖에 사모지붕, 육모지붕, 팔모

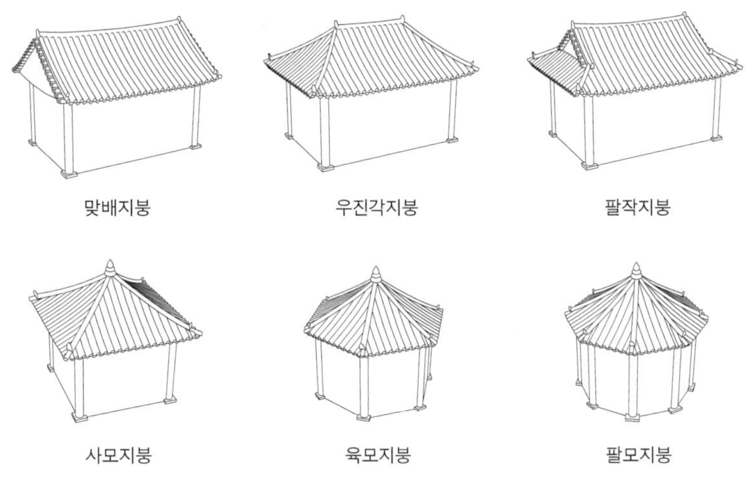

지붕의 다양한 형태들

지붕 같은 모임지붕도 있으며, 특별한 경우 정丁자형, 십十자형 등도 있다.

지붕을 얹으면 집의 골격은 완성된 것이다. 그다음 벽체를 만들고, 문과 창을 내고, 내부에는 온돌이나 마루를 깔고, 천장을 만든다. 온돌 바닥에는 장판, 벽에는 도배를 하고, 그 외 각종 부대시설을 설치하면 건물이 완성된다.

지금까지 건물을 짓는다고 생각하여 대강 훑어보기는 하였으나, 건물을 더 깊이 이해하려 들면 알아야 할 용어들은 한없이 늘어난다. 그러나 너무 위축될 필요는 없다. 이러한 용어들도 알고 보면 별것 아니다. 아쉬운 대로 우선 몇 가지 기본 개념만 알아 건물에 대한 이해의 바탕을 마련한 다음 천천히 지식을 늘려나가면 될 것이다. 책에서 배우는 한편, 현장에서 실물을 보고 확인하면 그리 어렵지 않게 해득할 수 있다.

건물을 이해하고 그 느낌, 아름다움을 감상하고자 할 때 너무 부분에 매달려서는 곤란하다. 전체적인 인상, 느낌을 잡아야 한다. 한옥 건물이 주는 인상의 특징은 자연스러움에 있다. 초가지붕이나 너와지붕은 말할 것도 없거니와 기와지붕도 그 선이나 면이 아주 자연스러운 곡선, 곡면을 이루고 있다. 그러한 자연스러움은 중국이나 일본 건물과 비교하면 더욱 선명하게 드러난다. 이러한 자연스러움은 저절로 생긴 것이 아니다. 건물을 짓는 공법과 기술의 결과로 나타난 것이다. 공법과 기술은 사람이 습득하여 발휘한 것이다. 그 바탕에는 문화가 깔려 있다. 그러한 이면이 참 깊어 보이지만 자꾸 보면 점차 보이게 될 것이다.

건물의 신분

편액에 나타난 질서 사실 따지고 보면 우리 전통 건물은 홀로 있는 경우가 그리 많지 않다. 정자나 비각, 영당 같은 것은 뚝 떨어져 있기도 하다. 하지만 개인 주택에서부터 시작하여 관아 건물, 향교나 서원 같은 교육 시설, 사당이나 종묘 같은 제의 시설, 사찰 등 종교 시설, 그리고 궁궐 등 휘휘 둘러보아도 거의 모두 여러 건물들이 모여서 한 공간을 이루고 있다. 이 점이 한국 건축의 특성 가운데 중요한 하나이다. 서양 건물은 한 건물 안에서 모든 활동이 이루어지는 경우가 많다. 이에 비해 우리나라 건물들은 여러 건물들이 어울려 있어야 비로소 제 기능을 발휘할 수 있다.

따라서 개개 건물을 보는 데 그치지 않고 건물과 건물의 관계, 건물들이 만들어내는 질서를 알아차리는 것이 중요하다. 궁궐에는 특히 건물이 많다. 아니 많이 있었다. 경복궁의 경우만 보더라도 지금은 남아 있는 건물은 최근 복원한 것까지 합해도 불과 30여 채 정도밖에 되지 않지만,

19세기 후반 한창 때는 같은 기준으로 볼 때 건물이 170채 내외에 달하였다. 다른 궁궐의 사정도 어슷비슷하다.

궁궐 전각들의 이름을 알려면 오랜 시간 공을 충분히 들여야 한다. 게다가 그 이름은 모두 좋은 뜻의 한자로 되어 있어 한자에 익숙하지 못한 사람에게는 그게 그것 같기만 할 뿐, 도무지 어떤 질서를 찾기가 쉽지 않다. 그러나 한자를 자유자재로 구사하던 조선시대의 문화 행태로 볼 때 궁궐 건물들의 이름을 아무렇게나 지었을 리는 없다. 가족이나 문중 형제들의 이름에 항렬자를 쓰듯 건물 이름에도 어떤 질서를 부여했다고 가늠할 수 있겠다.

건물의 이름을 새겨서 건 나무판을 편액篇額이라 한다. 건물 이름만이 아니라 무엇이든 글씨를 새겨서 건 나무판은 현판懸板이라고 한다. 엄밀히 말하자면 둘은 구별되는 용어지만 흔히 통용한다. 편액은 그 자체가 건물의 품격을 드러낸다. 바탕이 큰 데다 문양을 화려하게 그린 테두리를 대고 있는 것이 있는가 하면, 테두리 없이 아주 작고 단순한 것도 있다. 그런데 편액의 외형이 아닌 편액에 새긴 글씨, 다시 말하자면 건물의 이름에도 건물의 품격이 담겨 있다.

건물 이름의 앞 글자들은 그 건물에 적합한 좋은 뜻을 담아 작명한 부분이다. 고유 명사에 해당한다. 그런데 맨 마지막 글자는 고유 명사라기보다는 건물이라는 뜻을 담고 있는 일반 명사에 해당한다. 마지막 글자의 종류는 하나가 아니다. 수많은 건물들의 이름을 모을 수 있는 대로 모아서 보니 '전당합각재헌루정殿堂閤閣齋軒樓亭' 여덟 글자로 정리할 수 있다. 이 여덟 글자 이외의 글자도 없진 않지만 매우 적어서 예외로 취급해도 될 만하다. 이 여덟 글자의 서열에는 건물의 외형, 주인의 신분, 건물의 용도, 다시 말해서 건물에서 하는 활동이 종합적으로 반영되어 있다. 주문처럼 들리는 이 여덟 글자를 잘 이해하면 건물을 직접 가보지 않아도 건물이 보인다.

전당합각재헌루정 | 건물 이름의 끝 글자들을 보면 건물의 격과 모양, 기능까지도 어느 정도 가늠할 수 있다. 편액 자체도 대체로 크고 화려한 데서 작고 간결한 데로 바뀌어 간다. 건물 이름을 들으면 어렴풋이나마 건물이 보인다. (**1** 근정전, **2** 양화당, **3** 곤녕합, **4** 경훈각, **5** 낙선재, **6** 영춘헌, **7** 주합루, **8** 함인정)

'전殿'은 건물 가운데 가장 격이 높은 특급 건물이다. 건물의 규모가 크고 품위 있는 치장을 갖추었다. 궁궐에서 '전'은 임금과 왕비, 혹은 전 왕비, 곧 임금의 어머니나 할머니가 주인으로 쓰는 건물이다. '전'에서는 일상적인 기거 활동보다는 의식 행사를 비롯한 공적인 활동을 한다.

궁궐 외에 '전'이 붙은 건물이 있는 곳은 그리 많지 않다. 불교 사찰에서는 불상이나 보살상 등을 모셔놓고 예배하는 건물에 '전'이 붙는다. 스님들의 공간에는 '전'이 붙지 않는다. 어떤 사찰을 창건한 스님을 조사라고 하는데, 사찰 내에 그 조사의 영정을 모신 건물을 짓기도 한다. 이 경우 건물의 이름은 조사당祖師堂이라고 해야 한다. 조사전祖師殿이라고 하는 것은 옳지 않다. 만약 그런 사찰이 있다면 오래 머물 이유가 없다. 성균관이나 향교에는 '전'이 붙은 건물이 오직 하나씩 있다. 대성전大成殿이다. 유교에서 성인聖人으로 추앙받는 공자를 위시하여 중국과 우리나라의 철인哲人, 현자賢者, 유학자들의 위패를 모셔놓고 석전제釋奠祭를 드리는 건물이다. 이에 비해 유생들이 모여서 강학하는 건물은 명륜당明倫堂이라고 한다.

'전'이 붙은 건물이 더 없을까? 그리 널리 알려지진 않았으나 임금의 어진御眞을 모셔놓고 차례를 드리는 곳들 중 '전'이 붙은 곳이 있다. 궁궐 안에는 조선의 태조와 현 임금의 부, 조, 증조, 고조의 어진을 모신 선원전璿源殿이 있었다. 전주 이씨의 본향 전주에는 태조 이성계의 어진을 모신 경기전慶基殿이 있다. 같은 태조의 어진을 모신 곳으로 경주에 집경전集慶殿이 있었고, 태조가 태어난 함경도 영흥에도 그 어진을 모신 준원전濬源殿이 있었다. 서울에는 태조, 세조, 원종, 숙종, 영조, 순조의 어진을 둔 영희전永禧殿, 철종의 어진을 모신 천한전天漢殿이 있었다. 강화도에는 숙종의 어진을 모신 장녕전長寧殿, 영조의 어진을 모신 만녕전萬寧殿이 있었으나 지금은 없다. 수원에는 화성행궁 옆에 정조의 어진을 모셨던 화녕전華寧殿이 남아 있다.

조선의 임금들만이 아니라 역대 왕조의 시조들을 모시던 사당들도 있

창경궁 명정전 | 외전의 정전으로서는 그리 크지도 화려하지도 않으나 광해군 대에 다시 지은 이래 큰 화재를 입지 않아 그 골격을 그대로 유지하고 있다. 그렇기에 외부 내부 여러 곳에 변형된 부분이 다수 있음에도 국보로 지정되었다.

다. 평양에는 기자箕子를 모신 사당인 숭인전崇仁殿과 단군檀君 및 동명성왕東明聖王을 모신 숭령전崇靈殿이 있으며, 경주에는 신라의 시조 박혁거세朴赫居世를 모신 숭덕전崇德殿이 있다. 경기도 광주에는 1795년정조 19에 새롭게 숭렬전崇烈殿이라는 이름을 부여한 백제 시조의 사당이 있다.[11] 그 밖에도 찾으면 더 있을 것이다. 임금들의 관을 제작, 보관하는 장생전長生殿에도 '전'이 붙었다. '전'이 붙은 곳은 특수한 곳이다. 함부로 범접할 수 없는 곳이요, 신성한 곳이다.

'당堂'은 전에 비해서 규모는 엇비슷하거나 조금 작다고 할 수 있다. 하

창경궁 양화당 | 창경궁 중궁전의 정전인 통명전 동편에 있다. 정면 6간 측면 4간 단층 이익공 팔작지붕이다. 건물 크기에 비해 높이가 다소 낮아 보이기는 하지만 당당한 기품을 갖고 있다.

지만 그 격은 분명히 한 단계 낮은 건물이다. 굳이 선을 긋자면 '전'이 특급인 데 비해서 '당'은 1급이라고 할 수 있다. 임금과 왕비 등은 '당'의 주인이 될 수는 있으나, 그 아래에 있는 사람들은 비록 왕세자나 영의정이라 할지라도 '전'의 주인이 될 수 없었다. 민가에서는 '당'이 가장 격이 높은 건물, 당당한 건물이다.

궁궐에서 '당'은 공적인 활동보다는 조금 더 일상적인 활동에 쓰였다. 하지만 엄격히 구별되기보다는 '전' 가까이에 있으면서 '전'을 보좌하는 경우가 많았다. 그래서 '전당'이란 말로 묶여서 예술의 전당, 학문의 전당처럼 쓰이는 하나의 단어가 되기도 한다.

'합閤'이나 '각閣'은 전이나 당에 비해 한 등급 낮은 2급의 건물이라 할 수 있다. 독립된 건물인 경우도 있지만, 대개는 전이나 당 부근에서 그것을 보위하는 기능을 한다. 자연히 규모면에서도 전이나 당보다는 떨어진다. 그래도 평범한 건물보다는 격이 높은 건물이다.

'합'이 '각'보다 격이 높다고 할 수는 없지만, 그래도 '각'보다 약간 높거나 서열이 앞서는 정도의 구별은 있다. 또 반드시 그런 것은 아니지만 '합'은 여성이 주인인 경우가 많았다. '합'이 붙은 건물은 그리 많지 않다. 한자로 '합'과 '각'을 붓으로, 특히 조금 흘려 쓰면 얼핏 구별이 가지 않을 정도로 두 글자는 비슷하다. 그래서 옛날부터 '합'과 '각'을 혼동하는 사례가 적지 않았다. 하지만 '합'과 '각'은 엄연히 다르다.

'전'에서부터 '각'까지는 그 뒤에 하下 자를 붙여서 그 주인을 높이는 이인칭 대명사로 썼다. '전'의 주인, 다시 말하면 임금을 가리켜 부를 때 '전하殿下'라고 부르는 식이다. 전하보다 더 격이 높은 황제는 '폐하陛下'라고 부른다. '폐'는 섬돌, 다시 말하자면 기단을 올라가는 계단이다. 이렇게 보면 '하'는 부른 주체인 나를 낮추어서 붙인 말이 아닌가 싶다.

그렇게 보면 각하閣下라는 말도 익숙하지만 썩 달갑지는 않다. "각하, 시원하시겠습니다." 이승만 대통령이 방귀를 뀌자 옆에 있던 이가 했다는, 제1공화국의 어록이다. 제5공화국까지 우리는 '각하' 밑에서 살았다. 그런데 각하가 대통령에게 적용되는 말도 아니고 너무 권위적이라 해서 김대중 대통령 때부터 '각하'를 '님'으로 바꾸었다. '당하'라는 말은 거의 쓰이지 않았고, '합하閤下'라는 말 역시 흔히 쓰이지는 않았으나 일부 여성을 높이는 말로 쓰이기도 하였다. 세도정치기 세도가 김좌근의 첩이었던 나씨 여인을 가리켜 '나씨 합하'를 줄여 '나합羅閤'이라 부른 예가 있다. 고종의 생부인 흥선대원군이 집권하던 시절에는 그를 '대원위大院位 합하'라는 말을 써서 특별히 높여 불렀다.

'재齋'와 '헌軒'은 가장 흔하다. 평균적인 등급의 건물이라고 할 수 있다. 물론 '재'나 '헌'에 임금이나 왕비가 머물기도 한다. 하지만 그보다는 왕실 가족이나 궁궐에서 활동하는 사람들이 주로 쓰는 공간이다. '재'는 숙식

창덕궁 낙선재 | 헌종 대에 후궁으로 맞이한 경빈 김씨의 거처로 지은 건물이다. 그 뒤로도 주로 후궁과 같은 왕실 여성들이 쓰던 건물이다. 높지 않은 기단에 계단이 셋 놓여 있다. 그 앞에는 노둣돌도 있다. 왼편에 앞으로 누마루가 돌출되어 전체적으로 'ㄱ'자 모양을 하고 있다. 웅장하고 화려하지는 않으나 자세히 살펴보면 아기자기하고 아름다운 부분이 많다.

등 일상적인 주거 혹은 조용하게 독서나 사색을 하려고 쓰는 건물이다. 이에 비해 '헌'은 대청마루가 발달되어 있는 집을 가리키는 경우가 많고, 용도도 주거보다는 여러 사람이 모여 공적인 일을 처리하는 쪽인 경우가 많다. 둘 다 모두 각각의 목적에 맞게 실용적인 형태를 하고 있다. 오늘날 책을 두고 공부하는 공간을 서재書齋라고 하는 것이나, 고을의 원님이 공무를 처리하는 곳을 동헌東軒이라고 하는 것도 같은 맥락에서 이해할 수 있는 바이다.

'누樓'는 바닥이 지면에서 높이 올라가 마루로 되어 있는 집이다. 경회루慶會樓나 광한루廣寒樓처럼 큰 다락집 형태를 하기도 하고, 건물의 일부로서 누마루방 형태를 하기도 한다. 또 우리 건물에도 간혹 2층이 있다. 이럴 경우 반드시 1층과 2층의 이름을 따로 지어 붙이는데 1층의 이름에는

창덕궁 태극정 | 동궐 후원 가운데 가장 북쪽에 흐르는 옥류천변에 있는 다섯 정자들 가운데 가장 상류에 있는 정자다. 장대석으로 네모반듯하게 쌓은 기단 위에 네 기둥을 세우고 난간을 둘렀다. 지붕은 사모지붕인데 모임 부분에 절병통을 얹었다. 아주 엄격한 분위기를 풍긴다.

'각閣', 2층의 이름에는 '누樓'가 붙는다. '고루거각高樓巨閣'이란 말처럼 '누'와 '각'은 따라다니는 것이다.

'정亭'은 흔히 정자亭子라고 하는 것으로, 연못가나 개울가 또는 산속이나 바닷가 경관이 좋은 곳에 있어 휴식이나 연회 공간으로 사용하는 집이다. 정은 주변을 보기 위한 곳이므로 거의 벽이 없다. 벽이 없으니 문틀과 문짝도 달려 있지 않다. 바닥은 마루일 때가 많고, 때로는 전돌이 깔려 있기도 하다. 규모는 작아서 대여섯 명이 둘러앉으면 좋은 정도가 보통이다. 정자는 자연 속의 인공이다.

'전당합각재헌루정'은 엄격한 법칙은 아니다. 결과를 정리해보니 대체로 그렇다는 것이요, 알아 두면 요긴한 '보는 눈' 정도다. 규모로 보자면 대체로 큰 것으로부터 작은 것으로 가는 순서요, 품격으로 치자면 높은 데서 낮은 데로 가는 순서다. 용도에서도 공식 행사를 치르는 것으로부터 일상 주거용으로, 다시 비일상적이며 특별한 용도로, 휴식 공간으로 이어지는 순이다. 종합해서 이야기하자면 '전당합각재헌루정'은 그 순서가 건물들의 신분이요 위계질서라고 할 수 있다.

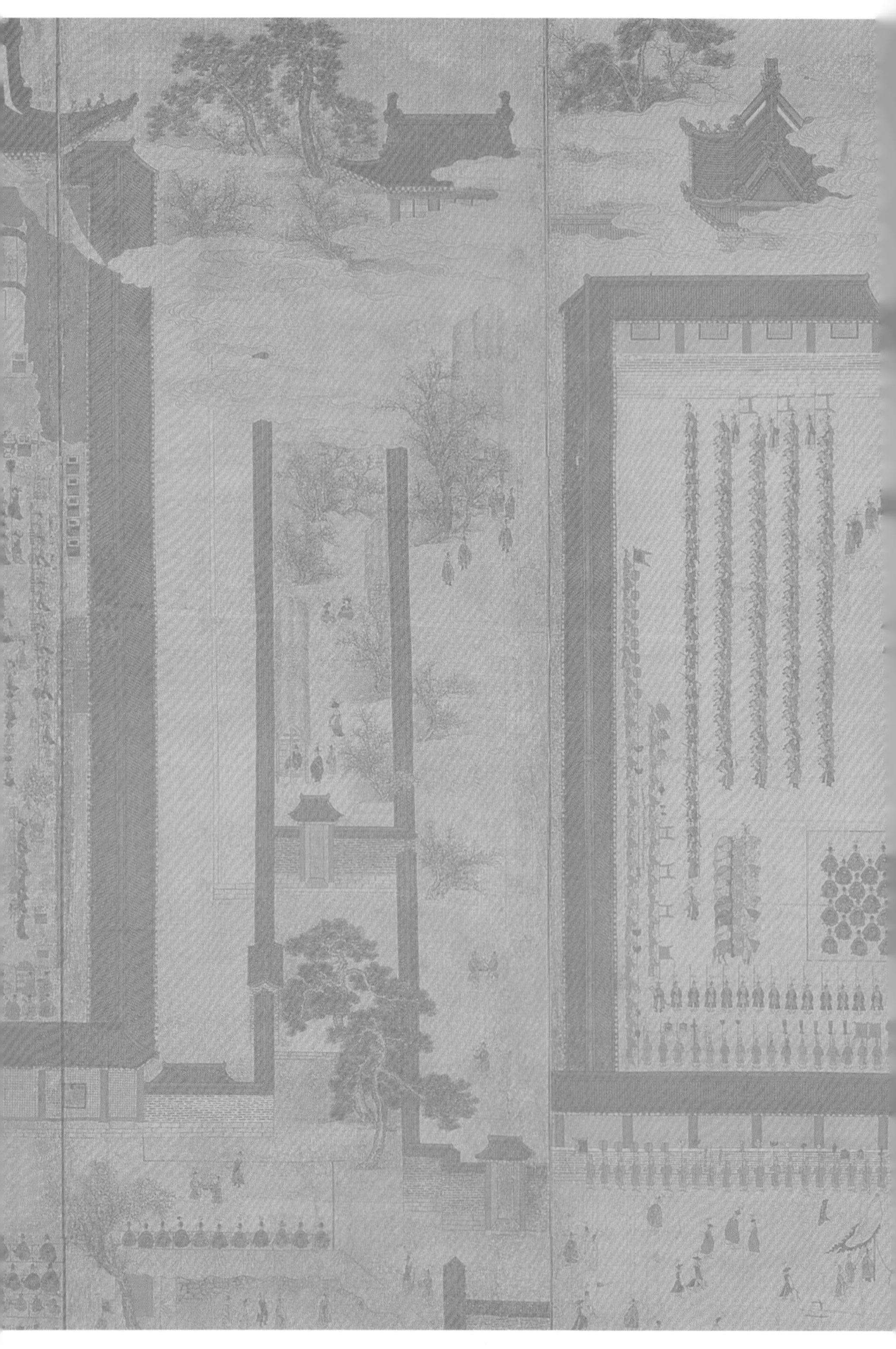

제3장

궁궐의 역사

1
첫 번째 양궐체제

2
두 번째 양궐체제

3
세 번째 양궐체제

4
경운궁 단궐체제

1

첫 번째
양궐체제

궁궐 이해의 열쇠, 양궐체제

법궁과 이궁

궁궐은 임금이 사는 곳이다. 궁궐의 주인인 임금은 오직 한 사람이었다. 궁궐은 따로따로 생기고 없어지고 한 것이 아니라 임금 한 사람의 쓸모와 의지에 따라 경영되었다. 그러므로 우리도 궁궐의 주인인 임금의 이용이라는 측면에서 궁궐을 한데 묶어서 이해할 필요가 있다.

임금이 어느 궁궐에 들어가 사는 것을 임어臨御라 하고, 기거하는 궁궐을 옮겨가는 것을 이어移御라 하며, 다시 원래의 궁궐로 돌아오는 것을 환어還御라 한다. 임금이 임어하는 공식 궁궐들 가운데서 으뜸이 되는 궁궐을 법궁法宮이라고 하였다.

오늘날에는 흔히 '정궁正宮'이라고 표현하지만, 정궁이라면 그 상대 개

〈무신진찬도병〉 중 인정전진하도 | 1848년(헌종 14) 3월 대왕대비 순원왕후의 육순(六旬)과 왕대비 신정왕후의 망오(望五), 곧 41세가 됨을 기념하는 진찬 행사를 열었다. 이를 그린 병풍 가운데 헌종이 인정전에서 신하들에게 진하를 받는 부분이다. 구름에 잠긴 소나무가 뒤에서 받쳐주고 있어 이곳이 인정전임을 알려준다. (국립중앙박물관 소장)

념을 무어라 해야 할 것인가? 일반적으로 '정正'에 대비되는 '부副'를 붙여서 '부궁'이라 해야 할 것인가? 그런 말은 없다. 그렇다면 정궁이라는 말은 별궁이나 행궁에 대해서 임금이 정규적으로 임어하는 공식 궁궐이라는 뜻으로 쓰인 것으로 볼 수 있겠다. 그런데 그렇게 정규적으로 임어하는 궁궐 가운데서도 또 으뜸이 되는 궁궐은 무어라 할 것인가? 그것을 조선시대에는 법궁이라 한 것이다.

법궁은 당연히 왕실의 생활 공간뿐만 아니라 백관百官이 조회朝會를 열고, 빈객賓客을 맞는 등 공식 활동을 하는 제반 공간을 고루 갖추었다. 그런데 임금이 정상적으로 활동하려면 법궁 하나만 있어서는 곤란하였다. 화재가 나거나 궁궐에 뜻하지 않은 변고가 생겼을 때, 임금이 어떤 정치적인 특단의 조치를 취할 때, 아니면 왕실 가족의 강력한 요청에 따라서, 혹은 자의적인 판단에 따라서 옮기고 싶을 때 옮겨가서 상당한 기간 머물며 활동할 다른 궁궐이 필요하였다.

이렇게 임금이 이어할 목적으로 지은 또 다른 궁궐을 법궁과 구분하여 이궁離宮이라 하였다. 이궁은 법궁보다 격이 한 단계 낮기는 하지만, 법궁과 마찬가지로 임금의 공식 활동 공간으로 필요한 구성 요소를 모두 갖추어 규모면에서나 기능면에서나 법궁에 뒤지지 않는 궁궐이었다. 법궁과 이궁 두 궁궐을 갖추어야 비로소 임금들은 임금답게 활동할 수 있었다.

이어 환어 양궐체제

지금 서울에는 조선시대 궁궐이 다섯 곳 남아 있다. 하지만 궁궐들이 번갈아 지어지고 없어지고 하다가 다섯이 된 것이지, 다섯 궁궐이 동시에 쓰인 적은 없다. 어느 한 시점에서 동시에 쓰인 궁궐은 크게 보아 법궁과 이궁, 둘이었다. 법궁과 이궁은 고정적인 것은 아니었다. 어느 궁궐이 법궁이 되고 또 다른 궁궐이 이궁이 되었다 하여도, 전란으로 궁궐들이 불타 없어지고 새로운 궁궐을 새로 짓는 과정에서 법궁과 이궁이 바뀌기도 하

조선왕조 '법궁-이궁 양궐체제'의 변천

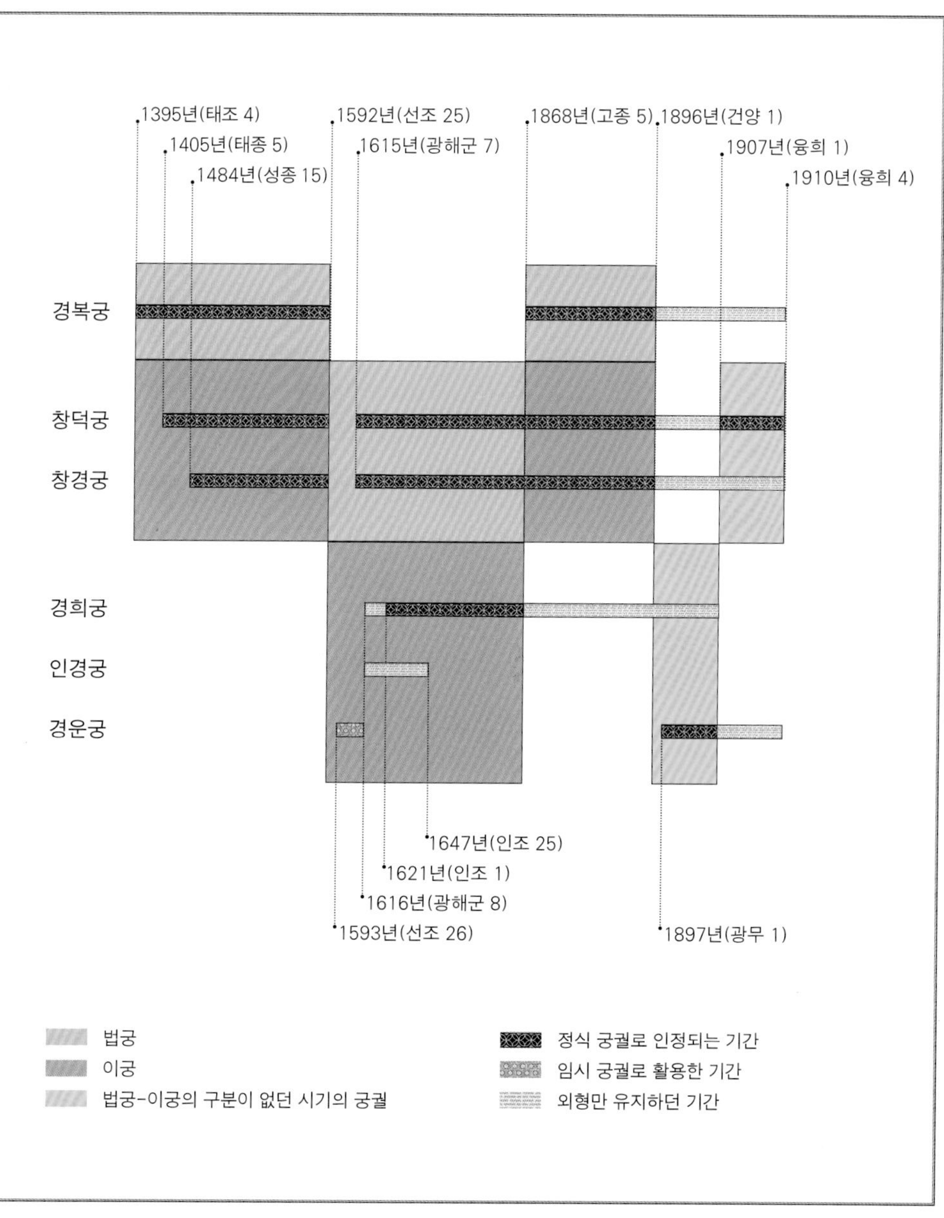

였다. 또한 정치적 격변으로 임금이 다른 궁궐로 이어한 뒤에 다시는 특정 궁궐에 임어하지 않기도 하는 등, 임금의 궁궐 이용에 변동이 생길 때마다 법궁과 이궁도 변화를 겪지 않을 수 없었다. 우리가 지금 보고 있는 서울의 다섯 궁궐은 그러한 변천을 거친 결과 남은 것이다.

궁궐의 역사는 영건營建과 훼손의 역사이지만, 한편으로는 궁궐을 어떻게 사용했는가 하는 궁궐 이용의 역사이기도 하다. 어떤 면에서는 어느 궁궐이 언제 어떻게 지어졌고 언제 어떻게 망가졌는가를 따지는 것보다 임금들이 궁궐을 어떻게 사용했는가를 아는 것이 더 중요하다. 곧 영건과 함께 임어의 역사를 보아야 한다. 조선왕조의 임금들은 늘 법궁과 이궁 두 궁궐을 유지하면서, 두 궁궐을 오가며 지냈다. 이러한 조선왕조의 궁궐 경영 내지 이용 방식을 '법궁-이궁 양궐체제兩闕體制'라고 이름을 붙일 수 있겠다. 궁궐을 이해하려면, 특히 궁궐 경영과 그에 스며 있는 그 시대 사람들의 문화와 역사를 이해하려면 개개 궁궐의 외형적 변화만이 아니라 법궁-이궁 양궐체제가 어떻게 변천해갔는지를 파악하는 것이 중요하다고 하겠다.[1]

영원한 법궁, 경복궁

전설 속 무학대사

고려왕조를 무너뜨리고 새 왕조 조선의 개창을 주도한 집단에게 고려의 옛 질서를 부정하고 새 질서를 세우는 일은 피할 수 없는 과제였다. 그 가운데서도 우선 500년 동안 고려의 수도였던 개경을 벗어나는 일이 급했다. 개경은 구세력의 근거지였다. 새 왕조 조선에 새로운 기풍을 조성하고 체제를 공고히 하려면 그런 개경을 떠나야만 했다. 새 수도로 천도하여

만월대 | 고려의 수도 개성에는 궁궐이 여럿 있었다. 그 가운데 가장 크고 대표적인 궁궐이 만월대에 있었다. 사진의 오른편(동쪽)은 높은 지형을 이루어 외전과 내전의 중심 건물들이 일직선으로 축을 맞추고 있었다. 왼편(서쪽)은 낮은 지대로서 여타 건물들이 다수 배치되어 있었다. 뒤편의 임신한 여인이 누워 있는 형상의 산이 바로 송악산이다.

새 궁궐을 짓는 일은 새 왕조의 기반을 닦는 데 제일의 과제였다.

천도와 궁궐 영건이 그렇게 중요하다면 그 자리를 처음 잡을 때 심혈을 기울였으리라는 것은 쉽게 짐작할 수 있다. 그런데 조선왕조를 세우고 새 도읍지를 정한 일에 대한 재미있는 이야기가 전한다.

> 태조가 등극하자 송도松都, 개경는 고려의 도읍이라 민심을 수습하는 의미로 보든지 그 외 여러 가지 점으로 보아 단연 도읍을 다른 데로 옮기는 것이 좋겠다고 생각하고 중 무학無學에게 명하여 좋은 도읍지를 구해보라고 했다. 무학은 명을 받아 가지고 송도에서 남으로 내려와 삼각산에 올라 지세를 살펴보고 다시 남으로 내려와 지금의 왕십리에 이르니 지세가 도읍되기에 적당했다. 그래서 이곳

에 도읍을 정하기로 결정을 하고 돌아오려는데 웬 노인 하나가 소를 몰고 그의 옆으로 지나가며, "이러 이놈의 소! 미련하기도 마치 무학 같구나. 바른 길을 버리고 지름길로 가려느냐" 하였다. 그 말을 듣고 무학이 놀라 살펴보니 그 노인이 비록 소를 몰고 갈망정 보통 사람이 아닌 것을 곧 간파할 수 있었다. 그래 얼른 쫓아가 땅에 엎드려 절을 하고 "말씀 좀 여쭈어보겠습니다" 하니, 노인은 돌아다보지도 않고 "무얼 그러오" 하며, 그냥 소를 몰고 간다. 무학은 다시 쫓아가, "지금 소더러 무학이 같이 미련하다고 하시는 말씀을 들었습니다. 저의 생각에는 이곳이 도읍되기에 좋은 것 같사온데 어디 더 좋은 곳이 있는지 가르쳐주시기를 바랍니다" 하고 간청했다. "내가 그것을 어찌 안단 말이요" 하고, 노인은 그냥 가려고 하는 것을 무학이 다시 엎드려 청했다. 노인은 그제서야, "예서 십 리만 더 들어가오" 하고, 손을 들어 가르쳐주었다. 무학은 다시 절해 치사하고, 노인의 손짓에 따라 십 리를 걸어 들어와 지금의 성 안에 이르러 지세를 살펴보니 과연 사방이 험한 산에 둘러싸인 요해지였다. "이곳이야말로 좋은 도읍터로다" 하고 무학은 감탄했다. 그리하여 송도로 돌아가 나라에 고하니, 태조는 그의 말을 들어 이곳에 도읍을 옮기기로 결정했다. 무학이 노인에게 물었을 때, "십 리만 가라"고 하였다 해서 지금의 왕십리往十里라는 이름이 생기게 된 것이다.

서울특별시에서 펴낸 《서울의 전통문화》라는 책에서 그대로 인용한 위 이야기는 왕십리라는 지명의 유래에 대한 전설로 꽤 널리 알려져 있다. 사람들은 이러한 이야기를 듣고는 고개를 끄떡이며, 별다른 고민 없이 이를 받아들인다. '전적으로 믿을 수야 없겠지만, 대체로 사실이겠지. 적어도 지금의 서울을 도읍지로 결정한 사람이 무학이라는 정도는 사실이 아니겠는가'라고 생각할지 모르겠다. 그러나 과연 그럴까?

옛날이야기나 전설은 재미도 있고, 또 그 나름대로 진실도 품고 있다. 그러나 그 진실은 허구를 본질로 하는 문학적 진실이지, 사실에 근거를 둔 역사적 진실은 아니다. 그것을 재미있게 듣는 것과 사실로 인정하는 것

〈조선태조어진〉 | 전주 경기전에 있는 태조의 어진은 조선 말기의 모사본이다. 얼마나 태조 이성계의 본성과 인상을 드러냈는지 알 수 없으나, 이 그림이 주는 인상은 후덕한 군주보다는 단단한 무장의 그것이라고 해야 할 듯하다. (전주 경기전 소장)

은 전혀 별개의 문제다. 그런데도 근거조차 불분명한 '왕십리 이야기'가 오늘날까지 널리 퍼지게 된 연유는 무엇일까. 이 문제를 따져보려면 무학과 관련된 다른 이야기를 두어 가지 더 살펴볼 필요가 있다.

> 태조가 스승의 예로써 대접하고, 이내 정도할 곳을 물었더니, 무학이 바로 한양을 점쳐 말하기를, "인왕산을 진산鎭山으로 삼고, 백악과 남산을 청룡, 백호로 삼으시오" 하였다. 정도전鄭道傳이 난색을 보이며 말하기를, "자고로 '제임금은 모두 남면南面하고 다스렸다'는 말은 들었어도 동향하였다는 말은 듣지 못하였습니다" 하니, 무학이 말하기를 "내 말을 듣지 아니하면, 200년을 지나서 내 말을 생각할 것입니다" 하였다.

차천로車天輅가 쓴 《오산설림초고五山說林草藁》라는 야사에 나오는 이야기다. 차천로는 선조 말에서 광해군 전반까지 활동했던 문인이다. 그는 당시 문장으로 명망을 얻기는 하였지만 그의 글, 특히 《오산설림초고》는 시화詩話에 관한 문학적인 고증에 치우쳐 있으며, 항간의 속설을 수집해놓은 것으로서 임진왜란을 겪은 직후 술가적術家的 풍조가 강하게 지배했던 당시 시대 분위기에 젖어 있다.

이러한 맥락에서 차천로는 임진왜란을 비롯한 자기 당대의 국가적 어려움의 원인을 200년 전에 도읍을 잘못 잡은 데서 찾고 있는 것이다. 이는 물론 사실과는 거리가 먼 이야기요, 당대의 문제의 원인과 대책을 모색하는 데도 아무런 도움이 되지 않는 견해일 뿐이다. 그의 그러한 비합리적인 생각은 위 이야기에 이어 다음과 같이 무학과 정도전을 평하는 데 잘 드러나 있다.

> 《산수비기山水秘記》를 보면, "도읍을 선택하는 자가 만일 중의 말을 믿게 되면, 약간 오래갈 희망이 있고, 정鄭씨 성 가진 사람이 나와 시비를 하게 되면 5대

를 가지 못하여 자리다툼의 화가 생기고, 200년이 못 가서 나라가 어지러워 흔들리는 난이 날 것이니 조심조심하라"고 하였는데 《산수비기》는 바로 신라의 고승 의상대사가 지은 것으로, 800년 뒤의 일을 미리 알아 착착 들어맞혔으니, 어찌 성승이 아니겠는가. 이제 와서 보면 비기에서 이른 중이란 무학을 말함이요, 이른바 정가 사람이란 바로 정도전을 말함이다. 무학도 또한 우리나라 일을 불을 봄과 같이 밝게 알았으니, 또한 신승이라 할 만하다. 정도전이 무학의 말이 옳음을 알지 못함은 아니었다. 그는 다른 마음이 있어서 나라에 틈이 생기면 빼으려 했기 때문에 듣지 아니한 것이다. 소인의 '빼앗지 않으면 만족하지 못한다'는 마음이, 집을 해치고 나라를 흉하게 하려는 계책이 이와 같았으니 통탄할 일이다.

너무 기울어져 있지 않은가? 굳이 정도전을 위해서 변명을 할 필요는 없다. 그러나 차천로의 윗글은 역사에 대한 냉정한 인식이라고 보아주기에는 너무 편파적인 해석이다.

무학이 한양에 도읍지를 정하였다는 또 다른 이야기는 이중환李重煥의 《택리지擇里地》〈팔도총론-경기〉에 나온다.

아조我朝, 조선가 수선受禪함에 이르러 중 무학으로 하여금 도읍할 땅을 정하도록 하였다. 무학은 백운대로부터 맥을 찾아 만경대에 이르러 서남쪽으로 가 비봉碑峰에 이르니 한 돌비석이 있었다. 그 돌비석을 보니 '무학이 길을 잘못 찾아 이곳에 오다[無學誤尋到此]'라는 여섯 글자가 큰 글씨로 새겨져 있었다. 그것은 도선道詵이 세운 것이었다. 무학이 이에 길을 바꾸어 만경의 정남맥을 따라 바로 백악 아래에 이르러 세 산맥이 모여 하나의 들을 이룬 것을 보고 드디어 궁성의 터로 정했다. 이곳이 바로 고려 때 오얏을 심었던 곳이다.

이중환은 숙종肅宗 연간에서 영조 대까지 살았던 사람으로 정치적으

북한산 신라 진흥왕순수비 | 북한산에서 서쪽으로 뻗어나간 등성이 가운데 비봉 꼭대기에 있었다. 추사 김정희가 이것이 진흥왕순수비임을 밝혔다. 당연히 "무학오심도차(無學誤尋到此)"라고 여섯 자가 새겨져 있지는 않다. 지금 비석은 국립중앙박물관으로 옮겨져 있다.

로 당시 세력을 잃은 남인 계열에 속하여 관직에 나아가지 못하고 야인으로 지냈다. 이중환은 지리, 사회, 경제 등에 관한 글을 다수 남겼다. 《택리지》는 그의 주요 저작으로 풍수적 자연지리를 넘어 인문지리서로서 풍부한 내용을 담고 있는 것으로 손꼽히고 있다. 그러한 책이기는 하지만 《택리지》 역시 한 개인의 저작으로서 야사가 안고 있는 자료적 한계가 간간이 눈에 뜨인다. 위에 인용한 바와 같이, 무학이 백악 아래에 궁궐 터를 정하였으며 이는 이미 옛날에 도선이 예견했다고 하는 대목을 역사적 사실이라고 인정할 수 있겠는가? 풍수를 지리에 대한 인식으로 인정할 수 있다고 하더라도, 그것이 곧 도참圖讖이 역사가 될 수 있다고 인정하는 것으로 이어질 수는 없다. 풍수가 도참과 연결되면 그저 맹랑한 속설에 지나지 않게 된다.

무학이 도읍과 궁궐 터를 정하였다거나 혹은 그에 관여하였다는 위 세 이야기는 모두 그런대로 재미있다. 하지만 재미가 곧 진실의 요건은 아니다. 위 이야기들이 셋 다 역사적 진실일 수는 없다. 서로 다른 위 이야기 셋 가운데 하나만 진실이거나 아니면 셋 다 거짓이 될 수밖에 없다.

결론부터 말하자면 셋 다 진실이라고 보기 어렵다. 역사적인 진실은 믿음으로 증명되지 않는다. 자료를 통해 확인할 수 있어야 한다. 그런데 위의 세 이야기 모두 근거를 확인할 방법이 없다. 근거를 확인할 수 없을 뿐만 아니라 조금만 냉정하게 따져보면 후대에 꾸며낸 허구라고 보지 않을 수 없다. 그렇다면 진실은 어느 쪽에 있는가. 이를 추적하기 위해서는 좀 더 믿을 만한 자료를 통해서 조선 건국과 한양 천도 당시의 역사적 실상을 더듬어보아야 하겠다.

경복궁 창건

고려를 무너뜨리고 조선을 건국한 시점에서 고려의 수도 개경을 벗어나 새 수도를 건설하는 일은 매우 필요하고도 중대한 일이었다. 그러나 일반 신하들은 대부분 자신들의 이해관계에 따라 천도 자체에 미온적이었다. 한양 천도와 궁궐 터 선정을 놓고 당시의 핵심 관료들 가운데서도 의견이 분분하였다. 하륜河崙 같은 이는 계룡산鷄龍山이나 한양을 모두 반대하고 오로지 무악毋岳을 고집하였다. 반면 조준趙浚과 권중화權仲和 등은 무악을 한사코 반대하였다. 풍수를 업으로 삼는 서운관원書雲觀員들 사이에서도 이리저리 의견이 엇갈리기는 마찬가지였다.

이런 상황에서 천도를 추진하고 새 도읍을 선정하는 데 가장 큰 역할을 한 사람은 태조였다. 태조는 즉위하면서부터 바로 천도를 명하고 끈질기게 추진하였다. 태조는 자신이 직접 나서서 새 수도 후보지로 거론된 계룡산을 비롯해서 지금의 신촌 일대인 무악, 그리고 백악 아래 한양을 직접 나서서 둘러보았다.

1394년태조 3 8월 13일 태조가 스스로 무악을 살펴보러 나섰다가 돌아오는 길에 옛 고려의 남경南京이었던 한양의 옛 행궁에 머물면서 그곳을

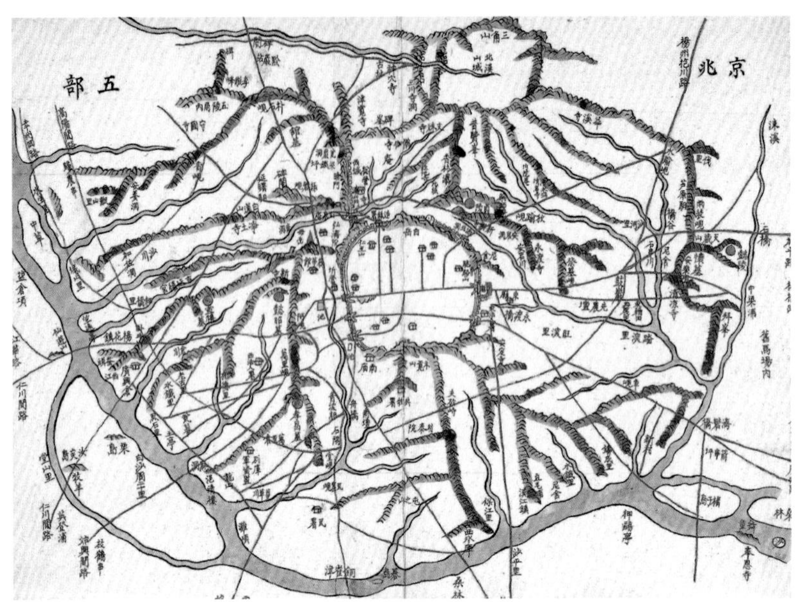

〈경조오부〉, 《동여도》 | 경조란 서울이란 뜻이다. 행정적 공식 도시 이름은 한성부. 한성부의 행정 구역은 다섯 부로 구성되었다. 5부는 처음에는 도성 안만을 포함하였지만, 점차 도성 밖에도 사람들이 많이 살게 되면서 부 아래의 행정 구역인 방(坊)이 설치되었다. 행정 구역을 넘어 넓은 범위의 서울은 이 지도에 포함된 지역, 곧 북으로 북한산 기슭, 남서로 한강을 경계로 하였다. (서울역사박물관 소장)

도읍 터로 내정하였다. 8월 24일 도평의사사에서 한양으로 천도하기를 공식적으로 요청한 다음, 9월 1일에 새 도읍과 궁궐을 짓는 일을 맡을 기구를 설치하고 심덕부沈德符 등을 책임자로 임명하였다. 9월 9일에는 정도전, 심덕부 등 조정의 핵심 인물들이 한양에 가서 종묘, 사직, 궁궐, 조시朝市 터를 정하였다. 이로써 새 도읍을 짓는 공사가 본격적으로 시작되었다. 한양 천도는 그렇게 공사가 시작된 지 얼마 되지 않은 10월 25일에 태조를 비롯한 조정 일행이 개경을 출발하여 10월 28일에 한양에 도착함으로써 단행되었다. 이때는 아직 궁궐 공사는 착수도 되지 않은 상태여서 태조는 한양부의 객사客舍를 이궁으로 삼아 임어하였다. 종묘와 궁궐 공사는 12월

경복궁 근정전 | 사방을 행각으로 둘러싼 안 넓은 마당을 박석으로 덮었다. 2층 기단에 돌난간을 두르고 정면 5간 측면 5간에 겹지붕을 한 건물이 위엄 있게 자리 잡았다. 임금이 정사를 돌보는 곳이 아니라, 신하들이 임금에게 충성의 의식을 치르는 공간이다.

4일에 가서야 착공하였고, 공사 시작 10개월 만인 1395년태조 4 9월 29일에 완공되었다.

궁궐의 규모는 내전이 173간, 외전이 192간, 나머지를 모두 합하여 390간으로 총 755간 정도였다. 일단 완공하고 얼마 뒤에 궁궐을 둘러싼 궁성을 쌓고 동쪽에 건춘문建春門, 서쪽에 영추문, 남쪽에 광화문을 세웠다. 광화문앞길 좌우에는 의정부, 삼군부三軍府, 육조, 사헌부 등 관청 건물들을 지었다. 10월 27일에는 새 궁궐에서 큰 잔치를 베풀면서 정도전에게 여러 전각의 명칭을 짓게 하니 정도전이 새 궁궐의 이름을 경복궁景福宮,

임금이 기거할 연침을 강녕전康寧殿, 연침 남쪽에 있는 보평청報平廳, 고려 후기부터 조선 초기까지 임금이 정무를 보는 곳을 이르던 말을 사정전思政殿, 사정전 남쪽의 정전을 근정전勤政殿, 근정전의 문을 근정문勤政門, 그 남쪽의 문을 정문正門이라 짓고 그렇게 이름 지은 뜻을 아뢰었다. 그러나 아직 마무리가 덜 된 듯 다시 그로부터 두 달이 지난 12월 28일에 가서야 태조와 왕실이 새 궁궐 경복궁에 입어入御하였다. 이로써 조선왕조의 최초의 궁궐이 생긴 것이다.

무학대사? 정도전! 실록 기사에 따르자면, 한양과 경복궁 터를 결정하는 데 무학대사가 한 역할이란 태조가 지금의 경복궁 터에 가서 수행한 관원 일행에게 이 자리가 적합한가를 물었을 때, 왕사王師로서 참여하여 "이 땅은 사면이 높고 수려하고 중앙이 평탄하고 널찍하니 성읍이 설 만하기는 합니다만, 여러 사람의 의견을 좇아 결정하소서"라는 대답을 한 것이 전부였다. 자신의 의견으로는 찬성이지만, 자기 주장을 강하게 내세우기보다는 여러 사람의 의견에 따르겠다는 매우 조심스럽고 다소 무책임하다고 할 태도였다. 하륜 같은 사람이 그토록 자신의 주장을 고집했던 것과는 매우 대조적이다. 무학이 그런 태도를 취했던 것은 당시 불교의 형편과 승려로서 그의 처지와 연관이 있다.

고려 말 정치권력을 주도하던 권문세족權門勢族은 불교 사원 세력과 연결되어 있었다. 불교를 다만 자신들의 종교 내지 사상으로 받아들이는 데 그치지 않고 현실 정치와 경제면에서 이해관계를 함께하였던 것이다. 이에 대해 고려왕조를 무너뜨리고 조선왕조를 세운 주역들은 성리학性理學을 지도 이념으로 채택하여 불교를 공격하였다. 권문세족과 결탁하여 타락할 대로 타락한 불교 사원 세력에 대한 부정이었다. 이러한 상황에서 승려인 무학이 할 수 있는 역할은 극히 제한될 수밖에 없었다. 그러니 새 왕조의 중심 터전을 마련하는 일에서도 무학이 할 수 있는 일은 태조가 묻는 데 대해 매우 조심스럽게 자신의 의견을 제시하는 정도가 최대가 아니었나 생각한다.

이러한 판단은 관찬 사서, 이른바 정사正史의 대표라고 할 수 있는 조선왕조실록에서 확인한 기사에 바탕을 두고 있다. 야사와 정사 어느 쪽을 믿을 것인가? 어느 쪽이든 맹목적으로 믿는 것은 금물이다. 개인의 견문을 토대로 작성된 야사는 일반적으로 정보가 매우 부족하고 부정확하다. 이에 비해 그때그때 관의 힘을 빌려 자료를 수집하고 정리하여 편찬한 정사는 정보의 양이 풍부하고 신빙성이 높기는 하지만, 편찬할 당시 정치를 주도하던 집단의 의지가 과도하게 반영되어 있다는 점을 한계로 지적할 수 있다. 그러므로 정사든 야사든 모두 엄정한 사료 비판을 거친 뒤에 자료로 이용하여야 한다. 이러한 점을 감안하여 이리저리 검토를 해보아도 조선 초기 한양 천도와 궁궐 건설에 관한 한 실록 쪽이 어느 모로 보더라도 신빙성이 훨씬 더 크다. 그런 까닭에 궁궐과 관련하여 무학대사가 등장하는 이야기는 그저 후세 사람들이 이렇게 생

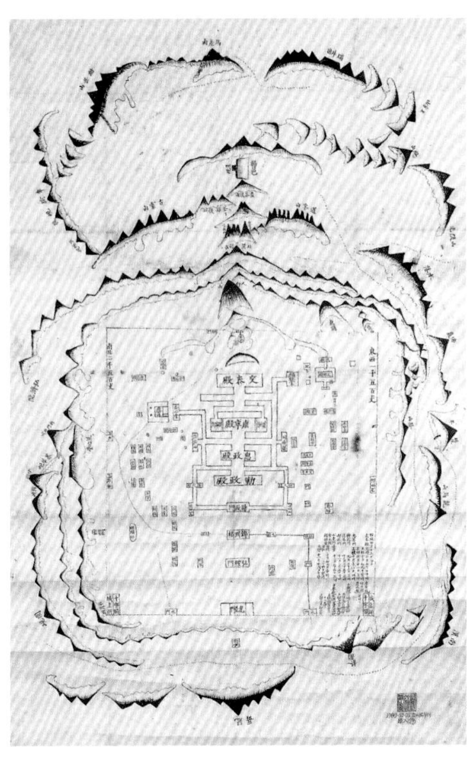

〈경복궁전도〉 | 임진왜란 이전의 경복궁의 모습을 당대에 그린 것은 전해지지 않는다. 모두 임진왜란 이후에 기억에 의존해 그린 개념도들이다. 그 가운데 이 서울역사박물관 소장본은 마치 산도처럼 주위 산줄기의 흐름을 공들여 그렸다. (서울역사박물관 소장)

도성 말바위에서 바라본 경복궁 전경 | 교태전으로부터 강녕전, 사정전, 근정전, 광화문이 일직선으로 축을 맞추고 있다. 광화문 앞으로는 광화문앞길이 열린다.

각하였구나 하는 정도로 받아들이는 것이 좋겠다.

한양 천도와 궁궐 건설에 얽힌 무학대사의 전설에서 기실 초점은 무학대사 쪽에 있는 것이 아니라 정도전 쪽에 있다고 보아야 할 것이다. 정도전은 조선왕조 개창의 주도 세력인 신흥 사대부의 핵심 인물이었다. 정도전은 한양 천도 논의에서 별다른 주장을 제기하지 않았다. 태조와 뜻을 같이하였기 때문인 것으로 보인다. 일단 한양 천도가 결정되고 공역이 진행될 때 정도전은 실무를 총괄하였으며, 1395년태조 4 10월 새 궁궐이 완공되어 잔치를 베풀 때 궁궐의 이름을 비롯해서 주요 전각의 이름을 지었다. 그만큼 조선 건국 당시의 정국에서 정도전의 비중은 컸다.

어느 한 가족이 새 집을 짓고 입주를 하는 일도 그 가족으로서는 참 가슴 벅찬 일임에 틀림없다. 하물며 역성혁명에 성공하여 한 왕조를 개창하고, 새 도읍지로 천도를 하고, 새 궁궐을 짓고 그리로 입어하는 일은 그 주역들에게는 더 할 수 없이 가슴 벅찬 일이었을 것이다. 경복궁 입어는 새 왕조 조선의 기틀을 잡는 작업이 일단락되었음을 가리키는 상징적인 행사였다.

그러나 새 나라 조선의 주도권을 놓고 왕조 개창의 주역들 사이에서 다툼이 일어났다. 싸움은 재상이 실질적인 주도권을 행사하여야 한다고 생각하였던 신흥사대부의 핵심 인물 정도전과 임금이 명실상부하게 주도권을 장악하여야 한다고 생각하였던 왕실의 핵심 인물 이방원李芳遠으로 압축되었다. 이 싸움은 결국 1398년태조 7 8월 태조의 후계자로 후비 소생 이방석李芳碩을 왕세자로 세워 후원하던 정도전 등을 이방원이 살해한 이른바 '제1차 왕자의 난'으로 폭발하였다. 제1차 왕자의 난은 왕자들 사이의 대립이라기보다는 이방원과 정도전의 갈등이 폭발한 것이었다. 결과는 이방원의 승리였고, 정도전은 죽음으로 대가를 치렀다. 이렇듯 정도전의 말로가 정치적 몰락으로 귀결되었기에 그의 사후 그에 대한 평가는 부정적으로 내려졌고, 200년 뒤에까지 난국의 책임을 그에게 묻는 정서가 전해 내려왔다.

창덕궁과 창경궁의 탄생

태종의 창덕궁

제1차 왕자의 난으로 태조는 왕위를 둘째 아들인 정종定宗에게 물려주고 상왕上王으로 나앉았다. 정종은 즉위한 지 다섯 달이 되는 1399년 2월 개경 근방에 있는 자신의 생모 신의왕후神懿王后의 능인 제릉齊陵을 참배하러 갔다가 그대로 개경에 머물렀다. 실질적인 개경 환도였다. 이방원은 개경에서 자신과 경쟁 관계에 있던 형 이방간李芳幹을 제거하는 제2차 왕자의 난을 일으켜 왕세자가 되었다. 왕세자가 된 이방원은 실질적인 권한을 장악하고, 부왕 태조와의 관계를 개선하는 등 정지 작업을 한 끝에 1400년 11월 결국 정종에게서 왕위를 넘겨받았으니 이 이가 태종이다.

태종은 즉위하면서 바로 태조의 뜻을 받들어 한양으로 재천도를 강력하게 추진하였다. 그러나 신료들의 반대도 만만하지 않았다. 이에 태종은 집요하게 재천도를 추진한 끝에 1404년태종 4 10월에는 직접 재천도의 후보지의 하나였던 무악을 둘러보러 나섰다. 그러나 이때 태종은 마음속으로 이미 한양으로 갈 것을 정해놓았기에 무악을 둘러본 것은 단지 반대 의견을 제압하기 위한 요식 행위에 지나지 않았다. 태종은 종묘에 들어가서 세 후보지, 곧 개경, 한양, 무악의 길흉을 점쳐 정할 것이니 결정된 뒤에는 이의를 달지 말라고 다짐을 받고 측근 다섯 사람만을 데리고 종묘에 들어가 동전을 던져 점을 쳤다. 결과는 한양이 2길 1흉二吉一凶, 개경과 무악이 모두 1길 2흉一吉二凶이었다. 태종은 의논이 정해졌다고 발표하였다. 그러고서는 마침내 향교동鄕校洞 동변에 궁궐 자리를 정하고 이궁으로 삼을 새 궁궐을 짓도록 명하였다. 향교동 동변이 지금의 창덕궁이라면 향교동은 창덕궁의 서쪽으로 맞닿아 있는 지역이 되겠다. 향교동이란 지명은 고려 때 본래 향교가 있던 곳이라 붙은 지명으로 보이는데, 지금 창덕궁 이문원 일대에 남아 있는 천연기념물 제194호 향나무가 혹 그 향교의 향나무는 아니었을까 짐작하게 된다.

종묘에서 점을 치겠다고 한 것, 점치는 방법으로 돈을 던지는 것을 택한 것, 점의 결과가 한양이 길한 것으로 나온 것 모두가 우연이 아니라 사전에 치밀한 계획을 세운 뒤 부왕 태조 그리고 자신의 몇몇 측근들과 말을 맞춘 것으로 보인다. 점의 결과가 나오자마자 천도할 곳을 확정짓고 궁궐 자리를 정한 것도 이의를 제기할 틈을 주지 않으려는 의도로 보인다. 주된 관심사였을 한양으로 재천도하는 것에 끼워 넣어 새 궁궐을 짓게 한 것도 주목할 대목이다. 경복궁이 엄연히 있는데도 새로 이궁을 짓도록 한

창덕궁 금천교 | 손에 피를 많이 묻힌 임금 태종 대에 건설된 다리이다. 하지만 저기 조각되어 있는 석수들의 표정은 살벌함과는 거리가 멀다. 부드럽고 재미있어 친근감을 준다.

태종의 의도는 무엇이었을까? 이를 짐작할 만한 뚜렷한 단서가 없으므로 단정적으로 말하기는 어려우나 정통성의 한계 때문이 아닌가 생각된다. 경복궁은 태종 자신이 정적 정도전과 이복동생들을 죽였던 현장이다. 될 수 있으면 덮어두고 싶은 과거를 자꾸 일깨우는 경복궁으로 임어하는 것은 태종으로서는 달가운 일일 수가 없었다.

이렇게 한양 정도와 이궁 조성이 결정되자 바로 공사에 착수하였다. 1년쯤 지난 1405년태종 5 9월 상왕 정종이 먼저 한양으로 이어하였고, 한 달 뒤에 태종도 한양에 도착하였다. 이때 한양은 도시 기반 시설, 특히 주택이 부족하였으며, 궁궐도 미처 완공되지 않은 상태여서 태종이 연화방蓮花坊에 있는 조준의 집에 임시로 머물 정도였다. 새 궁궐은 1405년태종 5 10월 19일에 가서야 완공되었다. 10월 25일에는 새 궁궐의 이름을 창덕궁昌德宮으로 지었다.

태종 초년의 재천도로 한양은 명실상부한 조선의 수도로서 지위를 굳히게 되었고, 조선왕조는 본격적으로 체제를 정비할 기초를 마련하였다. 궁궐 경영의 측면에서 보자면 창덕궁의 영건은 법궁 경복궁에 대해서 이궁의 완성이요, 조선왕조 최초의 법궁-이궁 양궐체제가 이루어졌음을 뜻하는 것이었다.

수강궁에 창경궁

태종은 손에 피를 묻혀가며 왕위를 쟁취하였지만, 왕위를 죽기까지 지키려 하지는 않았다. 재위 18년에 왕세자에게 선위禪位하였다. 본래는 셋째 아들 충녕대군忠寧大君이었던 그가 바로 세종이다. 태종이 충녕대군을 선택하고 선위한 근거 논리로 내세운 것이 택현擇賢이었다. 왕위를 적장자에게 승계하는 것만이 원칙이 아니며, 어질고 유능한 사람을 택하여 물려주는 방법도 있다는 것이다. 자신이 적장자가 아니면서 왕위를 쟁취한 것을 합리화하는 논리였다. 그러기 위해서 장자 양녕대군讓寧大君을 굳이 내쫓고 충녕대군을 세웠다고도 볼 수 있다.

상왕이 된 태종은 세종이 스스로 왕권을 행사하도록 할 필요가 있었다. 그러려면 우선 새 임금 세종이 임어하는 궁궐에서 벗어나야 했다. 이러한 목적에서 지은 상왕궁上王宮이 수강궁壽康宮이다. 수강궁은 세종이 즉위한 지 석 달이 못되어 완공되었고, 상왕이 된 태종이 그곳으로 이어하였다.[2] 행정구역상으로는 연화방으로, 창덕궁의 동남편이다. 창덕궁과 궁장이 맞닿아 있어 창덕궁과 바로 통할 수 있었다.[3] 세종은 거의 매일같이 수강궁에 들러서 상왕을 알현하였다.

상왕 태종은 세종이 즉위한 뒤 한 해 남짓 수강궁에 머물면서 세종에게 임금으로서 할 바를 조언하고 구체적인 정책 수행에도 관여하였다. 하지만 태종은 세종 가까이에 있는 것이 세종의 독립에 방해가 된다고 판단하였다. 신료들이 세종보다는 자신에게 와서 주요 현안을 아뢰기 때문이

창경궁에서 바라본 창덕궁 낙선재 일곽 | 낙선재 일곽은 창덕궁에서 동쪽으로 창경궁으로 넘어가는 자리에 있다. 낙선재 일곽을 이루는 세 건물 중 가장 동쪽에 있는 수강재는 세종 대 상왕궁으로 지은 수강궁의 자리로 추정된다.

었다. 이에 태종은 수강궁을 떠나 도성 밖으로 가고자 하여 중량천 동쪽 한강변의 낙천정樂天亭과 경기도 풍양현재 남양주시 진접읍의 이궁 등을 거처로 삼아 머무르며 필요한 때만 도성으로 들어왔다.[4] 도성 안으로 들어왔을 때도 수강궁 외에 무악 명당明堂이나[5] 연화방 옛 동궁東宮이 있던 자리에 신궁新宮을[6] 짓고 머무르기도 하였다.

태종은 그렇게 세종에게 왕위를 넘겨주고 또 그 기반을 다져주고 1422년세종 4 쉰여섯 나이에 연화방 신궁에서 훙서薨逝하였다.[7] 빈전은 수강궁 정전에 마련하였다.[8] 태종이 죽은 뒤 수강궁은 상왕궁으로서의 지위는 소멸하였지만 그 외형은 유지되면서 태종의 후궁이 기거하였다. 수강궁은 그러다가 성종 연간에 가서 근본적인 변화를 맞았다.

1482년성종 13 성종成宗은 수강궁을 수리하라는 명을 내렸다. 수강궁을 수리하라는 것은 기존의 공간 안에서 건물이나 시설물만 고치는 데 그치는 것은 아니었다. 수강궁을 기반으로 하면서 동편으로 크게 확장한 것으로 보인다. 오늘날 낙선재樂善齋 일곽 동쪽 끝에 있는 수강재壽康齋는 세종 대 상왕궁이었던 수강궁의 흔적이 이름으로라도 남은 것으로 추정된다.

성종 당시 수강궁을 수리한 목적은 세 대비, 곧 세조世祖의 비인 정희왕후貞熹王后, 성종의 생부 덕종德宗의 비인 소혜왕후昭惠王后, 예종睿宗의 비인 안순왕후安順王后의 처소로 삼는 것이었다. 수강궁을 확장하는 공사 중에 그 이름을 창경궁昌慶宮으로 고쳐 지었고, 1484년성종 15 9월에 일단 공사가 마무리되었으며 이듬해 5월에 보완 공사까지 끝나 소혜왕후와 안순왕후가 이어하였다.

이렇게 만들어진 새 궁궐 창경궁은 독립적인 궁궐로서 규모를 갖추고는 있지만, 법궁이나 이궁으로서 지위를 가졌다고 보기는 어려웠다. 창경궁은 창덕궁과 담장 하나를 사이에 두고 붙어 있으면서 창덕궁에 머무르기 어려운 임금의 할머니나 어머니와 같은 왕실 가족과 그에 딸린 인원을 수용하는 기능을 담당하였다. 성종 대에 이렇게 창경궁이 조성됨으로써 경복궁이 법궁이 되고 창덕궁과 창경궁이 이궁이 되는 궁궐 이용 방식, 법궁-이궁 양궐체제가 완성되었다.

임진왜란, 궁궐을 삼키다

허언 "효사물거"

조선왕조 초기에 확립된 법궁-이궁 양궐체제는 임진왜란으로 깨어졌다. 왜군이 서울을 향하여 파죽지세로 밀고 올라오자 선조宣祖 임금을 비롯하여 왕실과 온 조정 관원들, 서울에 있던 양반들, 떠날 만한 힘이 있던 사람들은 거의 모두 서울을 버리고 떠났다. 심지어는 서울을 지키라고 주둔시켰던 군인들까지 도주하였다. 이러한 와중에 서울은 불탔다. 궁궐도 불타 없어졌다. 그런데 이러한 사정을 우리는 어떻게 아는가? 누군가 남긴 기록을 보고 아는 것이다. 안다고 하는 것이다. 어떤 기록을 보는가에 따라서 실상은 다르게 그려질 수 있고, 실제로 다르게 그려지고 있다. 그러니 정확한 실상을 파악하기 위해서는 관련 기록을 꼼꼼히 살펴보고 따져보지 않을 수 없다.

임진왜란 당시 궁궐이 어떻게 훼손되었는가를 알려주는 대표적인 기록은 아무래도 조선왕조실록이다. 실록은 조선왕조의 대표적인 공식 관찬 기록물이다. 실록은 한 임금이 죽으면 오늘날의 편찬위원회에 해당하는 실록청實錄廳을 설치하여 편찬하였다. 그 임금 재위 시에 춘추관春秋館에서 작성한 국정 종합 일지에 해당하는 시정기時政記를 비롯하여 사관史官들이 작성한 여러 사초史草, 그리고 《승정원일기》와 각 관서의 공문서 등을 최대한 모아서 편집하였다.

한 임금의 실록은 하나가 원칙이나 간혹 수정실록修正實錄이나 보궐정오補闕正誤라 하여 별도의 실록이나 보완본을 만드는 경우가 있었다. 선조 대의 실록이 바로 여기에 해당한다. 선조 대 실록은 《선조실록宣祖實錄》과 《선조수정실록宣祖修正實錄》 두 가지가 있다. 《선조실록》은 전례에 따라 선조 다음 임금인 광해군 대에 편찬되었다. 다른 임금 대의 실록과 마찬가지로 날짜별로 기사들을 정리한 편년체編年體로 되어 있다. 이에 비해 《선조수정실록》은 광해군을 몰아내고 즉위한 인조 대에 정국의 주도권을 장악한 반정 세력이 《선조실록》의 내용 중 자신들의 입장과 배치되는 부분을 고쳐서 편찬한 것이다. 날짜별로 되어 있지 않고 한 달 단위로 기사들을 묶었다. 모든 기사를 다 포괄하는 것이 아니라 문제가 된다고 판단되는 부분만 다시 편집하였다.

변박, 〈부산진순절도〉 | 부산진을 공격하는 왜군이 타고 온 배가 바다를 덮었다. 이미 상륙하여 성 밑에까지 다가와 아우성치는 왜군이 새까맣다. 성 위에서 이를 바라보며 싸우는 조선 사람들의 수효는 많지 않다. 목숨을 바쳐 싸우다 간 이들의 심정…. 그것을 잊지 말라고 이 그림은 말한다. (육군박물관 소장)

먼저 《선조실록》을 보니 임진왜란 발발 당시의 기록은 날짜별로 정확히 구별되어 있지 않고, 4월 13일, 17일, 28일, 29일, 5월 3일로 날짜가 띄엄띄엄 떨어져 있다. 난리통에 시정기나 사초 등 기본적인 자료들이 제대로 작성되지 않았을 것이고, 작성되었던 것들도 모두 없어졌을 터. 나중에 겨우 자료들을 모아서 정리하다 보니 어쩔 수 없이 나타난 한계이다. 아쉬운 대로 《선조실록》을 근거로 임진왜란이 발발하여 궁궐들이 불타 없어지기까지 정황을 간략히 정리하면 다음과 같다.

1592년선조 25 4월 13일 왜군이 부산진을 침공하였다. 부산진은 그날로 함락되었다. 다음 날 동래, 김해, 밀양이 연달아 무너졌다. 4월 17일 전란 보고가 조정으로 올라오자 즉시 이일李鎰을 순변사巡邊使로 삼아 방어하게 하였으나 이일 부대는 상주에서 패전하였다.[9] 이어서 신립申砬을 삼도순변사三道巡邊使로 삼아 내려보내었으나,[10] 그 역시 4월 27일 충주에서 왜병과 접전하여 속절없이 무너지고 자신은 스스로 물에 빠져 죽었다.[11]

4월 28일 충주 패전 보고가 올라오자 선조는 대신大臣과 대간臺諫을 불러 거빈去邠하자는 논의를 발론하였다. 거빈이란 서울을 벗어나 피란 가는 것을 점잖게 표현한 말이다. 대신 이하 모두가 눈물을 흘리면서 거빈은 불가하다고 극언하자 선조는 일단 포기하였다.[12] 서울을 지켜야 한다, 거빈을 한 예도 있다 논의가 분분한 가운데, 그날 28일 광해군을 왕세자로 세우기로 결정하고[13] 이튿날 바로 왕세자로 삼았다.[14]

그러한 와중에 어느 자리에서 누가 결정했는지 명확히 드러나지 않지만 결국 거빈이 결정되었다. 이와 관련하여 29일자 기사에 나오는 선조의 말은 몇 번을 다시 읽어봐도 도무지 무슨 뜻인지 납득이 되질 않는다.[15]

> 이때 거빈에 대한 논의가 결정이 났다. 종실 해풍군海豐君 기耆 등 수십인지 수백인지 여러 명이 합문을 두드리며 통곡을 하였다. 임금이 전교를 내려 말하였다. "마땅히 경들과 함께 효사물거效死勿去할 것이다." 이에 이기 등이 물러갔다.

효사물거效死勿去라는 말은 아무리 뒤집어보고 젖혀보아도 죽음으로써 서울을 지키지, 서울을 버리고 떠나가지는 않겠다고 다짐하는 말이다. 다른 사람도 아닌 임금의 말이다. 그런데 전혀 진실을 담고 있지 않았다. 바로 그날 선조 임금은 윤두수尹斗壽에게 자신을 호종扈從하도록 명을 내리고, 관원들을 지명하여 왕자들을 모시고 함경도로 떠나도록 명하였다.[16] 이러니 무슨 영이 서고 질서가 잡히겠나? 그날 기사는 또 전한다.[17]

이날 밤에 호위 군사들이 모두 흩어지고, 궁궐문을 잠그는 자물쇠를 내려보내지 않았으며, 금루禁漏에서는 경점更點을 알리지 않았다.

궁궐 안에서 임금을 호위하는 군사들이 먼저 흩어졌다. 정보가 빠르니 행동도 빨랐나 보다. 궁궐문을 잠그는 자물쇠는 승정원에서 궁궐문을 지키는 군부대로 내려보내야 했는데, 그것을 내려보내지 않았으니 그날 밤에 궁궐은 그냥 열려 있었다는 이야기가 된다. 창경궁에 있는 금루는 물시계가 설치되어 있는 곳이다. 이곳에서 시간을 측정하여 밤의 시간을 경更은 종으로, 점點은 북으로 알려준다. 경점을 알리지 않으니 도성을 지키고, 순라巡邏를 도는 군인들이 제대로 근무를 섰겠나? 밤의 질서가 모두 허물어졌다는 말이다. 밤이 지나고 4월의 그믐. 30일 새벽에 선조와 온 궁궐 사람들이 창덕궁 인정전仁政殿에 모였다. 그믐 새벽이면 짙은 어둠이 깔려 있었을 것인데, 거기에 비까지 무겁게 내렸다. 결코 위엄도 당당함도 없는 거빈 장면의 배경으로는 차라리 그게 나았을지도 모르겠다.[18]

새벽에 임금이 인정전에 임어하였다. 많은 관원들과 인마가 인정전 앞뜰이 가득 차도록 모였다. 이날 큰 비가 종일 내렸다. 임금 및 세자가 말 타고, 중전은 지붕 있는 가마[屋轎]를 타고, 숙의 이하는 지붕 없는 가마를 탔는데 홍제원洪濟院에 이르니 비가 더 심하게 내려 가마에서 말로 바꾸어 탔다. 궁인들은 모두 통곡하며 걸어서 따랐다. 종친과 문무 관원으로 호종하는 사람의 수가 백 명도 못되었다.

궁궐 방화범은 누구인가

그렇게 임금과 조정과 왕실 및 궁궐 사람들과 양반들과 그밖에 떠날 만한 힘이 있는 사람들이 모두 떠난 도성. 그 도성에 왜병이 들어왔다. 왜병이 들어왔던 상황을 《선조실록》은 5월 3일자 기사에서 다음과 같이 전한다.[19]

왜적이 경성을 함락시켰다. 도검찰사都檢察使 이양원李陽元과 도원수都元帥 김명원金命元, 부원수副元帥 신각申恪이 모두 달아났다.

도검찰사, 도원수, 부원수는 왜적이 쳐들어오는 비상 상황에서 경성을 지키라고 특별히 임명된 군직들이다. 그들은 모두 달아났다. 하기는 그들에게 임금을 비롯하여 모두가 떠난 도성을 자신들의 목숨을 바쳐 지킬 충성심이 있기를 바라는 것이 무리일지도 모르겠다. 그들은 전쟁을 치러본 경험도 없었고, 훈련을 제대로 한 바도 없었고, 마음의 다짐을 할 겨를도 없었다. 이에 비해 왜군은 제 나라에서 전투 경험도 많이 쌓았고, 치밀한 준비를 해서 건너온 부대였다. 오히려 그들이 조선군의 무슨 작전이 아닌가 척후병을 보내고 하느라 조심에 조심을 거듭하였다.

이보다 앞서 왜적이 충주에 이르러 첨예 병졸을 몰래 보내어 아군의 모양으로 꾸며 만들어서 경성으로 들어왔다. 임금이 이미 서쪽 지방으로 행행하였음을 알아내고서는 마침내 길을 나누어 진병했다. 한 부대는 양지, 용인을 거쳐서 한강진으로 향했고, 한 부대는 여주, 이천을 거쳐서 용진으로 향했다. 왜적 몇이 말을 타고 한강의 남쪽 강안에 도달하여 희롱하여 강을 건너는 시늉을 하니까 여러 장수들의 안색이 변하고 좌우 장졸에게 명하여 자기 말에 안장을 지우게 하여 그 부대의 진영이 무너졌다. 이양원 등은 도성을 버리고 도주하였고, 김명원과 신각 등은 각자 도망하여 흩어져서 경성이 마침내 비었다.

왜적이 흥인문 밖에 이르러 문이 열려 있고 방비가 없는 것을 보고 의심스러워 감히 들어오지 못하고 병사 수십 명을 앞서 파견하여 도성에 들어와 정탐하여 보기를 수십 번을 하였다. 종루에 이르러 군병이 하나도 없는 것을 밝히 알고 난 뒤에야 군대가 들어왔는데 발이 전부 부르터서 종종 걸음을 겨우 걸었다고 한다. 이때에 궁궐이 완전히 불타 없어졌다.

> 왜의 대장 평수가平秀家, 우키타 히데이에가 그 무리를 이끌고 종묘에 들어가 처소로 삼았다. 매일 밤에 신병神兵이 나타나 왜군을 쳤다. 왜적이 깜짝 놀라고 해괴하게 여겨 칼로 서로 공격하여 죽이니 앞을 보지 못하게 된 자가 많았고 죽은 자도 많았다. 평수가가 하는 수 없이 남별궁南別宮으로 옮겨 둔을 쳤다. 이는 한고묘漢高廟, 한고조의 영령이 왕망王莽에게 위엄을 보였던 사실과 거의 다름이 없었다.

"이때에 궁궐이 완전히 불타 없어졌다." 여기서 '이때'가 어느 때인가? 이 《선조실록》 기사의 흐름으로 보자면 왜군이 도성에 들어온 시점이라고 해석하게 된다. 다시 말해서 5월 3일, 선조 임금이 도성을 떠난 지 3일이 지난 뒤이다. 그렇다면 누가 궁궐에 불을 질렀는가? 불탄 시점 문제는 범행 주체와 의도의 문제로 연결된다. 궁궐이 완전히 불타 없어졌다는 문장에 이어서 왜군의 총대장 우키타 히데이에가 종묘에 진을 쳤다가 남별궁으로 옮겨갔다는 기술을 하고 있다. 궁궐이 불타 없어졌다는 문장의 앞뒤로 왜군 이야기를 하고 있는 것으로 볼 때 궁궐을 불 지른 자들도 왜군이라는 인식이 바탕에 깔려 있음을 알 수 있다. 《선조실록》은 궁궐을 불태워 없앤 주체를 왜군으로 보고 있는 것이다.

난민 간민의 덤터기

이에 비해 《선조수정실록》의 내용은 어떠한가? 《선조수정실록》에는 선조가 서쪽 지방으로 떠나가는 기사가 4월 14일자에 실려 있다.[20] 후대에 몰아서 정리하였기에 시점이 정확하지 않다. 내용 자체는 《선조실록》과 크게 다를 바 없다.

> 이달 그믐에 상이 서도 지방으로 행행하였다. 임금이 서행하기로 의논을 결정하자 궁궐 안의 이복吏僕들이 소란을 일으키면서 물러가고, 조금 뒤에는 위

정선, 〈경복궁도〉 | 무너지다 만 궁성 안에 경회루 돌기둥과 근정전 기단의 흔적만 있는데, 빈터를 지키는 군사들의 건물이 덩그렇다. 뒤편은 빽빽한 숲을 이루었다. (고려대학교박물관 소장)

사衛士들도 모두 흩어졌으며, 시각을 알리는 북소리도 끊어졌다. 밤이 깊어 이일李鎰의 장계가 비로소 도착하였는데, 오늘이나 내일 적이 필시 도성에 이를 것이라고 하였다. 장계가 들어온 뒤 얼마쯤 있다가 임금이 돈의문을 나가 서쪽으로 행하였다.

이어서 같은 날짜에 도성의 궁궐과 관아들이 불에 탔다는 기사가 나온다.[21] 이 기사를 보면 선조의 수레가 떠나기도 전에 '간민姦民'이 나타났고, 선조의 수레가 떠난 뒤에 '난민亂民'이 일어나 궁궐과 관아를 불태웠다고 되어 있다.

도성의 궁궐과 관아에 불이 났다. 임금이 탄 수레가 출발하려 할 즈음에 도성 안에 간민이 생겨 먼저 내탕고內帑庫에 들어가서 보물을 빼앗아 취하려는 자가 있었다. 수레가 출발한 뒤에는 난민이 크게 일어나서 먼저 장예원掌隷院과

형조를 불 질렀다. 두 곳이 공노비와 사노비의 문적文籍이 있는 곳이기 때문이다. 그리고 마침내 궁궐과 관아의 창고를 대거 노략하였고 이어서 방화하여 그 자취를 없앴다. 경복궁, 창덕궁, 창경궁이 일시에 모두 타버렸다.

창경궁은 곧 순회세자빈의 찬궁欑宮이 있는 곳이었다. 역대의 보물과 기호물 및 융문루와 융무루 그리고 홍문관에 소장되어 있던 서적, 춘추관에 있던 이전 왕 대의 실록, 다른 창고에 소장되어 있던 앞 왕조의 사초史草. 《고려사》를 찬수할 때 기초 자료로 삼았던 것이다., 《승정원일기》가 모두 완전히 타버려서 남은 것이 없게 되었다. 궁궐 안팎의 창고, 각 관서에 소장하고 있던 것들이 모두 도둑 맞고 초기에 타버렸다. 임해군臨海君의 집과 병조판서 홍여순洪汝諄의 집도 불에 탔다. 두 집이 평소에 축재한 것이 많다는 평판이 있었기 때문이다. 유도대장留都大將이 몇 사람을 참수하여 무리에게 경고하였는데, 난민이 모여들어 진을 쳤으나 금할 수 없었다.

'간민'이란 간특한 백성, 앞장서서 궁궐의 내탕고에서 보물을 탈취한 자들이다. '난민'이란 난리를 일으킨 백성, 떼를 지어 노비 문서가 있는 관아를 불태우고 이어서 궁궐과 관아의 창고를 노략질하고 방화한 무리이다. 궁궐에서 보물을 약탈한 간민은 구체적으로 어떤 자들인지 모르겠으나, 궁궐 밖의 난민은 노비를 중심으로 하는 조선의 하층민을 가리켜 말하는 것으로 보인다. 《선조수정실록》의 기사는 간민과 난민의 움직임을 마치 현장에서 본 듯 매우 상세히 기록하고 있다. 간민과 난민의 행위는 의도적이고 치밀한 범죄로 묘사되어 있다.

《선조수정실록》의 4월 14일 기사 뒤에는 5월치 기사가 5월 1일자에 모여 있는데, 그 5월 1일자 기사 가운데 왜군이 도성에 들어오는 장면이 있다.[22]

이달 초삼일에 왜가 경성에 들어왔다. 이양원, 김명원은 물러나 도주하였다.

애초에 왜적은 동래로부터 세 길로 나누어 진격하였다. … 왜적이 한강의 남안에 이르렀다. 도원수 김명원이 병사 천여 명을 이끌고 제천정濟川亭에 주둔하였다. 왜적이 포를 쏘자 포환이 날아와 정자 위에 어지러이 떨어졌다. 김명원이 감히 적을 막지 못하여 무기들을 모두 강 가운데 빠트리고 퇴각하여 행재소行在所로 나아갔다. 왜적은 마침내 강을 건넜다. 이양원은 도성 안에서 관동을 향하여 도주하였다.

왜적이 성중에 복병이 있을까 의심하여 처음에는 감히 들어오지 못하였다. 몰래 사람을 시켜 들어와 염탐하게 하고 남산에 올라가 봉수를 올린 뒤에 먼저 흥인문으로 들어왔다.(이는 술사가 전언하기를 임진년에 검은 옷을 입은 왜적들이 동문으로 들어왔는데 왜인들도 방위의 술수를 삼가 믿어서 매번 큰 성을 침범할 때는 반드시 점을 쳐서 어디로 들어올지를 택하기도 하고 혹은 끝내 들어오지 않기도 한다고 한다.)

일자는 5월 1일자로 되어 있지만 내용은 5월 3일의 상황이다. 구체적인 상황 묘사는 다르지만 5월 3일 왜군이 서울 도성으로 들어왔다는 내용은 《선조실록》과 서로 통한다. 이 《선조수정실록》의 기사를 따라가다 보면 왜군이 도성에 들어오기 전, 4월 그믐날 궁궐과 관아가 불타 없어졌기에 왜군은 궁궐 방화와는 상관이 없는 것이 된다. 왜군은 궁궐 방화와는 무관하다는 기술은 종묘를 불태웠다는 기사에서도 이어진다.[23]

적이 종묘를 불태웠다. 적이 처음 도성에 들어왔을 때 궁궐은 모두 타버리고 종묘만 남아 있었다. 왜의 대장 평수가가 그곳에 거처를 정하였다. 밤중에 괴이한 일이 많이 나타나고 따르던 병졸 가운데 갑자기 죽는 자가 있었다. 어떤 사람이 말하기를 '이 조선의 종묘에는 신령神靈이 있다'고 하자 평수가가 두려워하여 마침내 종묘를 태워버리고 남방南坊(곧 남별궁南別宮이다)으로 옮겨 머물렀다.

도성의 사족士族들은 애초에 모두 멀리 피해 갔고, 시전 상인[市民]과 천인賤人들도 가까운 경기 지역으로 흩어져 나갔다. 왜인들이 방榜을 걸어 불러 모으자 점점 도로 들어와 도성 안 지역과 시전[坊市]이 모두 가득 차게 되었다. 왜적이 성문을 지키면서 적첩賊帖을 가진 사람은 출입을 금지시키지 않았으므로 우리 백성들이 모두 적첩을 받았다. 불량한 젊은 것들과 무뢰배들이 모두 적에게 붙어 향도嚮導 노릇을 하며 못된 짓을 저지르는 자가 매우 많았다. 왜인들은 금지하고 경계하기를 엄히 하면서 들추어내 고발할 창구를 열어놓았는데 간특한 백성들이 이로써 상을 받기도 하였다. 왜군에 어긋나는 말을 하거나 이상한 기미를 보이는 자들은 태워 죽임을 면치 못하여 동문 밖에 해골이 산더미처럼 쌓였다.

왜군이 서울에 들어왔을 때 궁궐은 이미 불타 있었기 때문에 종묘에 주둔하였는데, 종묘에 괴이한 일이 많이 나타나고 왜군 병졸이 죽기도 하기 때문에 이를 두려워하여 종묘를 불태우고 남별궁으로 옮겨갔다는 이야기이다. 종묘에 관한 뒷부분은 《선조실록》과 상통하지만, 궁궐을 불태운 것은 왜군이 아니라는 앞부분은 《선조수정실록》의 앞 기사와 연결된다. 그런데 이 기사에서 주목되는 점은 왜군 치하의 서울에서 많은 사람들, 사족은 그렇지 않았는데 시전 상인이나 천인들, 그 가운데 불량한 젊은 것들이나 무뢰배들 그리고 간특한 백성들이 다수 왜군에 부역했음을 부각시킨 것이다. 이 기사는 은연중에 이러한 자들이 궁궐과 관아를 불태운 주범이라는 인식을 갖게 한다.

이러한 《선조수정실록》의 기술은 당시 지배층 일부의 인식이 반영된 것이다. 이러한 인식은 일제강점기를 거치면서 정설로 굳어졌다. 1934년에 경성부에서 편찬한 《경성부사京城府史》는 오늘날까지도 상당한 영향력을 갖고 있는 책이다. 제목만 보면 경성, 다시 말해서 오늘날 서울의 역사처럼 보이지만 실제로는 조선 역사 전체를 다루고 있다. 일제의 통치 기구

〈영묘조구궐진작도〉 | 1767년(영조 43) 12월 16일 영조는 태종이 태조에게 오래 사시라는 뜻으로 술 잔을 올렸던 옛일을 본받아서 경복궁 근정전 터에서 관원들로부터 술 잔을 받는 의식인 진작례를 베풀었다. 2층 월대와 중앙의 계단, 모서리의 동물상 등이 근정전 터임을 알려준다. (한국학중앙연구원 소장)

에서 편찬을 주도했던 만큼 분량이 방대하고 또 그에 걸맞게 내용도 상당히 상세하며, 그만큼 그들의 견해를 공식적으로 드러내준다.

《경성부사》에서는 임진왜란 당시 서울과 궁궐의 파괴에 대한 기술을 두고 왜군은 방화나 약탈을 군령으로 엄하게 금하여 전혀 그런 짓을 하지 않았고, 전부 노비를 비롯한 조선 민중이 한 짓이라고 단언하고 있다. "처음에 천민들이 공사노비公私奴婢의 문적이 소장되어 있는 장예원을 불살랐던 것은 이 기회를 타서 자기의 호적을 인멸시키려고 했던 것이다. 다음에 미창米倉인 선혜청宣惠廳과 각 궁궐 등에 미친 것은 미곡과 재보를 약탈하고 그로써 죄적罪跡을 감추려는 짓이었을 것"이라고 한다.

이러한 《경성부사》의 서술은 일본 구 참모본부에서 편찬한 《일본전사日本戰史》나 도쿠토미 소호[德富蘇峰]의 《근대일본국민사近代日本國民史》, 시데하라 타이라[弊原坦]의《조선사화朝鮮史話》등 일제강점기 이후 일본의 관변사학 계열의 서술과 맥이 통한다. 특히 도쿠토미의 글은《경성부사》와 거의 같은 내용이다. 이러한 서술들은 임진왜란 당시의 조선측 자료들인《선조실록》,《국조보감國朝寶鑑》그리고《징비록懲毖錄》등을 전거로 제시하였다.《경성부사》에서 확립된 바 조선의 간민과 난민들이 혼란을 틈타 궁궐을 파괴하였다는 인식은 오늘날까지도 한국의 학계와 일반인들에게 널리 퍼져 있다.

실록을 만들 때와 고칠 때

그러나 이러한 인식이 과연 진실인가? 재검토할 여지가 많다. 선조의 몽진과 왜군의 서울 침입을 전후한 서울의 상황이라는 것은 그야말로 전시 상황, 혼란의 와중이었다. 그러므로 당시 사정에 대한 대부분의 기록은 필자들이 직접 보고 확인한 내용이 아니라 후일 전해 들은 정보를 옮겨놓은 것일 수밖에 없다. 그러므로 조선 '간민과 난민'의 방화라는 주장은 개연성을 인정할 수는 있지만, 꼭 그렇다고 단정할 수는 없는 것이다.《경성부사》에서 말하는《선조실록》이라는 것은 기실은《선조수정실록》이다.《선조실록》에는 앞서 살펴본 대로 선조가 서울을 떠난 4월 30일이 아닌 왜군이 서울에 들어온 5월 3일 기사에 왜군의 동태를 매우 상세히 기술하는 중간에 '이때 궁궐이 불탔다'고 기재되어 있다. 이는 궁궐을 불태운 주체가 왜군이라는 의미를 강하게 함축하고 있다고 해석할 수 있는 것이다.

《선조실록》은 광해군 대에 당시 정치 권력의 주도권을 장악한 북인 세력이 편찬을 주도하였다. 그런데 광해군은 인조반정仁祖反正으로 왕위에서 축출당하였고, 북인 세력 또한 정치 무대에서 제거되었다. 인조반정을 일으킨 서인 세력으로서는 북인 세력이 편찬을 주도한《선조실록》의 내용이 불만스러울 수밖에 없었다. 따라서 이를 수정하여 별도의《선조수정실록》을 편찬하게 된 것이다. 자연히 정치적으로 평가가 미묘한 문제에 대해서

《선조실록》(왼쪽)과 《선조수정실록》(오른쪽) | 실록은 오랜 기간 여러 사람이 사초를 작성하고, 임금 사후에 사초와 함께 여러 자료들을 편집하여 작성하였다. 그런만큼 엄정하였다. 하지만 기록자와 편집자의 주관을 모두 배제할 수는 없었다. 권력을 잡은 집단이 급격하게 바뀌면 실록을 없애지는 못하고 수정본을 작성하였다. 그 수정한 실록이라고 해서 객관적이고 엄정할 수는 없었다. 오히려 자신들의 입장과 관점을 강하게 반영하였다. 《선조실록》과 《선조수정실록》이라고 예외는 아니었다. (서울대학교 규장각한국학연구원 소장)

는 《선조실록》과 《선조수정실록》의 내용이 서로 엇갈리게 되었다.

《선조실록》이든 《선조수정실록》이든 그때그때 작성된 믿을 만한 자료를 근거로 하여 편찬된 것은 아니다. 전란으로 인해 그런 자료들이 모두 인멸된 뒤에 개인의 문집을 비롯하여 여러 자료를 끌어모아 겨우겨우 편찬한 것이다. 그러므로 어차피 두 실록의 내용은 근본적으로 부실할 수밖에 없다. 현재로서는 어느 편이 진실이라고 단정할 수는 없지만, 정황으로 보았을 때 《선조수정실록》보다는 《선조실록》이 좀 더 사실에 가까운 것이 아닐까 싶다. 우선 《선조실록》이 먼저 편찬된 것으로서 사료적 가치가 크고, 전황에 대한 내용도 훨씬 더 상세하고 사실에 근접하기 때문이다.

당시의 정황을 다시 가늠해 보더라도 임금이 몽진을 하는 시점에 조선 난민들이 기다렸다는 듯이 장예원, 형조를 시작으로 궁궐들을 모두 불태우고 약탈을 했다는 기사는 상당히 악의적인 추정에 지나지 않는다. 당시 지배층의 시각이 반영되어 있는 '간민과 난민'이라는 표현을 받아들인다 하더라도, 아무리 난민들이라고 해도 적병이 바로 코앞에 들이닥쳤다는데 궁궐들을 모조리 약탈하고 방화하였을까 하는 의문이 남는다.

더구나 선조가 서울을 떠나던 4월 30일에는 큰 비가 내렸다. 비가 내려도 목조 건물인 궁궐 전각이나 관아를 불태울 수 없는 것은 아니겠지만, 시가의 관아나 궁궐의 일부는 몰라도 궁궐 건물들을 모두 다 태웠으리라고 보기는 어렵다. 추정만으로 그칠 일이 아니다. 좀 더 확실한 판단을 내리기 위해서는 명확한 근거를 찾아보아야 한다.

옥좌에 절을 하고 눈물을 흘리니

그러한 자료로서 신빙성이 높은 것은 임진왜란 당시 왜군이 서울 도성에 들어올 때 현장에서 상황을 직접 본 사람들의 기록이다. 특히 주목해야 할 것이 왜군이 서울에 들어올 때 종군하였던 일본 승려나 일본군 장교들의 종군기從軍記들이다.[24]

자료에는 국적이 없다. 아무리 일본인들이 남긴 자료라도 당시 사실을 정확하게 파악하는 근거가 된다면 채택하지 않을 이유가 없다. 역으로 조선측 자료라 하더라도 믿을 수 없는 것은 비판하고 버려야 한다. 왜군이 도성에 들어올 때 그 일원으로 들어와서 궁궐이 불탄 시점에 서울에 있던 사람들의 기록이 서울을 떠나 있다가 나중에 돌아와 전해 들은 이야기를 근거로 쓴 조선 사람들의 기록보다 더 신빙성이 큰 흔들림이 없는 진실이다.

그러한 기록으로 먼저 꼽을 것으로 오오제키 사다스케[大關定祐]의 전기인 《조선정벌기朝鮮征伐記》가 있다. 《조선정벌기》에는 궁궐의 모습과 이를 본 왜군 장수들의 반응이 다음과 같이 상세히 묘사되어 있다.

> 5월 3일 술시戌時 조선의 도읍 동대문 안으로 진입, 거기서 황성의 모습을 바라보니 옥루금전玉樓金殿 늘어선 기와집, 널따란 성벽들의 조형미는 극치에 달

경복궁 근정전 어좌 ǀ 닫집 아래로 긴 휘장이 드리워져 있다. 임금이 전좌하지 않을 때는 이렇게 보호해두었음을 알 수 있다. 점령군의 눈으로 이 장면을 보면 어떤 마음이 들고 어떤 행동을 하게 될까?

하고 수천만 헌軒과 늘어선 대문들, 보귀로운 모습은 이루 말로 다할 길 없다. 그런데도 막아 싸우려는 병사들은 보이지 않고 대문은 굳게 닫혀 있어 온통 적막하였다. … 내리內裏 안으로 들어가 보니 궁전은 텅 비었고 사대문은 제멋대로 열려 있었다. 그제야 전각을 자세히 살펴보니 궁궐은 구름 위에 솟아 있고 누대는 찬란한 빛을 발하여 그 아름다운 모습은 진궁秦宮의 장려壯麗함을 방불케 하더라. … 후궁에는 화장품 향기가 감돌고 산호의 대상臺上에는 화려한 거울이 덧없이 남아 있었다. 난 향기는 전각 밖까지 풍기고 사람 살던 자취도 그렇거니와 하염없는 구슬로 장식한 침상들이 고스란히 남아 있었다. 건물마다 문이 열려 있고 궁문을 지키는 자 없으니 어디를 보아도 처량하기 짝이 없다. 그토록 용맹한 고니시도 천자天子의 옥좌에 절을 하고 신성하고 고아한 분위기에 휩싸여 두 눈에 눈물이 괴니 소오 스시마, 아리마, 오무라도 따라 눈물을 흘리었다.

오오제키는 고니시 유키나가[小西行長] 휘하의 장수였다. 고니시 부대는 서울을 향해 경쟁적으로 올라오던 왜군 세 부대 가운데 가장 먼저 서울에 입성한 부대였다. 위《조선정벌기》에 보면 5월 3일 왜군이 처음 서울 도성에 들어왔을 때 궁궐을 비롯한 여러 시설물들이 파괴되지 않은 상태였음을 알 수 있다. 오오제키가 탁월한 소설가가 아니라면 이렇게 상세히 그리고 생생하게 묘사할 수가 없다.

게다가 고니시 이하 휘하 장수들이 옥좌에 절을 하고 눈물을 흘렸다는 이야기는 선뜻 이해하기 어렵다. 점령군이 자신들이 점령한 궁궐, 그 가운데서도 임금이 앉았던 자리를 보면 거기 앉아 승리를 만끽할 법한데 오히려 절을 하고 눈물을 흘리다니? 설마 오오제키가 없는 사실을 지어냈을까? 자신이 모시는 장수의 행위가 자칫 본국 일본에서는 비난의 대상이 될 수도 있는데 그럴 리는 없다. 그렇다면 고니시는 왜 그랬을까? 그거야 고니시에게 물어보아야 알 일이다. 짐작건대 애초에 일본이 조선을 침략하는 이 전쟁에 반대했던 고니시로서는 어쩔 수 없이 참전하여 선봉대로서 여기까지 왔을 때 여러 감회가 일었나 보다 할 뿐이다.

고니시 부대에 이어 두 번째로 가토 기요마사[加藤清正] 부대가 고니시 부대 입성 이튿날인 5월 4일 오전에 서울에 들어왔다. 가토 부대의 종군승從軍僧 제타쿠[是琢]는 자신의 종군기《조선일기朝鮮日記》에 그가 처음 서울에 들어와서 청기와로 이은 궁궐의 모습을 보고 경탄하였던 경험을 기록하였다. 이로 보건대 5월 4일까지도 서울의 궁궐은 남아 있었다.

그런데 또 다른 종군승 덴케이[天荊]의《서정일기西征日記》에는 5월 7일자에 "금중禁中에 들어가니 궁전은 모두 초토로 변해 있었다. … 곁에 누원漏院이 남아 있는데 이는 실로 화후火後의 일봉초라 하겠다"는 서술이 발견된다. 5월 7일에는 궁궐이 불타 없어진 상태였다.

이상 임진왜란 당시 서울에 왔던 일본인들이 남긴 기록들을 종합하면 궁궐은 5월 4일에서 7일 사이에 불에 탔다고 해야겠다. 궁궐이 불에 탄 시점이 왜군이 서울을 점령한 후라면 방화의 주범은 누구인가? 왜군 치하에서 조선의 '간민'과 '난민'이 궁궐에 불을 질렀을까? 전시 상황에서 왜군이 그렇게 조선 사람들이 마음대로 하도록 놓아두었을까? 아무리 왜군에 부역하는 조선 사람들이 많았다 한들 그들이 왜군의 뜻을 벗어나 궁궐이나 관아에 불을 지를 수 있었을까? 백 보 양보해도 이는 성립하기 어려운 추론이다.

서울이 왜군에게 점령당한 상황에서 궁궐과 관아에 불이 나서 타버렸다면 주체는 왜군이 아니라면 누구인가? 도주한 조선군이 다시 돌아와서 궁궐을 불태웠을까? 어림없는 가정이다. 왜군에게 붙은 조선 사람들일까? 그럴 수도 있겠다. 하지만 이 경우라 하더라도 방화의 주범은 누구라고 보아야 하는가? 직접 불을 붙인 조선 사람들인가? 아니면 그렇게 시킨 왜군인가? 더 나아가 조선의 간민과 난민들이 방화를 했다 하더라도 왜군의 묵인 없이 가능하였을까?

이 가정들이 모두 부질없다. 왜군이 아니고서는 다른 가정은 너무 억지가 된다. 왜군 가운데서도 한양을 파괴해서는 안 된다고 도요토미 히데요시[豊臣秀吉]에게 건의한 바 있고, 조선을 공격하면 무역이 단절될 것을 염려하였던 고니시 유키나가보다는, 주전파이며 초토焦土 작전의 명수로서 이미 경주 등에서 닥치는 대로 불을 질렀던 가토 기요마사 쪽에 혐의를 두지 않을 수 없다. 하지만 궁궐에 불을 지른 왜군이 내가 그랬다고 어떤 증거를 남겼을 리가 없으니 현재로서는 추정을 할 수밖에 없다. 이것도 추정이고 난민이 방화했다는 것도 추정이라면, 전후 사정을 감안할 때 왜군의 소행이라고 보는 것이 더 설득력을 가짐은 자명하다.

임진왜란이 일어난 지 400년 하고도 다시 또 한 세대를 채워가는 이 시점에서 당시 서울을, 궁궐을 불태운 사람들이 누구인지 따지는 것이 무슨 의미가 있나? 어차피 궁궐들이 모두 불타 없어졌다가 다시 지어지고, 이후에도 새로 생기고 중건되고, 그러다 나라가 망하면서 껍데기만 남고

일본 규슈 구마모토성 | 가토 기요마사가 임진왜란 뒤인 1601년부터 7년간 쌓은 성이다. 규모가 크고, 자연 지형을 이용한 축성 기술이 잘 살아 있다. 가토가 임진왜란에서 얻은 경험이 녹아들어 있다고 한다.

없어진 마당에 따져서 무슨 소용이냐는 생각이 들지 않는 바는 아니다.

그러나 일본인들은 조선의 역사를 자기들 멋대로 꾸며 주입시켰다. '조선이 망한 것은 조선인 탓이다. 조선의 역사는 정체되어 있다. 조선인들은 뿌리부터 썩어서 스스로 발전할 수 없다. 늘 외부의 자극으로 흔들려 왔다. 일본이 조선에 온 것은 조선을 도와주려는 것이다. 일본이 다스리면서 조선은 큰 발전을 이루었다. 고마워해야 한다.' 이른바 식민사학이다.

이러한 식민사학의 소재 가운데 하나가 바로 임진왜란 당시 궁궐을 불태운 것은 조선의 간민과 난민이라는 이야기이다. 지금까지 따져본 대로 이 이야기는 근거가 약하여 믿기 어렵다. 일본인들이 남긴 기록을 토대로 보건대 왜군, 그 가운데서도 가토 기요마사 부대가 가장 유력한 방화의 혐의자이다. 이렇게 말하는 것이 무엇이 어려운가? 조선의 간민과 난민이 궁궐을 불태웠다는 이야기가 무슨 금과옥조라고 그것을 고집하는가? 그게 무슨 진실이요, 그것을 고집하는 것이 양심적인 인식인가? 나는 여전히 이런 이야기를 하는 사람들의 심사를 도무지 헤아리지 못하겠다.

정릉동행궁

왜군 주둔지 정릉동 선조 임금은 1593년선조 26 10월 서울로 돌아왔다. 서울을 떠난 지 1년 5개월 만의 귀환이었다. "아침에 벽제역碧蹄驛을 떠나 낮에 미륵원彌勒院에 잠시 머물렀다가 저녁에 정릉동행궁貞陵洞行宮으로 들어갔다"고 《선조실록》은 10월 1일자 기사로 전한다.[25] 이에 비해 《선조수정실록》은 서울로 돌아온 날이 10월 4일이라고 한다. 귀환 날짜가 어느 쪽이 맞는지는 좀 더 확인해볼 일이지만, 중요한 논점은 아니니 우선은 넘어가기로 하고, 여기서는 정릉동행궁에 관심을 기울여보자.

정릉동貞陵洞이라는 지역 이름은 태조의 계비 신덕왕후의 능인 정릉貞陵이 있었기 때문에 붙었다. 돈의문에서 소의문을 거쳐 숭례문까지 도성이 타고 가는 등성이를 서쪽 경계로 삼고, 돈의문에서 동남쪽으로 갈라져 내려오는 작은 등성이를 동쪽 경계로 삼은 지역이다. 정릉은 오늘날의 미국 대사관저 하비브하우스쯤에 있었던 것으로 짐작된다. 태종 연간에 정릉을 도성 밖으로 옮긴 뒤에도 정릉동이라는 지명은 이어져 내려왔다. 정릉동은 경복궁이나 창덕궁, 창경궁의 터에 비해 기댈 산이나 끌어안을 물줄기가 뚜렷하지 않았고 넓지도 않아 궁궐 터로는 적합하지 않았다.

애초에 정릉동의 집들을 행궁 터로 선택한 것은 다른 이유가 아니었다. 서울의 다른 곳은 쓸 만한 건물이 모두 불타 없어진 데 비해서 그 일대에 집들이 남아 있었기 때문이었다. 그곳에 집들이 남아 있었던 것은 왜군이 주둔하고 있었던 덕분이다. 왜군이 주둔했던 곳을 사용하는 것이 꺼림칙하지만, 우선 기거할 곳이 필요했기에 하는 수 없이 그곳을 행궁으로 사용한 것이다.

> 정릉동의 행궁은 흉악한 적들이 주둔하고 있었던 곳이므로 비린내 나고 더러워서 임금의 처소로 적당하지는 못하였으나, 거처할 곳이 없어서 우선 거처하신 것이다.[26]

《선조실록》에서 말하는 정릉동행궁을 《선조수정실록》에서는 정릉동의 "고故 월산대군月山大君 댁宅을 행궁으로 삼았다"고 조금 더 친절하게 가르쳐 준다.[27] 그런데 오늘날 웬만한 자료, 문화재청의 공식 자료조차도 고故 자를 떼고 "정릉동행궁은 월산대군의 집"이라고 소개하고 있다. 고故 자를 붙이는가 떼는가에 따라서 당시 상황을 이해하는 데 차이가 생긴다.

만만한 게 월산대군

월산대군은 세조의 맏아들인 의경세자懿敬世子의 맏아들이니 세조의 장손이다. 그런데 월산대군은 임금이 되지 못하고 동생인 자을산군者乙山君이 임금으로 선택되었다. 그가 바로 성종이다. 월산대군은 참으로 묘한 위치인, 임금의 형이 되었다. 동생으로서 임금이 된 성종은 형인 월산대군을 극진히 대접하였다. 성종은 그 원년인 1470년 1월 22일에 아버지 의경세자에게 온문의경왕溫文懿敬王이라는 시호를 올리고 사당의 칭호를 의경묘懿敬廟, 무덤의 칭호를 경릉敬陵이라고 붙였다. 1471년성종 2 1월에는 사당을 별도로 짓고 형인 월산대군에게 제사를 모시도록 정하였다.[28] 1472년성종 3 12월에는 의경왕의 사당을 연경궁 후원에 짓게 하고, 연경궁을 월산대군에게 하사하였다.[29]

연경궁은 본디 세종과 소헌왕후昭憲王后 사이의 여덟 째 아들인 영응대

월산대군 사당 | 경기도 고양시 덕양구에 있다. 사당 남쪽 큰길 건너에는 월산대군의 묘가 있다. 임금의 형. 어찌 보면 동생 성종보다 더 임금이 될 자격을 갖추었으나 임금이 되지 못한 사람. 그에 대한 이야기가 많이 떠돌며 전해오는 이유를 알 것 같다.

군永膺大君의 집이었다. 영응대군의 사후 그의 처가 이 집을 왕실에 바쳤는데 성종 대에 이르러 그것에 새로 연경궁이라는 이름을 붙인 것이다.[30] 연경궁의 사당은 1473년성종 4 9월에 완성되어 그곳에 의경왕의 신주와 영정을 봉안하고, 월산대군의 자손들이 대대로 제사를 모시게 하였다. 그리고 제사를 모시는 몫으로 노비 100구口, 토지 300결結이라는 많은 재산을 하사하였다. 의경왕은 이후 시호가 추가되어 회간왕懷簡王으로 불리다가 1475년성종 6 10월에 덕종德宗이라는 묘호廟號가 정해졌고, 1476년성종 7 1월에는 그 신주가 드디어 종묘에 모셔졌다.[31]

그와 함께 연경궁은 사당 기능이 없어졌으나 계속 월산대군의 소유로 이어졌다. 월산대군이 1488년성종 19 35세의 젊은 나이에 죽으면서 그 집도 더 이상 연경궁이란 이름으로 불리지 않게 되었지만, 소유권은 후손들에게 상속되었다. 월산대군의 직계 장자 계열인 파림군坡林君 양천정陽川正 성誠과 그 후손에게 이어지고 있었던 것으로 보인다. 그러니 1593년 10월 몽진하였던 선조가 서울로 돌아왔을 때 그 집에 월산대군이 살고 있던 것은 아니었다. 월산대군이 죽은 지는 100년도 더 되었으니 그 집은 월산대군의 집이 아니라 '고' 월산대군의 집이었다.

월산대군의 집은 세종 대부터 내려오는 대군의 집이었으니 상당히 큰 규모를 갖추고 있었을 것이다. 《경국대전》에는 서울 도성 안의 집터에 대한 규정이 있는데, 가장 낮은 서인庶人은 2부負, 관원 가운데 가장 높은 1·2품 관원이 15부인데 비해서 왕자군과 옹주는 25부, 그리고 대군과 공주는 30부이다.[32] 대군의 집은 서울 도성 안에서 공공 시설물 외에는 가장 넓은 터를 갖고 있었다.

월산대군의 집이 이렇게 주거지로서는 넓은 터를 갖고 있었다 해도 행궁 터로 넉넉할 정도는 아니었다. 행궁이 아무리 임시 거처라고는 하지만 임금이 기거하며 활동하려면 상당한 규모를 갖추어야 한다. 더구나 전란을 피해서 지방에 내려가 있을 때의 행궁과는 달리 정릉동행궁은 궁궐을 다시 지을 때까지는 임금이 머물며 활동을 해야 하는 곳이었으므로 더욱 규모를 갖출 필요가 있었다. 임금의 활동을 가까이에서 보좌하는 데 빼놓을 수 없는 관서들이 들어가야 했다. 우선 정무 관서로는 승정원 외에 홍문관이 그렇고, 행궁을 수비할 군사력인 무반 관서도 빼놓을 수 없었다.[33]

월산대군의 집은 아쉬운 대로 임금과 왕실 가족이 기거할 정도는 되었으나 궁궐에 들어와서 활동해야 하는 관청의 공간은 부족하였다. 임금의 가장 가까이에 있어야 할 관서들, 심지어 승정원과 홍문관도 차차 행궁 밖으로 내보내려 했을 정도였다. 때문에 내병조, 도총부, 군영의 직소, 내삼청內三廳, 내의원內醫院, 승문원承文院, 상의원尙衣院, 상서원尙瑞院, 향실香室 등의 아문들은 행궁 밖의 집들로 일단 내보내되 나중에는 그 집들을 행궁 영역에 포함시키려는 계획을 세웠다.[34]

그렇게 행궁 영역을 넓히려 할 때 그 일차 대상으로 행궁에 잇닿아 있는 계림군桂林君의 집이 꼽혔다.[35] 계림군의 이름은 유瑠인데 월산대군의 손자이다. 1545년 임금이 인종仁宗에서 명종으로 바뀌던 해에 일어난 을사사화乙巳士禍에 연루되어 죽었다. 1577년선조 10에 신원伸寃되어 종친의 족보에 다시 올랐는데, 1593년 정릉동행궁을 조성할 때에는 계림군의 며느리가 손자를 데리고 살고 있었다. 월산대군의 집과 계림군의 집을 정릉동행궁으로 편입시키는 일이 마무리될 즈음에 선조는 집 주인들에게 상으로 6품 관직을 제수하라고 명하였다. 당시 생존자로서 관직을 받을 대상자는 계림군의 손자 덕인德仁이었다. 하지만 덕인이 아직 관직을 받을 나이인 14세가 되지 못했으니 그해 말까지 기다려 달라고 덕인의 어머니, 그러니까 계림군의 며느리가 요청을 하였다. 선조는 이조에서 알아서 처리하라고 명하였고,[36] 덕인은 이듬해 1월에 6품 관직을 받았다.[37]

이렇게 종친들의 집을 수용하여 정릉동행궁을 꾸렸지만 아무리 행궁이라 해도 그 집들만으로는 임금의 거처로서 짜임새를 갖추기가 어려웠다. 이들 종친들의 집 이외에도 청양군靑陽君 심의겸沈義謙의 집을 동궁으로, 영의정 심연원沈連源의 집이었던 곳을 종묘로 정하였고, 또 부근에 있는 크고 작은 집을 궐내각사로 정하였다. 그래도 정릉동행궁은 여러모로 부족한 점이 많았다. 더구나 이 일대는 왜적이 묵었던 곳이었다. 정릉동행궁으로 임어한 초기에 선조는 왜적이 묵었던 곳에 기거하는 것에 통한을 느끼면서 경복궁 터에 임시 건물을 지어서라도 이어하고자 하였다.[38]

> "10년 안에는 궁궐을 짓기가 어려울 것이다. 그렇다고 여염閭閻에 오래 있을 수도 없는 데다가 허술하여 우려되는 일이 많다. 더구나 왜적들이 묵던 소굴인데 감히 그런 곳에서 기거하기가 어찌 마음 아프지 않겠는가. 경복궁은 성이 있고 후원이 훤하게 넓으니, 지금 즉시 남산 밖의 소나무를 베어놓았다가 내년 봄에는 바로 가가假家를 지어서 이어하도록 하라."

선조의 이러한 희망은 그러나 아직 전쟁이 끝나지 않은 상황에서 실현되기 어려웠다. 비변사에서는 임시 건물을 지을 수는 없고, 짓게 된다면 비용과 인력이 많이 들 수밖에 없는데 지금의 형편으로는 시기상조라고 반대 의견을 아뢰었다.[39]

> 비변사에서 계를 올려 아뢰었다. "지금이 비록 모든 것을 처음 시작하는 초창草創의 때이기는 하지만 시어소는 결코 가가로 대강 지을 수는 없습니다. 더구나 궐내闕內의 체모體貌는 자연히 당직하는 관사가 있어야 합니다. 그 건물의 규모와 동수가 자연히 많아서 서로 이어지게 됩니다. 아무리 검소하고 간략하게 하더라도 경비와 인력이 필시 많이 들게 됩니다. 언관들이 따지는 점도 대개 이 문제입니다. 만일 사세가 조금 안정되고 양식이 여유가 생겨 쌓아놓을 만하게 된다면, 미리 벌목하지 않더라도 저절로 때에 맞추어 조치할 길이 열리게 될 것입니다. 지금 왜적이 아직 물러가지 않았고 전국이 텅 비고 고갈되어 있어서 아침에 저녁 일을 헤아리지 못할 정도입니다. 궁궐을 짓는 일은 지금 할 일이 아니며 사람들의 마음이 마땅치 않게 여길 것입니다." 임금이 이 말을 따랐다.

궁궐 중건 실패

1593년 이후 정릉동행궁 시절은 임진왜란과 그 뒤끝, 고달픈 시기였다. 조선 팔도가 조선 군대와 왜군, 게다가 명나라 군대까지 원군이라는 이름으로 들어와서 횡행하는 전쟁터가 되었다. 어려운 형편에서 궁궐 중건의 당위성에 대해서는 당시 누구도 이의를 제기하지 않았지만, 누구도 나서서 일을 벌이기가 어려웠다.

정릉동행궁에 임어한 지 10년이 넘은 1604년에 이르러 궁궐을 짓는 논의가 시작되었고, 다시 2년이 지난 1606년선조 39 6월에 가서야 구체적인 계획을 수립하는 단계로 들어갔다. 도감都監의 당상堂上, 낭청郎廳이 액정서

掖庭署의 관원과 화원, 목수들을 데리고 궁궐 터에 직접 가서 영건해야 할 건물의 규모를 도면으로 작성하게 되었다.[40] 7월 2일에는 궁궐 터의 기왓장을 치우고, 풀과 나무를 제거하는 등 터를 닦을 인력을 배당받았다.[41]

이러한 공사 추진에 대해서 언관들이 반대하거나 축소하여 추진하자는 의견을 내었다. 그러나 선조는 조종조의 법궁을 짓는 데 아예 시작을 하지 않았으면 모를까 일단 짓기로 한 다음에는 제도에 맞게 해야 한다는 논리를 내세워, 규모를 축소하라는 주장은 받아들이지 않았다. 대신 공사의 속도는 천천히 하도록 명하였다.[42] 이 명령을 받은 궁궐영건도감에서는 이미 경복궁 터에 가서 조사를 하여 작성한 바 있는 도면을 바탕으로 착공 준비를 하였다.

그러나 막상 착공을 하고 공사가 진행되자 인력과 물자의 투입이 과도하니 줄여야 한다는 지적이 잇따라 제기되었다.[43] 궁궐 중건 사업은 주춤하였고, 중건 대상이 반드시 경복궁이어야 하는가에 대해서도 다시 생각하는 분위기가 조성되었다. 이러한 분위기에서 경복궁을 포기하고 대신 창덕궁을 중건하기로 결정하였던 것으로 추정된다. 그러나 이즈음에는 궁궐 공사 자체가 중단되고 있는 상황이어서 여름이 다 가도록 본격적으로 창덕궁 중건에 착수하지 못하였다. 종묘 중건과 선조가 임어하고 있는 정릉동행궁에 별전을 건축하는 정도의 공역만이 진행되고 있었다.[44]

이 무렵 선조는 건강이 좋지 않아서 직접 국정을 처결하지 못하는 상태여서 궁궐 중건에 별다른 의욕을 보이지 못하다가 1607년선조 40 10월 11일에는 정무를 왕세자에게 맡기고 일선에서 물러났다. 결국 가을 이후 궁궐 중건 공사는 거의 중단되고 말았다. 선조는 1593년 10월부터 14년 4개월을 그렇게 정릉동행궁에서 보내다가 경복궁이든 창덕궁이든 본래의 법궁을 중건하여 이어하지 못한 채 1608년선조 41 2월 1일 정릉동행궁 정침正寢에서 승하하였다.[45]

2

두 번째 양궐체제

광해군의 무리수

동궐 중건, 광해군의 속셈

궁궐 중건이 좀 더 본격적으로 추진되기 시작한 것은 광해군이 즉위하면서부터였다. 광해군은 선조가 승하한 다음 날인 1608년 2월 2일 정릉동행궁 서청西廳에서 즉위하였다.[46] 광해군은 즉위한 지 한 달 뒤부터 중단 상태에 있던 궁궐 공사를 다시 시작할 뜻을 보였다.[47] 당시로서는 궁궐을 영건하는 것이 절실한 과제였으므로 당시 신료들은 대부분 궁궐 영건을 찬성하는 분위기였다. 5월 말에는 종묘가 완공되었고,[48] 8월 17일에는 인정전을 비롯한 창덕궁의 큰 전각들이 상당히 완성되었다.[49] 이렇게 창덕궁의 영건이 거의 끝나가는 단계에서 광해군은 영건의 대상을 창경궁으로 확장하였다.

광해군은 궁궐 영건 공사에 집착한다고 해도 될 정도로 힘을 쏟고서는 정작 새로 지은 궁궐 창덕궁으로 이어하는 일은 극도로 꺼렸다. 1611년광해군 3 10월 그때까지 이름도 없던 정릉동행궁을 경운궁慶運宮으로 명명하고,[50] 창덕궁으로 이어한 적이 있다.[51] 그러나 창덕궁으로 간 지 보름 만에 다시 정릉동행궁으로 돌아와[52] 1615년광해군 7 4월까지 무려 거의 3년 반이라는 기간을 더 그곳에서 머물렀다. 광해군이 궁궐 영건과 임어에서 왜 이렇게 불합리한 행동을 보였는가를 단정하기는 어렵다. 다만 그의 정치적 입지와 성향을 고려해서 추정할 수 있을 뿐이다.

선조 초년부터 이전에는 없던 붕당朋黨이라는 정치 집단이 생겨났다. 동인東人과 서인西人이라는 붕당이 생겨나서 서로 대립하고 갈등하였다. 서로를 인정하고 공존하면서 대립하던 데서 상대방을 죽이고 몰아내는 과정을 거치면서 갈등은 증폭되었다. 서인이 밀려나고 동인이 세력을 잡자 동인은 남인南人과 북인北人으로, 선조 대 후반에 북인이 득세하면서 북인은 다시 대북大北과 소북小北으로 갈라졌다.

왜 이렇게 자꾸 갈라졌을까? 이 갈라지는 현상을 어떻게 볼 것인가? 이에 대한 답에 따라 조선시대 정치사, 나아가서는 조선시대 역사를 어떻게 볼 것인가가 달라진다. "조선인들은 원래 당파성黨派性을 본성으로 갖고 있어서 갈라졌다. 이렇게 분열하고 대립하다가 나라가 망하였다"고 설명하는 것이 일본인 식민사학의 당파성론이다. 과연 한국인은 당파성을 본성으로 갖고 있는가? 세계 어느 나라치고 정치적 입장의 차이가 없는 나라가 있는가? 일본이야말로 구니[國]로 나뉘고, 한[藩]으로 쪼개져서 서로 전쟁을 일삼던 섬나라가 아닌가? 당파성이 한국인의 본성이라는 설명은 역사적 설득력이 전혀 없는 이야기이다. 한국 역사에서 어느 시기에 당파라는 현상이 나타났다면 왜 그 시기에 그런 현상이 나타났는지, 그 현상이 어떤 의미를 갖는지 따져볼 일이지 그것을 본성으로 치부하는 것은 타당하지 않다.

권력은 본질적으로 독점되는 속성을 갖고 있다. 나누어지지 않는다. 권력 행사에 참여하는 집단이 커지면 권력 집단 자체가 갈라질 수밖에 없다. 성종 대를 지나 조선 중기에 들어서서 이른바 사림士林들이 중앙 정계로 진출하면서 정치에 참여하는 세력의 범위가 커졌다. 이에 따라 임금 앞에서 당을 짓는 것이 불충不忠이라는 생각을 넘어, 좋은 사람들이 당을 만들어 정치를 하는 것이 마땅하다는 생각이 자리를 잡았다. 붕당은 왕권이 점점 약해지고, 정치에 참여하는 집단의 기반이 넓어지면서 서로 배운 선생과 공부의 내용이 다르고 거기서 생각이 갈리고 현실적인 이해관계가 벌어지면서 생겨났다고 할 수 있다.

정치 집단이 갈라지는 현상을 어떻게 볼 것인가? 이를 분열分裂이라고 부정적으로만 볼 것인가? 꼭 그렇게만 볼 것은 아니다. 권력 집단이 서로 대립하면서 견제와 균형을 이루는 것은 긍정적인 측면이 없지 않다. 권력의 독점과 이에 다른 전횡을 방지할 수 있다. 권력 집단의 분열이 아니라 분립分立이요, 분기分岐라고 볼 수도 있다.

권력 집단이 갈라서는 것 자체는 좋다 나쁘다 결론적인 평가를 앞세울 일이 아니다. 좋을 수도 있고, 나쁠 수도 있다. 좋은지 나쁜지 평가할 기준을 먼저 정한 뒤에 평가가 따라야 한다. 합치고 갈라서고 하는 계기가 자신들의 이익을 위한 것이라면 갈라서는 것이 좋은 일이 되기는 어렵다. 그러나 자신의 이익을 넘어 좀 더 많은 사람들의 이익을 어떻게 보장하느냐는 문제를 놓고 갈라서는 것이라면 나쁠 것도 없다. 이익을 넘어, 어떻게 사는 것이 바르게 사는 것인가 하는 삶의 규범을 놓고 견해를 달리하고, 그래서 갈라선다면 이를 나쁘다 할 이유는 더욱 없다. 아무런 원칙 없이 합치는 것보다는 명확히 갈라서는 것이 바람직하다. 조선 중기에 붕당이 생기고, 각 붕당이 다시 갈라지는 현상을 두고 섣불리 평가를 내리기보다는 당대의 정치 현상 자체를 있는 그대로 보려는 노력을 기울이는 것이 먼저다.

광해군이 즉위하면서 대북 집단이 정국 운영의 주도권을 장악하였다. 그러면서 다른 붕당의 존재를 인정하지 않고 권력을 독점하려는 움직임을 보였다. 대북은 광해군과 밀착하여 광해군의 정치적 행보를 지원하였다. 광해군은 왕위 승계의 정통성에 치명적인 약점을 갖고 있었다. 왕비 소생도 아니었으며, 그나마 맏아들도 아니었다. 임진왜란이 발발한 상황에서 엉겁결이라고 할 만큼 급하게 왕세자가 되었다. 그 뒤에 선조의 계비 인목왕후仁穆王后에게서 영창대군永昌大君이 태어났다. 명나라는 광해군의 이러한 약점을 이용하여 외교적인 압박을 가하였다.

광해군은 즉위 초 창덕궁으로 갔다가 다시 경운궁으로 환어하여 머문 시기에 영창대군을 강화도에 안치시켰다가 결국 죽였고, 인목대비의 아버지인 김제남金悌男을 사사賜死하는 등 정치적 파란을 일으켰다. 이러한 일들이 일어난 배경에는 왕위 승계의 정통성에 약점을 가지고 있던 광해군의 과민한 방어 본능 등이 깔려 있다. 이런 상황에서 광해군으로서는 단종端宗이 세조에 의해 쫓겨났고 연산군燕山君이 폐위된 현장인 창덕궁을 기피하였다. 여기에 술사들의 길흉설이 가미되어 광해군은 더욱 창덕궁으로 이어하는 것을 꺼리게 되었다. 또 인목대비를 경운궁에 두고 자신만 창덕궁으로 가는 것도 내심 못미더웠던 것으로 보인다.

하지만 명분도 뚜렷하지 않았을 뿐더러 비좁고 불편한 행궁에 언제까지나 계속 머물 수는 없는 노릇이었다. 몇 년 동안 공들여 새로 지은 법궁으로 이어하는 것은 새삼 어떤 명분을 내세울 필요도 없는 당연한 일이었다. 그렇게 당연한 일을 하면서도 광해군은 단지 임어하고 있던 경운궁에 요변妖變이 잦다는, 납득하기 어려운 이유를 내세워 1615년광해군 7 4월 드디어 창덕궁으로 이어하였다. 이로써 창덕궁은 조선왕조의 법궁이 되었다.[53]

인경궁을 지어라, 경덕궁을 더 지어라

창덕궁으로 이어할 무렵에는 창덕궁과 붙어 있는 창경궁 공사가 한창 진행 중이었다. 임진왜란으로 인한 피해가 아직 완전히 복구되지 않은 상황에서 그만한 공사도 쉽지 않은 일이었다. 그러나 광해군은 창덕궁으로 이어한 이듬해 봄에 다시 새 궁궐 영건을 추진하였다. 광해군의 행태에서 드러나는 특징 가운데 하나는 풍수를 보는 술사들을 가까이 하여 그들의 의견을 경청하였다는 사실이다. 광해군은 궁궐 영건에서 특히 풍수설의 영향을 크게 받았다. 이전에도 터를 정하고 건물을 짓는 데 이러한 설들을 참고한 경우가 자주 있기는 하였지만, 그보다는 유교적 합리주의에 바탕을 둔 신료들의 판단이 주를 이루고 그러한 풍수설, 길흉설 등은 어디까지나 그것을 보조하는 정도인 경우가 대부분이었다.

그러나 광해군 7년 이후 크게 벌어졌던 궁궐 영건 사업에서는 오히려 그러한 술사들의 의견이 주류를 이룰 정도였다. 광해군은 1616년광해군 8 3월 말부터 술사들을 보내 인왕산 아래에 새 궁궐 터를 보게 하다가, 10월에 가서는 다시 궁궐 공사 관계자들과 임금의 측근 내시, 그리고 술관들을 대거 인왕산 아래, 경복궁 터에 보내 살펴보고 보고하도록 명령을 내렸다.[54] 이때 광해군은 법궁으로 사용하던 창덕궁과 창경궁 외에 필요할 때 이어할 수 있는 이궁을 짓고자 했고, 가능하다면 경복궁을 중건하려는 욕구를 가지고 있었다. 임금이 법궁 하나만으로 정상적인 활동을 하는 것은 어려운 일이었기에 창덕궁과 창경궁이 거의 완성되는 단계에서 궁궐을 하나 더 짓는 것은 크게 부당한 일은 아니었다. 더 나아가 이왕 궁궐을 하나 더 지으려 한다면 국초 이래 법궁이었으나 임진왜란 이후 중건되지 못하고 있던 경복궁을 중건하여 창덕궁, 창경궁과 더불어 다시 양궐체제를 갖출 수만 있다면 좋은 일이었다.

다만 오랫동안 궁궐을 영건하느라 국가 재정을 비롯해 모든 여건이 어려워진 상황에서 곧바로 이궁 영건에 착수하는 데 대해서는 이론이 있

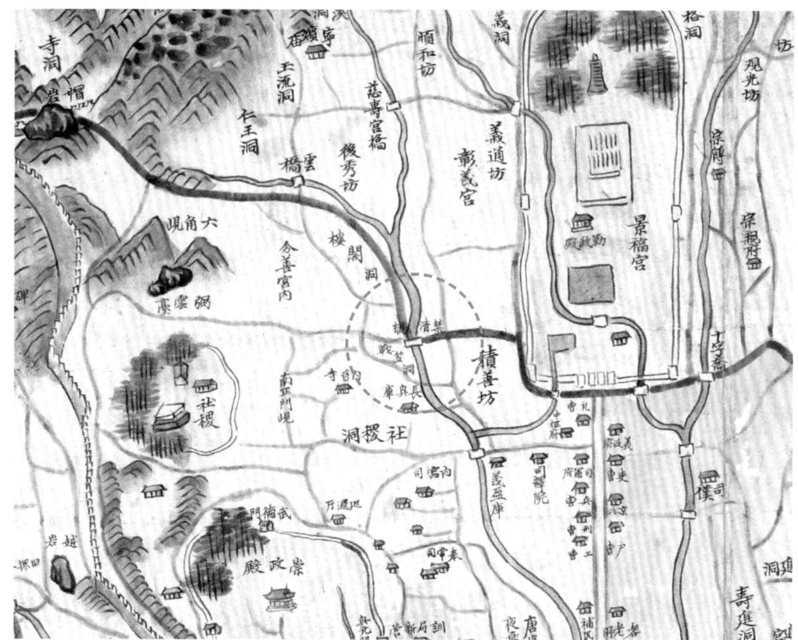

《여지도》 중 〈도성도〉의 인경궁 터 부분 | 인왕산 기슭에 있었던 인경궁은 그 흔적을 찾아보기가 어렵다. 다만 백운동천을 금천으로 삼지 않았을까? 그렇다면 백운동천에 금천교가 놓였을 터. 필운대, 오늘날 배화여자대학교로 올라가는 길목에 있었던 저 "금청교(禁淸橋)"라고 표기된 다리가 그 금천교가 아니었을까? 그저 해보는 추정이다. (서울대학교 규장각한국학연구원 소장)

을 수 있었다. 실제로 신료들은 물론, 궁궐 영건을 담당해온 관계자들조차도 그 무렵에 다시 궁궐 공역을 추가하는 데 대해 비판적이었다. 이러한 상황에서 광해군은 인왕산 아래 사직단 뒤편에 이궁으로 새 궁궐 인경궁仁慶宮을 짓겠다고 나섰다.

인경궁을 짓는 공사가 본격적인 단계로 접어든 바로 직후에 또 다른 궁궐을 짓자는 이야기가 나왔다. 김일룡이란 술사가 새문동塞門洞 정원군의 집터에 왕기가 있으니 그곳에 궁궐을 짓자는 주장을 한 것이다. 술사들끼리 경쟁이 붙은 셈이다. 당연히 일반 신하들은 거세게 반대했다. 그러나 광해군은 창덕궁, 창경궁, 경운궁에 모두 요괴가 출현하여 편안히 기거할 수 없으니 부득이 궁궐을 지어야겠다고 고집을 부렸다. 경덕궁慶德宮, 후일의 경희궁이다.

새 궁궐 경덕궁의 영건이 명분과 이유가 취약한 만큼 역으로 광해군은 더욱 집요하게 공사를 강행하였다. 이궁으로 짓는 인경궁에 비해서 일시적인 피우처避寓處로 짓는 경덕궁은 규모를 작게 잡기는 하였으나 당시 상황에서는 그리 쉬운 일이 아니었다. 따라서 광해군이 아무리 집착을 한다 하더라도 공역이 원활히 진척되지는 못하였다. 경덕궁을 짓겠다고 하는 바람에 인경궁 공사까지 지지부진해지지 않을 수 없었다. 이에 광해군은 온갖 무리를 해가면서 재원을 조달하였으나 재정 부족은 해결되지 않았다.

그런 끝에 1619년광해군 11 8월 무렵에는 새 궁궐의 각 처소가 거의 다 조성되어 공사가 마무리 단계에 이르렀다. 광해군은 이듬해에는 완공하도록 독려하였지만, 완공은 계속 뒤로 미루어지지 않을 수 없었다. 1623년광해군 15 광해군은 인경궁과 경덕궁 영건을 마무리하는 데 집착을 보이며, 새로 지은 궁궐로 이어할 준비를 하였다. 그러나 결국 광해군은 새 궁궐들의 최종 완공을 보지 못하고 창덕궁에서 인조반정을 맞아 왕위에서 쫓겨나고 말았다.[55]

광해군이 쫓겨나는 시점까지 그토록 궁궐을 짓는 데 집착하였던 이유는 무엇이었을까? 단지 그가 술사들에게 현혹되어서 그런 것이었을까? 그런 점이 없지는 않겠지만 그것만으로 설명하기에는 도무지 시원하지 않다. 광해군이 그러한 비합리적인 이야기에 기울어진 이유 자체를 캐봐야 한다. 광해군은 후궁 소생이다. 그것도 위로 형인 임해군이 있음에도 전시 상황에서 다소 급하게 왕세자로 책봉되었다. 더구나 나중에는 정비인 인목왕후에게서 영창대군이 태어났다. 이러한 사정은 광해군으로 하여금 자신의 왕위 승계의 정통성에 위기감을 느끼게 하였다. 그러한 상황에서 그는 여러 대립하는 정치 집단 가운데 대북 세력과 연결되어 나머지

경운궁 즉조당 | 인조반정 당시 인조는 인목대비가 유폐되었던 서궁, 곧 경운궁에 와서 즉위하였다. 구체적으로 즉조당이 바로 그곳으로, 이를 기념하기 위함인지 조선 후기 내내 보존되었다. 1904년 화재에 불탄 것을 바로 다시 지었다.

정치 집단의 존재 자체를 부정하는 방향으로 치달으며 임금으로서 자신의 정통성에 시비가 되는 문제에 대해서는 예민한 반응을 보였던 것이다. 그가 궁궐 영건에 집착하였던 것도 이러한 각도에서 생각할 문제이다. 궁궐을 왕권의 상징물로 삼고자 한 것이다.

그렇다고 광해군이 궁궐 영건에 집착한 이유가 자신의 왕권의 정통성의 한계를 보완하는 것뿐이었다고 할 수는 없다. 좀 더 현실적인 차원에서 생각하면, 재위 기간 내내 궁궐 영건 사업을 지속하고 또 자신이 직접 세세한 사항까지 처리함으로써 재정 운영에 깊숙이 간여할 수 있었다는 점, 또 당시 기준에서 출신과 관료가 된 과정에 약점이 있는 인물들을 영건도감의 실무진으로 배치함으로써 자신의 측근으로 활용하려 했다는 점 등을 보아야 한다. 광해군은 붕당 사이의 주도권 다툼이 치열한 당시 정치

광해군묘 | 경기도 남양주시 진건읍 사능리에 있다. 쫓겨난 임금은 임금이 아니다. 종묘에 그의 흔적은 남아 있지 않다. 그 무덤도 능이나 원이 아닌 묘이고, 외지고 좌향도 좋지 않은 곳에 그 규모나 치장도 웬만한 양반만도 못한 묘로 남았다.

상황에서 궁궐 영건을 정국 운영에 개입하는 한 방편으로 삼았다고 해석할 수 있다. 그러나 광해군은 당시 뚜렷한 명분을 갖는 궁궐 영건을 두고도 합리적인 판단에 근거하지 않고 술사들의 말에 경도되는 등 불합리한 방식으로 진행하였다. 더구나 당시 재정 형편이나 국내외 정황을 고려하지 않고 불필요한 궁궐 영건을 무리하게 강행하였다. 이러한 측면에서 그는 당시 신료와 민인民人 일반의 지지를 받지 못하였다. 광해군의 과도하고 불합리한 궁궐 영건이 그의 정치 생명을 단축시키는 한 요인이 되었다는 것은 부인할 수 없는 사실이다.

새문동 왕기, 그 초라한 실체

1617년광해군 9 광해군이 인경궁을 짓는 중에 다시 경덕궁을 더 지으려 한 주요 계기가 새문동에 왕기가 있다는 술사의 말이었다. 새문동이란 그의 이복동생인 정원군의 집이 있던 곳이었고, 정원군의 아들인 능양군綾陽君이 광해군을 몰아내고 왕위에 올라 인조가 되었으니 새문동에 왕기가 있다는 말이 결과적으로 들어맞은 셈이다.

〈원종어진〉 | 인조의 생부 정원군의 초상화이다. 백택 흉배를 한 것으로 보아 임금이 아닌 종친 신분을 표현하였다. 추존되어 '원종어진'이란 이름으로 불리긴 하나, 임금이 아닌 임금의, 어진이라고 불리나 어진이 아닌 초상화이다. (국립고궁박물관 소장)

과연 술사들의 말을 무시할 수 없구나 하는 생각을 할 수도 있다. 그러나 술사의 말에 따라 그것을 누르기 위해 궁궐을 지었는데도 아무 효험이 없었고, 결과는 참언대로 되어버렸다면 그 술사를 믿어야 하나 말아야 하나 헛갈린다. 또 인조가 결국 임금이 되기는 하였지만, 인조의 임금 노릇이 그리 대단한 것은 되지 못하였다는 점을 생각하면 참언에 너무 쉽게 감탄할 일만은 아니다.

인조가 임금이 된 지 한 해가 지나지 않은 1624년인조 2 1월, 함께 반정에 가담하였던 이괄李适이 논공에 불만을 품고 난을 일으켰다. 이괄군은 파죽지세로 진군하여 한양을 점령하였고 인조는 공주까지 피난을 갔다. 결국 이괄군이 도성 서쪽에서의 전투에서 패하고, 이괄은 도망치다 부하들의 손에 죽으면서 반란은 진압되긴 하였다. 하지만 그 와중에 창덕궁과 창경궁이 크게 불탔으므로 인조는 결국 경덕궁으로 임어하여 거기서 9년을 살았다.

남한산성 우익문 | 남한산성의 서문으로, 서울과 가장 가까운 거리로 통하는 문이다. 위의를 차리기에는 바깥 지형의 경사가 너무 급하다. 긴급하게 드나드는 문, 병자호란 당시 인조는 이 문을 나서서 삼전도로 갔다.

경덕궁에 살던 동안인 1627년인조 5에는 다시 정묘호란丁卯胡亂이 일어나 인조는 1월 26일부터 4월 12일까지 강화로 피난을 갔다가 돌아왔다.[56] 인조는 1632년인조 10 궁궐에 저주에 쓰인 흉하고 더러운 물건이 있다는 말을 듣고 자신의 잠저인 이현궁梨峴宮으로 옮겼다가 그해 말에 창덕궁으로 돌아오는 등 궁궐 임어에 불안한 모습을 보였다. 1633년인조 11에는 광해군이 지은 인경궁을 헐어다가 창경궁을 수리하여 그곳으로 이어하였다. 그러나 그곳에서의 생활도 편안하지는 못하였다. 3년이 지난 1636년인조 14 12월에는 다시 병자호란이 일어나 이번에는 남한산성으로 들어가 청나라에 대항하였으나 결국 이듬해 1월 청에 항복하고 창경궁으로 돌아왔다. 인조가 반정을 일으켜 임금이 된 뒤 14년의 세월은 안팎의 난리로 이리저리 피난을 가고, 또 외국의 군대에 무릎을 꿇는 등 치욕으로 점철된 기간이었다.

국내의 정국 또한 그리 달가운 형세는 아니었다. 서인을 중심으로 하는 신료들의 입김은 임금으로서도 어찌할 수 없었다. 그러한 형편은 궁궐을 수리하는 일에서도 그대로 드러났다. 이괄의 난과 두 차례 호란으로 크게 망가진 뒤 완전히 복구하지 못한 채 버려두고 있던 창덕궁을 수리하는 사업은 1647년인조 25에 가서야 시작할 수 있었다. 그나마 새로 자재를 마련하여 짓는 것이 아니라 이전 1633년인조 11 때와 마찬가지로 인경궁의 전각들을 헐어다 짓는 방식이었다. 이 공사로 인경궁은 흔적도 없이 사라졌고, 창덕궁은 다시 궁궐의 면모를 되찾았다.

창덕궁이 중건된 것은 조선왕조의 궁궐 경영 체제가 임진왜란 이전의 법궁-이궁 양궐체제를 회복하였음을 뜻하는 것이었다. 그러나 양궐체제라는 점에서는 임진왜란 이전과 같지만 구체적인 법궁, 이궁은 바뀐 모습으로 다시 정비되었다. 임진왜란 이전에는 경복궁이 법궁이고 창덕궁과 창경궁이 함께 동궐이라 불리면서 이궁이었던 데 비해, 광해군 대 이후에는 동궐이 법궁, 경덕궁이 이궁이 되었다.

동궐과 서궐

둘이면서 하나, 동궐

창덕궁과 창경궁은 둘이면서 하나인 묘한 관계를 이루었다. 둘이 함께 동궐이라는 하나의 궁역으로 인식되는가 하면, 반면에 서로 다른 별개의 궁궐로 인식되기도 하였다. 두 궁궐의 관계를 좀 더 깊이 들여다보기 위해서는 각 궁궐의 공간구조가 어떻게 구성되어 있으며, 또 그것이 어떻게 변해갔는가를 추적해야 한다.

궁궐이 번듯한 궁궐이 되기 위해서는 궁궐로서 기능을 온전히 갖추어야 하고, 기능을 온전히 갖추기 위해서는 그 기능을 수행하는 구역들을 갖추어 공간의 짜임새를 온전히 갖추어야 한다. 궁궐의 구역은 크게 보아

여섯으로 이루어져 있었다. 공적인 의전儀典을 행하는 공간인 외전, 임금의 공간인 대전과 왕비의 공간인 중궁전으로 구성되는 내전, 왕세자의 공간인 동궁, 궁궐에 들어와 임금을 측근에서 보필하는 관서들인 궐내각사, 왕실 가족 및 이들을 시중드는 사람들의 생활기거공간, 숲 속에 연못이나 정자 그리고 넓은 터 등을 조성한 후원이 그것이다.

임진왜란 이후 다시 지어진 동궐의 공간 구성을 보면, 이 여섯 구역 가운데 각각의 구역이 창덕궁과 창경궁 양쪽에 모두 있는 것도 있고, 어느 한쪽에만 있는 것도 있고, 창덕궁과 창경궁 양쪽에 걸쳐 있는 것도 있었다. 먼저 외전은 양쪽에 모두 있었다. 창덕궁에는 돈화문에서 인정전, 창경궁에는 홍화문에서 명정전에 이르는 구역이 이에 해당된다. 내전도 양쪽에 모두 있다. 창덕궁의 희정당熙政堂 일곽과 창경궁의 환경전歡慶殿, 경춘전景春殿 일곽이 대전 구역이다. 창덕궁의 대조전大造殿 일곽, 창경궁의 통명전通明殿 일곽이 중궁전 구역이다. 창덕궁도 창경궁도 각각 궁궐이기에 임금과 왕비가 기거 활동할 공간을 갖추었다.

이 시기의 동궁은 창경궁 영역에 있는 시민당時敏堂 일곽이었다. 외부에서 동궁으로 통하는 문은 창경궁의 정문인 홍화문이 아니라, 남쪽에 있는 선인문宣仁門이었다. 선인문을 들어서서 서쪽으로 한참 들어와 크게 보아 명정전의 남쪽에 한 구역을 이루고 있었다. 오늘날 수강재의 동남쪽에 해당된다. 그러다가 정조 연간에 창덕궁 성정각誠正閣 동편, 창덕궁과 창경궁의 경계를 이루는 등성이에 중희당重熙堂을 지어 동궁의 정당으로 삼으면서 동궁이 이동하였다.

왕실 가족의 생활기거공간은 창덕궁, 창경궁 두 궁궐에 각각 있었다. 창덕궁에는 선원전 뒤편의 경복전景福殿과 주위의 건물들이 이에 해당되었다. 하지만 건물의 개수가 적고 규모는 작아서 대왕대비 등 왕실의 주요 인물 몇을 수용하는 데 그치는 규모였다. 이에 비해서 창경궁에는 명정전 북쪽 회랑 바깥부터 지금의 춘당지春塘池 근처 후원 경계까지 상당히 넓은

〈동궐도〉 | 동궐, 곧 창덕궁과 창경궁 그리고 그 후원 전체를 한 눈에 볼 수 있도록 그린 기록화. 새가 내려다보는 관점의 부감법을 써서 오른쪽 위에서 왼쪽 아래로 건물들을 사선으로 배치하였다. 동궐을 이해하는 데 더없이 도움을 주는 자료이나, 또 한편으론 그림은 그림일 뿐, 사진이나 실측 도면은 아니라는 점을 잊지 말아야 한다. (고려대학교박물관 소장)

구역에 왕실 가족과 궁녀들의 공간이 조성되어 있었다. 생활기거공간은 주로 창경궁에 분포되어 있었다고 할 수 있다.

후원은 응봉에서 종묘까지 이어지는 산자락에 넓게 조성되어 있었다. 창덕궁과 창경궁의 북쪽 뒤편에 두 궁궐의 영역이 나뉘지 않고 전체가 한 영역을 이루고 있었다. 후원은 휴식 공간에 머무르지 않고 여러 사람이 모이는 집회 장소, 군사 훈련과 사열 공간, 제의 공간 등으로 이용되었다. 특히 규장각奎章閣이 있어 학문과 예술의 중심지로도 쓰였다.

창덕궁과 창경궁 두 궁궐의 관계를 살피고자 할 때 가장 주목되는 공간이 궐내각사 구역이다. 《궁궐지宮闕志》 등 자료를 정리하여 보면, 임진왜란 이후 동궐에는 다음의 17개 관서들이 조성되어 있었다.[57]

승정원承政院 | 왕명의 출납[58]

홍문관弘文館 | 궁궐 안의 경전과 서적經籍 관리 및 경연經筵 문한文翰의 임무[59]

빈청-비궁당賓廳-匪躬堂 | 비변사 당상들의 회의처. 비궁당은 건물 이름.

예문관藝文館 | 사명辭命을 짓는 일[60]

도총부都摠府 | 오위의 군무[61]

내병조內兵曹 | 무관을 뽑는 일, 군무, 의장과 호위, 우편과 역마, 병기와 갑옷, 기물과 의장기, 문호 관리, 자물쇠 관리 등의 행정[62]

상서원尙瑞院 | 옥새와 금보, 부신과 명패, 부절과 의물을 지키는 일[63]

상의원尙衣院 | 임금의 의대 및 궁궐 안의 재화와 금보 등 물건 관리[64]

사옹원司饔院 | 임금의 음식 및 궁궐 안 사람들에게 음식을 공궤하는 등의 일[65]

전설사典設司 | 휘장과 천막을 치는 일[66]

전연사典涓司 | 궁궐의 시설을 관리하는 임무[67]

태복사太僕司 | 가마와 말, 말을 먹이고 기르는 행정[68]

보루각報漏閣 | 징이나 북을 쳐서 시각을 알리는 등의 일[69]

내반원內班院 | 임금이 계시는 곳의 음식을 감독하고 왕명을 전하고 문을 지키는 등의 일[70]

시강원侍講院 | 세자를 모시고 경전과 역사를 강독하고 도의를 가르치고 바로잡는 일[71]

익위사翊衛司 | 동궁을 배종하고 호위하는 일[72]

내의원內醫院 | 임금의 약을 조제하여 만드는 일[73]

광해군 대에는 창덕궁에 이어 창경궁을 중건하면서 창경궁을 독자적인 궁궐로 여겨 창경궁에도 궐내각사 청사를 지었다. 인조 연간에는 임금이 주로 창경궁에 임어하여 창경궁이 중심 궁궐로 활용되었다. 당연히 창경궁에 있는 궐내각사가 임금을 보필하는 데 많이 활용되었다. 효종 및 현종 연간에는 창덕궁이 중심 궁궐이 되고 창경궁은 보조 기능을 담당하는

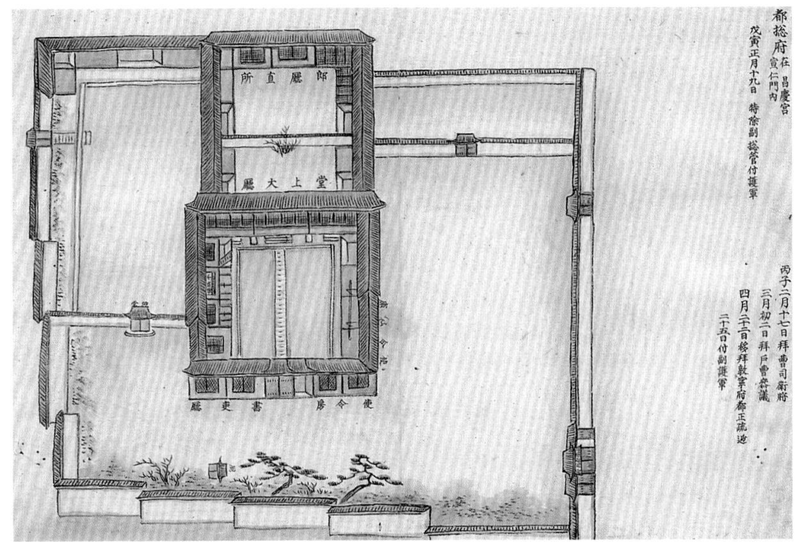

〈도총부〉, 《숙천제아도》 | 도총부는 창경궁 선인문 안에 있었다. 한필교는 1818년(순조 18) 정월 19일에 부총관(副摠管)으로 특별 제수를 받았고 호군(護軍)의 직책을 맡았다. (하버드대학교 옌칭도서관 소장)

쪽으로 두 궁궐의 기능이 재정립되었다. 효종과 현종은 공식적으로 오랜 기간 창경궁에 임어하지는 않았다. 하지만 인조 연간에 창경궁에 마련되었던 궐내각사 청사는 그대로 존치되어 활용되었다. 조선 중기의 후반에는 창덕궁과 창경궁 양 궁궐에 각각 궐내각사 청사를 중복 배치하여 운용하는 방식이 정립되었다고 할 수 있다.

이궁 서궐 완비

경덕궁은 광해군 대 처음 계획할 때는 번듯한 궁궐로 지을 생각은 아니었던 것으로 보인다. 인경궁은 창경궁에 준하여 지었던 데 비해서,[74] 경덕궁은 정식 이궁이라기보다는 일시적인 피우처로 생각한 궁궐이기에 규모를 작게 잡았다.[75] 예를 들면 인경궁 아문의 규모가 40곳에 600간 정도였던 데 비해,[76] 경덕궁 아문의 규모는 200간 남짓이었으며,[77] 인경궁 정문인

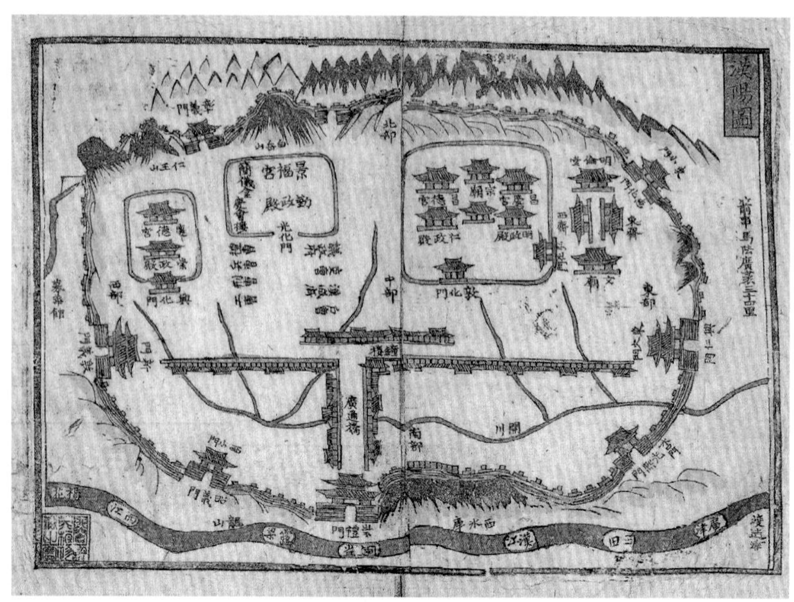

〈한양도〉, 《천하도》 | 위백규(魏伯珪)가 1770년에 그린 지도를 1822년에 그의 후손인 위영복(魏榮馥)이 목판으로 제작, 간행하였다. 당시 도성 내부에 대한 묘사가 매우 소략하고 부정확한데, 유독 경희궁이 강조되어 있는 것이 눈에 띈다. (서울역사박물관 소장)

명화문明化門은 창덕궁 돈화문처럼 2층으로 조성한 데 비해 경덕궁의 정문은 단층으로 조성하였다.[78]

그렇지만 임금이 임어하려면 상당한 규모와 제도를 구비하지 않을 수 없었다. 인조 이후 경덕궁은 이궁으로 자리를 잡으면서 궁궐로서 갖추어야 할 요소를 점차 갖춰나갔다. 한창 때는 이름 있는 전각들만 해도 120채가 넘었다. 그리고 이 전각들의 부속 건물들까지 합하면 천 단위로 간수를 세어야 하는 어엿한 궁궐이었다. 서궐 경덕궁은 그렇게 동궐과 함께 새로운 양궐체제의 한 축이 되었다. 경덕궁은 1760년영조 36 2월에 인조의 아버지 원종의 시호 '경덕敬德'과 음이 같다 하여 경희궁慶熙宮으로 이름이 바뀌었다.

조선 후기에 만든 〈서궐도안〉을 비롯한 여러 자료를 참고하면, 경희궁의 정문인 흥화문은 동향을 하여 운종가를 정면으로 맞이하고 있었다. 흥화문을 들어서면 금천교를 건너 중문 격인 건명문建明門을 들어서서 서쪽으로 진행하다가 서쪽 끝에 이르러 북쪽으로 꺾여 숭정문崇政門을 지나 외전의 정전인 숭정전崇政殿에 이르게 중심 동선이 짜여 있었다. 북쪽으로 꺾이는 지점부터 숭정전까지 일대가 경희궁의 외전이었다.

건명문에서 숭정문으로 꺾어지는 지점에 이르는 어로御路와 남쪽 궁성 사이에는 빈청, 승정원, 약방藥房, 내의원의 별칭, 도총부, 옥당玉堂, 홍문관의 별칭 등이, 숭정문 앞 서쪽 행각 및 그 바깥에는 예문관, 내각內閣, 규장각의 별칭 등이 배치되어 있었다. 이곳들이 경희궁의 궐내각사 구역이었음을 알 수 있다. 숭정전의 동쪽 행각 바깥에는 회상전會祥殿과 융복전隆福殿이 있었다. 이곳이 경희궁의 내전 영역이다. 그 앞쪽의 흥정당興政堂을 중심으로 하는 일군의 건물들은 내전을 뒷받침하면서 편전의 기능을 담당하였다.

내전 및 편전의 동쪽, 즉 중문인 건명문을 들어와서 바로 북쪽의 행각 북쪽에는 경현당景賢堂이 있었는데 이곳이 경희궁의 동궁의 중심을 이루는 곳이었다. 내전과 동궁 영역 뒤편으로는 여러 건물들이 넓게 배치되어 있었다. 생활기거공간이다. 그 가운데 눈에 띄는 건물이 있었으니 좌우에 용비루龍飛樓와 봉상루鳳翔樓를 거느린 장락전長樂殿이다. 왕실의 가장 웃어른 여성, 곧 왕대비 혹은 대왕대비가 기거하는 공간이었다.

종합하면 경희궁은 인왕산이 거의 끝나는 지점에 있었기에 정문은 동향으로 중심축이 꺾여 있었으나, 외전의 정전인 숭정전을 포함한 대부분의 건물들은 남향이었다. 바람직하기는 뒤편 지형이 높아 배산임수의 조건을 갖추는 것이지만, 북쪽이 아닌 서쪽이 지형이 높아 그 등성이로 도성이 지나가고, 숲이 조성되어 있었다. 그곳에는 넓은 골짜기와 개울 등이 없어서 정자나 넓은 마당을 조성하기는 어려웠지만 후원의 기능을 일부 담당했던 것으로 보인다.

이처럼 경희궁은 완전하지는 못하지만 나름 궁궐의 공간구조를 갖추고 있었다. 이궁으로 쓰일 만하다. 인조 이후 임금들은 법궁 동궐과 이궁 서궐을 오가며 생활하였다. 임금들이 가장 자주 그리고 오래 임어하였던 궁궐은 단연 창덕궁이다. 창덕궁에 임어한 기간이 약 62퍼센트이며, 창경궁은 17퍼센트, 경희궁은 20퍼센트 정도였다. 각 궁궐에 임어한 회수는

경희궁 | 네모반듯한 회랑 안에 숭정전이 자리 잡고 있고, 그 뒤로 자정전, 그 서편에 태녕전이 있다. 바로 뒤편에서 인왕산이 이 모두를 받쳐주고 있다.

창덕궁이 37회, 창경궁이 13회, 경희궁이 31회로 창덕궁이 가장 많고 창경궁이 가장 적었다. 이러한 사실은 창덕궁이 원론적인 의미의 법궁이고, 경희궁이 이궁임을 보여주는 근거이다.

궁궐 임어, 왕권의 발현

숙종의 이어, 환국의 수단

조선왕조에서 임금들은 법궁과 이궁을 이어하고 환어하며 활동하였다. 이어와 환어의 사유는 여러 가지였다. 대대적인 수리를 하거나, 화재가 발생하였거나 혹은 전염병이 돌았거나 아니면 살고 있는 궁궐이 지루해졌거나 하는 통상적인 사유가 대부분이었다고 할 수 있다. 하지만 간혹 특단의 정치적 조치를 취하기 위해서 궁궐을 이어하는 경우도 없지 않았다.

조선 후기 숙종 연간에 들어와서 동궐의 궁궐 및 궐내각사 운용 방식에 변화가 나타났다. 숙종 이전 임금들이 창덕궁과 창경궁을 오가며 임어하기는 하였지만 동시에 활용하지는 않았던 데 비해, 숙종은 두 궁궐을 넘나들면서 동시에 활용하는 경우가 많았다. 그리고 1689년숙종 15 기사환국己巳換局 무렵부터는 두 궁궐에 각각 배치되어 있던 궐내각사를 한 궁궐로 모으는 변화가 일어났다. 창경궁에 있던 궐내각사들이 거의 없어지고 창덕궁에만 궐내각사가 배치되었다. 이는 동궐의 운용 방식이 바뀌었음을 뜻한다. 창덕궁과 창경궁을 각각 하나의 독립된 단위로 활용하던 방식을 버리고, 두 궁궐을 하나로 쓰게 되었다는 뜻이다. 그 결과 창덕궁과 창경궁의 기능이 분화되었고, 동궐이 비로소 크게 하나의 궁궐로 쓰이게 되었다. 이에 따라 궁궐 운용의 폭이 넓어지고 밀도가 높아졌다.

이러한 변동은 숙종 연간의 사회 전반의 변화, 특히 환국換局이라는 정치적 격변에 영향을 받아 나타났다고 볼 수 있다.[79] 환국이란 붕당정치 말기에 나타난 정치적 현상이다. 붕당정치는 복수의 붕당이 공존하면서 임금의 인정을 받아, 정국을 주도하는 붕당과 이를 비판하고 견제하는 붕당으로 나뉘어 어느 정도 힘의 균형을 이루는 형세를 이루는 것이었다. 인조에서 현종 대까지는 서인이 주도 붕당, 남인이 견제 붕당으로 자리 잡고 있었다. 그런데 현종이 승하하고 숙종이 즉위하는 시점에 이러한 균형이 갑자기 뒤집혀서 남인이 정국을 주도하게 되고 서인은 중앙 정치 무대에서 세력이 약화되었다. 쟁점은 전례典禮에서 장자長子가 아닌 임금의 지위를 장자와 같이 인정할 것인가 여부였다. 이후 숙종 재위 기간과 그 이후 영조 초년까지 주도 붕당과 견제 붕당의 위치가 급격하게 변하는 환국이 여러 차례 되풀이 되었다.

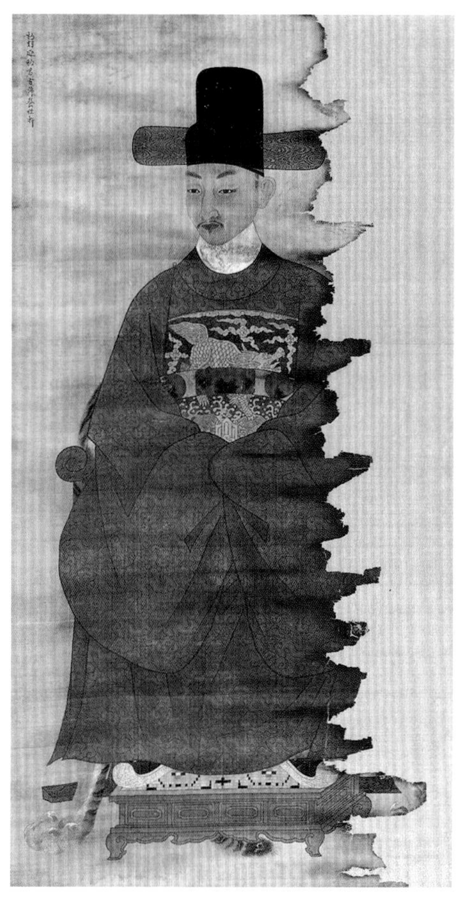

〈연잉군초상〉 | 후일 영조가 된 연잉군이 사모를 쓰고, 백택 흉배를 단 녹색의 단령을 입고 있어 종친 신분을 드러내고 있다. 갸름한 얼굴에 째진 눈꼬리가 〈영조어진〉의 인상과 통한다. 그의 왕세제 책봉과 대리청정 문제는 신임옥사의 원인이 되었다. (국립고궁박물관 소장)

이렇게 환국이 진행되면서 조선 중기 붕당정치기에 비해 임금이 정국 운영에 더 큰 비중을 차지하였다. 붕당 사이의 균형을 임금이 임의로 깨트리고 주도 붕당과 견제 붕당을 뒤바꾸었던 것이다. 쟁점은 처음에는 예禮에 관련된 것에서 출발하였다가 시간이 흐르면서 임금의 후궁 소생 아들을 원자元子로 정하는 문제나 왕세자로 책봉하는 문제, 숙종 말년에서 경종 연간에는 왕세자의 동생인 연잉군을 왕세제王世弟로 책봉하는 문제, 그리고 그 왕세제의 대리청정代理聽政 등 왕위 승계와 연관된 문제들이 등장하였다.

예를 주제로 대립할 때는 옳고 그름, 곧 시비是非를 다투게 된다. 시비는 치열한 논쟁을 하면서도 상대방을 인정할 여지가 있다. 하지만 주제가 현실적인 처신의 문제로 옮아가면 바른 길인가 사특邪慝한 길인가를 다투게 된다. 정正은 지켜야 할 대상이요, 사邪는 배척해서 없애버려야 하는 대상이 된다. 더 나아가 왕위 승계와 연관된 대립은 이쪽 편에 서면 충신忠臣이 되고 저쪽 편에 서면 역적逆賊이 되는 갈림길이다. 충역忠逆은 자신 하나만이 아니라 혈통, 학통으로 자신과 이어진 사람들의 목숨까지도 걸어야 하는 문제였다. 양보하기 어려운 사느냐 죽느냐의 싸움으로 번지지 않을 수 없었다.

1689년숙종 15에 인현왕후仁顯王后를 폐위하고 희빈 장씨를 왕비로 책봉하는 동시에 서인을 내치고 남인을 다시 등용한 정치적 격변, 이른바 기사환국이 일어났다. 숙종은 이해 4월 25일 창덕궁에서 창경궁으로 이어하였다가 넉 달 만에 다시 창덕궁으로 되돌아갔다. 창경궁으로 이어했던 기간과 기사환국이 진행된 기간이 거의 일치한다.[80]

4월 25일 서인 소론少論 계열의 오두인吳斗寅 등 86인이 인현왕후를 폐위하는 것은 부당하다는 상소를 올렸다. 숙종은 이에 대노하여 바로 승지들을 창경궁의 시민당으로 오게 하여 밤중에 이들을 친히 문초하겠으니 준비하라는 명을 내렸다. 그리고 국청鞫廳 장소로 삼은 창덕궁 인정문 앞에 친히 나아가 박태보朴泰輔 등을 혹형을 가하며 문초하였다.[81]

숙종은 창경궁으로 이어하였지만 기사환국의 정점을 이루는 국청은 창덕궁의 인정문 앞 마당에서 행하였다. 왜 그랬을까? 승정원을 비롯한 궐내각사는 그대로 창덕궁에 있었기 때문이었을 것이다. 그러면 그냥 창덕궁에 있으면서 이런 조치를 취해도 되었을텐데 왜 굳이 창경궁으로 이어하였을까? 자신이 임어하고 있는 궁궐에서 피바람을 불러 일으키기가 꺼려져서 그러지 않았을까? 멀지는 않지만 다른 궁궐인 창경궁에 머물면서 승지 등을 불러서 명을 내리는 것이 더 효과가 있다고 생각한 것은 아닐까? 숙종의 마음을 모두 헤아리기는 어려우나 기사환국이라는 극적인 격변이 일어난 기간과 숙종이 창경궁으로 이어하였다가 창덕궁으로 환어한 기간이 일치한다는 점만은 분명한 사실이다.

각 궁궐 쓴 영조와 사도세자

조선 역사상 궁궐에서 벌어진 가장 극적인 사건을 꼽으라면 영조가 사도세자를 뒤주에 가두어 죽게 한 사건인 임오화변壬午禍變을 꼽아야겠다. 이 사건도 궁궐이라는 공간 배경을 함께 고려해야 더 생생하게 이해할 수 있다. 사건의 발단은 1762년영조 38 5월 22일에 일어난 나경언羅景彦의 고변告變이었다. 《영조실록英祖實錄》을 주된 자료로 하여 임오화변을 다시 구성해보자.[82]

나경언이란 자가 형조에 글을 올려 환시宦侍들이 장차 불궤不軌한 일을 모의한다고 고하였다. 이 고변은 영조 임금에게 보고되었다. 영조 임금은 즉시 태복시太僕寺에 임어하여 국청을 설치하였다. 이런 상황에서 으레 취하는 비상 조처로 임금이 임어하고 있던 경희궁의 여러 문과 도성문을 닫도록 명하였다. 국청을 설치한 태복시는 경희궁의 남쪽 궁성에 있는 개양문開陽門 안, 궐내각사 구역에 있었다.[83]

친국을 시작하자 나경언이 옷솔기에서 흉서凶書를 내놓았다. 거기에는 왕세자의 허물 10여 조목이 낱낱이 들어 있었는데 말이 매우 어그러지고 어지러웠다. 홍봉한洪鳳漢의 말에 따라 고변서는 태워버렸다. 영조가 이어서 왕세자를 모시는 기관인 춘방을 준절히 꾸짖었다. 이에 홍봉한이 왕세자를 엄호하고 나섰다. 자신이 가서 임금의 뜻을 전하고 왕세자를 진정시키겠다고 했다. 영조의 허락을 받은 홍봉한이 급히 왕세자에게 일의 전말을 전달하였다. 실록에는 홍봉한이 창덕궁에 갔다고 하였지만, 왕세자는 엄밀하게는 창경궁에 속한 시민당에 있었다. 왕세자는 1749년영조 25 대리청정을 하면서부터 13년을 이곳에서 활동하고 있었다.[84]

홍봉한이 와서 이런 사정을 전하자 왕세자는 놀라 떨며 급히 영조가 있는 경희궁으로 갔다. 그 시각이 2경更이었다. 2경이란 밤 시간을 다섯으로 나눈 가운데 두 번째 시간, 그러니까 한밤중을 향해 가는 시간이었다. 왕세자는 경희궁의 정문인 홍화문 안에 나아가 엎드려 죄를 내려주시기를 기다렸다. 영조가 왕세자를 입시하도록 명하였다. 보통 입시라 하면 임금이 계시는 편전 등 건물 안으로 들어가는 것을 말하지만, 이때는 임금이 임어하고 있는 국청 공간인 태복시의 마당으로 들어가는 것을 가리켰다. 그 자리에는 고발자 나경언이 있었다. 나경언은 고발자이지만 죄인 신분이었다. 홍봉한이 왕세자와 죄인 나경언을 함께 있게 해서는 안 된다 하여 나경언을 내보냈다.

임금에게는 임금의 복장, 관원들이나 군졸들에게도 각각 정해진 복장이 있듯이 왕세자에게도 왕세자의 복장이 있었다. 삿갓과 포의는 일반 민간인, 그것도 남에게 얼굴을 가리고 다녀야 하는 처지인 사람들, 흔히 복상服喪 기간이 끝나지 않은 사람들이 입었던 복장이다. 왕세자가 그런 복장을 하고 임금 앞에 나와 엎드렸다. 죄인임을 자처하면서 자신을 한껏 낮춘 것이다.

영조는 왕세자의 죄목을 꼽아가며 책망하였다. 그 첫째가 왕손의 어미를 죽였다는 것이었다. 왕세자는 혜빈惠嬪 홍씨후일의 혜경궁 홍씨에게서 나중에 정조가 되는 아들을 낳았고, 양제良娣 임씨에게서 은언군恩彦君 인䄄과 은신군恩信君 진禛을 얻었으며, 그리고 수칙守則 박씨에게서 은전군恩全君 찬禶을 낳았다. 여기서 말하는 왕손의 어미란 수칙 박씨를 가리킨다. 말하자면 왕세자의 후궁인데, 그렇게 말하지 않고 왕손의 어미라고 하였다. 곧 영조 자신의 손자의 어미라고 하여 자신과의 관계를 기준으로 삼아 말하였다. 그런 그를 죽인 것을 첫 번째 죄목으로 꼽은 것이다. 영조는 왕세자와 수칙 박씨의 관계를 헤아리고 있었던 듯하다. 처음에는 매우 사이가 좋더니 네가 하는 일에 대하여 간언諫言을 하니 죽였고, 그는 너의 후궁이기도 하지만, 나의 손자의 어미이기도 하다며 왕세자를 꾸짖었다.

그 밖에 여승을 궁궐로 끌어들였다는 것, 서로西路, 평양에 비밀리에 갔었다는 것, 북성北城, 북한산성으로 놀러갔다는 것 등을 죄목으로 꼽았다. 영조가 꼽은 이러한 조목들의 사실 여부와 그 함의에 대해서는 별도로 따져봐야 할 과제다. 영조가 꼽은 이러한 조목들은 아마도 나경언이 고변서에서 말한 열 가지 항목에 들어 있었던 것으로 보인다. 나머지 조목들은 무엇인지 내용을 알 수 없다.

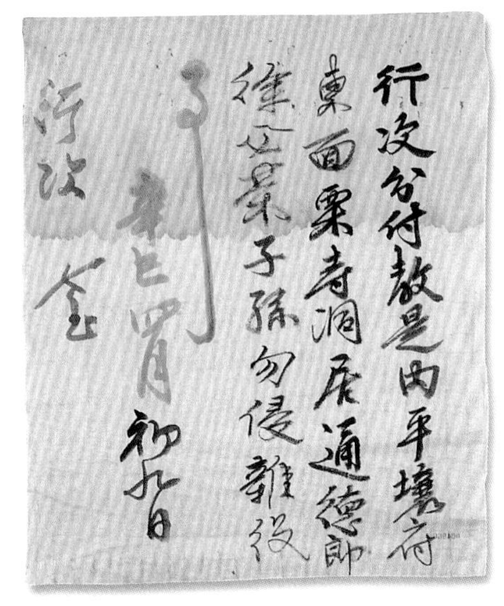

사도세자의 영지(令旨) | 1761년(영조 37) 4월 3일 사도세자가 평양에 갔을 때 내린 명령서. 평양부에 사는 통덕랑 서필영이라는 사람의 자손에게 부과하는 잡역을 면제해주라는 내용이다. 마지막에 사도세자가 수결(手決)을 하였다. 이듬해 임오화변으로 사도세자는 죽음을 맞았다. (한국학중앙연구원 소장)

왕세자는 분함을 이기지 못하여 나경언과 대질을 요구하였으나, 영조는 대리청정을 하고 있는 왕세자가 죄인과 대질할 수 없다는 이유로 받아들이지 않았다. 왕세자는 답답한 마음에 자신이 갖고 있는 화증, 곧 울화병이라고 변명 아닌 변명을 하였다. 영조는 냉정하게도 그러면 차라리 미쳐버리라고 극언을 하였다. 왕세자는 아무것도 하지 못한 채 물러나와 금천교 위에서 죄를 기다리게 되었다. 여기서 금천교는 경희궁의 금천교를 가리킨다. 궁궐의 안과 밖을 가르는 경계선. 그곳에서 석고대죄한 것이다.

경희궁 금천교 | 적지만 옛 부재가 남아 있어 이를 근거로 옛 모양을 추정하여 다시 지었다. 정문 흥화문 자리는 구세군회관이 차지하였고, 외전 내전으로 들어가는 길은 서울역사박물관이 가로막았다. 지금은 물길도, 궁궐도 사라졌지만, 본래는 이 다리를 건너면 궁궐로 들어서는 것이었다.

영조는 친국을 파한 후에 걸어서 문안청問安廳이라는 건물로 나아갔다가 오후가 되어서야 대전으로 돌아갔다. 왕세자는 밤을 꼬박 새우고 아침에 이르기까지 경희궁 금천교에서 왕명을 기다리다가 늦게서야 보련步輦을 타고 창덕궁으로 돌아갔다.[85] 왕세자는 창덕궁으로 돌아가서도 본디 거처를 피하여 시민당의 월랑月廊에서 계속 대죄하였다.[86] 근신하며 임금의 명을 기다린다는 뜻이었다.

《영조실록》에 따르면, 그로부터 열흘쯤 뒤인 윤5월 2일 영조가 창덕궁에 있는 선원전에 전배하러 갔는데 왕세자가 맞이하지 않았다고 한다.[87] 영조가 맞이하지 말라고 명하였기 때문이었다. 그런데 영조는 아무리 맞이하지 말라고 하였어도 지척에 있으면서 맞이하지 않는 것은 무슨 도리인가 하며 탓하였다고 한다. 그런데 같은 날 《승정원일기》에는 그런 이야기는 없고, 영조 임금이 경희궁으로 환궁한 뒤에 왕세자가 궁관宮官, 곧 그의 측근을 보내어 문안하였는데 영조가 어제 이미 하교를 했으니 물러가라고 답했다는 기사가 있다.[88] 구체적인 사실이 무엇인지 명료하지 않으나, 영조와 왕세자 사이에 갈등이 깊어지고 있었음은 알 수 있다. 갈등이 폭발하여 사건이 터진 것은 윤5월 13일이었다.[89]

> 임금이 창덕궁에 나아가 세자를 폐하여 서인庶人을 삼고 궁궐 안에서 엄히 가두었다. … 나경언이 고변한 후 임금이 세자를 폐하기로 뜻을 굳혔으나 차마 말을 꺼내지 못하고 있었는데 갑자기 유언비어가 궁궐 안에서 일어나자 임금이 놀라 실행하기 시작하였다. 바로 창덕궁으로 행차하여 선원전에 전배하고, 이어서 동궁의 왕명을 기다리며 엎드려 있는 것을 풀게 하고 동행하여 휘령전徽寧殿에 예를 행하도록 하였다. 그러나 세자는 병이 났다 하여 가지 않았다. 임금이 도승지 조영진趙榮進을 특별히 파직하고 다시 세자에게 예를 행할 것을 재촉하였다. 임금이 이어서 휘령전으로 가면서 세자궁世子宮을 지나며 차비문差備門 안을 자세히 살폈으나 보이는 바가 없었다. 세자는 집영문集英門 밖에서 임금을 맞이하고, 이어서 어가를 따라 휘령전으로 나아갔다. 임금이 예를 행하기를 마치고, 세자가 뜰 가운데서 사배례四拜禮를 마치자, 임금이 갑자기 손뼉을 치면서 하교하였다.
>
> "너희 여러 신하들도 신령의 말을 들었는가? 정성왕후貞聖王后께서 정녕코 나에게 이르기를 '변괴가 호흡 사이에 달려 있다'고 하는구나."
>
> 이어서 연輦을 메고 온 군졸들에게 명하여 휘령전의 문을 네다섯 겹으로 둘러 막도록 하고, 또 총관摠管 등으로 하여금 배열하여 시위侍衛하게 하여 궁의 담 쪽을 향하여 칼을 뽑아들고 서게 하였다. 궁성문을 막고 나발을 불어 군사를 모아 호위하고 사람의 출입을 금하였다. 비록 높은 지위의 관원이라도 한 사람도 들어온 자가 없었는데 한 사람 영의정 신만申晩이 들어왔다.
>
> 임금이 세자에게 명하여 땅에 엎드려 관冠을 벗고 맨발로 머리를 땅에 찧게

하였다. 이어서 차마 들을 수 없는 하교를 내려 자결할 것을 재촉하였다. 땅을 찧은 세자의 이마에서 피가 나왔다. 신만과 좌의정 홍봉한, 판부사 정휘량鄭翬良, 도승지 이이장李彛章, 승지 한광조韓光肇 등이 들어왔으나 미처 무슨 말을 하기도 전에 임금이 세 대신 및 한광조 네 사람을 파직하라고 명하니 네 사람이 모두 물러갔다. 세손이 들어와 관과 겉옷을 벗고 세자의 뒤에 엎드리니 임금이 안아다가 시강원으로 보내고, 김성응金聖應 부자父子에게 세손을 지켜 다시 들어오지 못하게 하라고 명하였다. 임금이 칼을 들고 연달아 차마 들을 수 없는 하교를 내려 동궁의 자결을 재촉하였다. 세자가 자결하고자 하니 춘방의 여러 신하들이 뜯어말렸다. 임금이 이어서 폐하여 서인으로 삼는다는 명을 내렸다. 그때 신만, 홍봉한, 정휘량이 다시 들어왔으나 감히 간하지 못하였고, 여러 신하들도 감히 간쟁하지 못했다. 임금이 시위하는 군병을 시켜 춘방의 여러 신하들을 내쫓게 하였는데 한림翰林 임덕제林德躋만이 굳게 엎드려서 떠나지 않았다. 임금이 엄히 하교하였다.

"세자를 폐하였으니 어찌 사관史官이 있겠는가?"

사람을 시켜 붙들어 내보내게 하니, 세자가 임덕제의 옷자락을 붙잡고 울면서 따라나오며 말하였다.

"너마저 나가버리면 나는 장차 누구를 의지하란 말이냐?"

그러면서 휘령전 문을 나와 춘방의 여러 관원에게 어떻게 해야 좋을지 물었다. 사서司書 임성任晠이 말하였다.

"사세가 마땅히 다시 전정殿庭으로 들어가서 처분을 기다릴 수밖에 없습니다."

세자가 울면서 다시 들어가 땅에 엎드려 애걸하기를 허물을 고쳐 선한 일을 할 수 있게 해달라고 청하였다. 임금이 더욱 엄하게 하교하면서 영빈映嬪이 임금께 고한 바를 말하였다. 영빈은 곧 세자를 낳은 어머니 이씨로서 임금에게 밀고한 자였다. 도승지 이이장李彛章이 아뢰었다.

"전하께서 깊은 궁궐에 있는 한 여자의 말 때문에 국본國本을 흔드십니까?"

임금이 진노하여 급히 사형에 처하라고 명하였다가 돌이켜 그 명을 중지시켰다. 마침내 세자를 깊이 가두라고 명하였다. 세손이 황급히 들어왔다. 임금이 세자 빈궁, 세손 및 여러 왕손들을 좌의정 홍봉한의 집으로 보내라고 명하였다. 이때가 밤이 이미 반이 지났었다. 임금이 전교를 내려 중외에 반포하여 보였다. 그 전교는 이 기사를 쓰는 사관도 기휘忌諱에 저촉되어 감히 쓰지 못하노라.

참 뭐라 할 말을 잊게 만드는 상황이다. 영조나 왕세자나 영빈 이씨나 모두 정상이 아닌 것으로 보인다. 이들의 관계가 처음부터 이렇게 마주보고 달리는 기차와 같은 관계는 아니었다. 왜 이렇게 악화되었는지 《영조실록》은 다음과 같이 진단한다.

처음에 효장세자가 죽은 이후 임금에게는 오랫동안 후사가 없다가 세자가 탄생하였는데 타고난 자질이 탁월하여 임금이 매우 사랑하였다. 열 살쯤 이후에는 점차 학문에 태만하게 되었다. 대리청정을 한 이후부터 질병이 생겨 천성을 잃었다. 처음에는 대단치 않았기 때문에 신하들과 백성들이 모두 질병을 이기기를 바랐었다. 정축년1757, 영조 33에서 무인년1758, 영조 38 이후부터 병의 증세가 더욱 심해져서 병이 발작할 때에는 동궁의 계집종과 환시를 죽이기도 하고, 죽인 후에는 바로 후회하곤 하였다. 임금이 매번 엄히 하교하여 통절하게 책망하니 세자는 의심하고 두려워하며 질병이 더 심하게 되었다. 임금이 경희궁에 임어하면서 두 궁宮 사이는 도리어 더 의심하고 멀어졌다. 또 환관宦官이나 기녀妓女들과 거리낌없이 놀아나면서 하루 세 차례 문안하는 예를 온전히 폐하였다. 임금의 뜻에 합치되지 않았으나 다른 후사가 없었기에 임금이 매양 종묘와 나라를 위해 근심하였다.

위 《영조실록》에서 진단하는 내용이 과연 정확하며 옳은가? 품고 있는 행간의 의미를 온전히 밝히기는 어려운 일이다. 다만 임금과 왕세자가

창경궁 문정전 | 건물은 다시 지은 것이라서 눈길이 별로 가지 않는다. 다만 사도세자가 갇혀 죽은 뒤주가 놓였던 자리는 저 마당 어느 지점이겠거니….

다른 궁궐을 쓰면서 사이가 멀어졌다는 말은 일리가 있다고 생각한다. 영조는 경희궁에 있다가 급히 창덕궁을 거쳐 창경궁으로 가서 휘령전 뜰에서 왕세자를 뒤주에 가두어 죽였다. 휘령전은 바로 지금의 창경궁 문정전이다. 당시 문정전은 영조의 첫째 왕비 정성왕후의 혼전魂殿이었다. 혼전이란 임금이나 왕비의 신주를 종묘에 부묘祔廟하기 전까지 봉안奉安하는 전각을 가리키는데, 정성왕후의 신주는 영조가 승하하여 장례를 마치고 그 신주를 종묘에 봉안할 때까지 이 혼전에 봉안하게 되어 있었다. 휘령전이란 이름은 문정전을 혼전으로 쓰면서 붙인 이름이었다.

영조와 왕세자가 같은 궁궐에 있었다고 하여 둘 사이의 갈등이 생기지 않았으리라고 보기는 어렵다. 하지만 둘이 같은 궁궐에 있으면서, 정상적인 접촉을 하였다면 과연 이토록 극단적인 조치를 취하였을까? 혹 왕세자를 폐하거나 죽일 수는 있었다 하더라도 이렇게 갑자기, 그리고 잔혹하

의열묘 편액 | 1746년(영조 4) 영조는 영빈 이씨의 무덤에 의열묘라는 편액까지 써서 내렸다. 1899년(고종 36, 광무 3)에 사도세자를 장조(莊祖)로 추존하면서 그 생모의 묘도 승격하여 수경원(綏慶園)이라 하였고, 1970년 서오릉 경내로 이장하였다. 뭐라 말하기 어렵게 복잡미묘한 인생, 그 무덤의 내력도 굴곡이 크다. (연세대학교박물관 소장)

게 죽이지는 않지 않았을까? 부질없는 가정이지만 가정으로서는 성립된다고 생각한다.

왕세자를 뒤주에 가둔 뒤 영조는 계속 창경궁에 머물면서 왕세자와 놀아난 환관과 여승, 평양의 기생 다섯 명을 참형에 처하라고 명하고, 그 밖에 동궁에 속한 사람들 몇을 더 목을 베어 장대에 꿰어놓게 하였다. 세자시강원, 세자익위사의 관원들을 모두 파직하였다. 그리고 자신이 다시 친히 국정을 담당하였다.

왕세자는 뒤주에 갇힌 지 8일 만인 윤5월 21일에 죽었다. 왕세자가 죽었다는 보고를 받고 영조는 그 칭호를 회복시키고 사도세자思悼世子라는 시호를 내렸다.[90] 《영조실록》에는 바로 그날 영조가 경희궁으로 환어한 것으로 나온다.[91] 그런데 《승정원일기》에는 이틀 전인 윤5월 19일에 경희궁으로 환궁還宮한 것으로 나온다.[92] 영조가 경희궁으로 환어한 사실은 그리 혼동할 바가 없는 단순하고 드러난 사실인데 왜 두 기록에 차이가 나는지 모르겠다. 《승정원일기》는 1744년영조 20에 불에 타서 다시 만든 부분이 있는데, 이 시기 영조 38년 부분은 그에 해당되지도 않는다. 그렇게 보면 매일 기록하여 한 달 단위로 책을 묶은《승정원일기》가 임금이 죽은 뒤에 편집한 실록보다 더 정확할 것이다.

그렇다면《영조실록》을 편찬한 사관들은 왜 21일에 경희궁으로 환어한 것으로 기술하였을까? 단순한 착오였을까? 영조가 창경궁에 있으면서 사도세자가 죽기를 기다렸다가 죽자마자 경희궁으로 환어하였음을 극적으로 부각시키기 위해서 그랬을까? 영조의 속마음이 진정 그랬을까? 그 속을 누가 알리요?

3

세 번째 양궐체제

법궁 경복궁 중건

경복궁 중건 경위 동궐이 법궁, 서궐이 이궁이 되는 양궐체제는 고종 초년 경복궁이 중건되면서 끝이 났다. 1863년 12월 철종의 뒤를 이어 고종이 즉위하였다. 고종이 즉위하면서 서울에 기반을 둔 몇몇 유력한 가문으로 편중되어 있던 국가 권력을 다시 임금과 그에 연결된 왕실 인물들로 회수하려는 움직임이 일어났다. 신정왕후神貞王后와 흥선대원군興宣大院君 이하응李昰應이 그 핵심에 서 있었다.

신정왕후는 풍양豊壤 조씨 조만영趙萬永의 딸로서 흔히 '조대비'라고 불리는 인물이다. 순조의 아들 효명세자孝明世子는 아버지 순조를 넘어서 할아버지 정조의 행적을 본받으려 의욕을 보였으나 즉위하지 못하고 스물

둘 젊은 나이에 죽고 말았다. 그 아들은 즉위하여 헌종이 되었고, 효명세자도 임금으로 추숭되어 익종翼宗이라는 묘호를 얻었다. 헌종의 어머니이자 효명세자의 부인은 익종의 비의 지위를 얻었다. 모후母后인 순조의 비 순원왕후가 대왕대비가 된 데 이어 왕대비가 되었다가, 1857년철종 8에 순원왕후가 죽은 뒤에는 대왕대비가 되었다. 그리고 1890년고종 27에 승하하였을 때 시호諡號를 신정神貞이라고 하였다.

신정왕후는 시어머니인 순조의 비 순원왕후가 철종을 즉위케 하고 자신은 모후가 되었던 방식을 답습하여 흥선대원군의 둘째 아들 명복命福을 임금으로 즉위케 하고 자신이 모후가 되었다. 다만 순원왕후가 철종을 선택하였을 때와 달리 명복에게는 생부生父인 흥선대원군이 있었고, 권력도 흥선대원군 쪽으로 집중되어갔다.

신정왕후와 흥선대원군이 권력의 핵심으로 등장하면서 추진한 사업이 경복궁 중건이다. 1865년고종 2 4월 2일 신정왕후는 대신들에게 경복궁을 중흥重興할 것을 의논하도록 명하였다. 그때 경복궁 중건의 명분으로서 자신의 남편인 익종이 일찍이 국초에 세운 정아正衙인 경복궁을 중건하려는 뜻을 가지고 있었고, 아들인 헌종도 그러한 뜻을 이어받기는 하였으나 구체적인 시도는 하지 못하였다고 하여 선왕이 남긴 뜻임을 내세웠다.[93] 그러면서 신정왕후는 경복궁 중건의 총책임을 흥선대원군에게 맡겼다. 두 사람 사이에 막후에서 교감이 있었음을 짐작하게 하는 대목이다.

경복궁 중건 방침이 정해진 이튿날 바로 전담 기구인 영건도감營建都監이 설치되고 비중 있는 인물들이 다수 책임자로 임명되었다.[94] 영건의 재원으로 원납전願納錢을 받기로 결정하고, 공사 시작일을 4월 13일로 잡았다. 이로써 경복궁 중건 공역을 위한 인적, 물적 자원이 마련되어 공사가 시작되었다. 1865년고종 2에는 공사가 순조롭게 진행되어 궁성과 내전 구역의 주요 건물들이 모습을 갖추기 시작하였다.

한때 병인양요丙寅洋擾를 비롯하여[95] 외국과 마찰을 겪는 탓으로 공역이

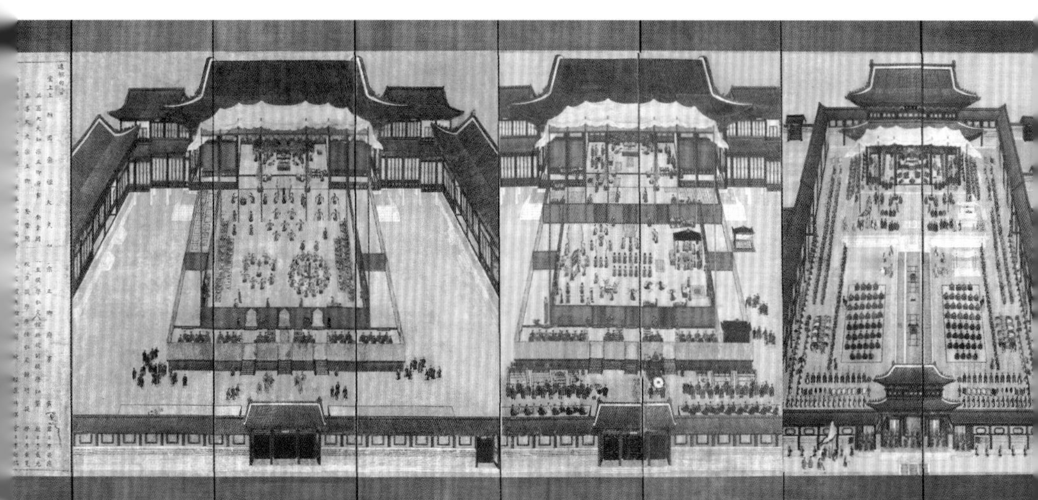

〈무진진찬도병〉 | 1868년(고종 5) 익종비 신정왕후의 회갑을 기념하는 진찬 장면을 8폭 병풍으로 꾸몄다. 경복궁을 중건하고 열린 첫 큰 행사였다. 오른쪽부터 1폭과 2폭은 근정전진하도, 3폭과 4폭은 강녕전진찬도, 5폭에서 7폭은 강녕전익일회작연도이고, 8폭은 좌목이다. (로스앤젤레스카운티미술관 소장)

잠시 주춤하기도 하였으나 1867년고종 4부터는 다시 순조롭게 진척되어 같은 해 8월부터는 주요 건물뿐만 아니라 다른 일반 건물들도 거의 완성 단계에 이르렀다. 그리하여 마침내 1868년고종 5 7월 2일 고종이 대왕대비, 왕대비, 대비 삼전三殿을 모시고 경복궁으로 이어함으로써 5년에 걸친 경복궁 중건 사업이 일단락되었다.[96] 당시 여건으로 보아서는 비교적 빠르고 원활한 진행이었다.

왕실 존엄성의 회복? 중건된 경복궁은 다시 조선의 법궁이 되었다. 이는 인조 이후 내려오던, 동궐이 법궁이 되고 경희궁이 이궁이 되는 양궐체제를 청산하고 다시 임진왜란 이전으로 돌아가 경복궁이 법궁이 되고 동궐이 이궁이 되는 양궐체제를 회복하였음을 뜻한다. 이때까지 이궁 역할을 한 경희궁은 궁궐로

경희궁 후원에서 바라본 경복궁 전경 | 저 멀리 겹지붕이 불쑥 솟은 근정전, 그 뒤에 사정전, 그보다 조금 가까이에 경회루가 보인다. 1876년의 화재로 내전이 불탄 후 복구하기 전에 찍은 사진이다.(계속)

서의 기능을 잃고, 건물들 중 많은 수가 경복궁 중건의 자재로 쓰였다. 그렇다면 당시 정치 현실에서 경복궁 중건이 갖는 의미는 무엇일까?

> 또, 대원군은 실추된 왕실의 존엄성을 회복하기 위하여, 임진왜란 때 불타버린 경복궁을 중건하였다. 그는 막대한 공사비를 마련하기 위하여 원납전을 강제로 징수하였으며, 당백전을 남발하여 경제적 혼란을 가져오기도 하였다. 그리고 양반들의 묘지림까지도 벌목하고, 많은 백성들을 토목 공사장에 징발하여 양반과 백성들의 원성을 듣기도 하였다.

반면 가까이 경희궁에는 별다른 건물은 보이지 않고 나무만 무성하다. 궁성도 무너진 부분이 군데군데 눈에 뜨인다. 사진 상태가 좋진 않지만 19세기 말 경복궁과 경희궁의 상황을 동시에 보여준다.

과거 국정이었던 고등학교 국사책에서부터 시작하여 중학교 국사책 그리고 널리 읽히고 있는 책들에 보이는 경복궁 중건에 관한 내용이다. "왕실의 위엄을 과시하기 위하여 재정의 곤궁을 무릅쓰고 경복궁 중건을 추진하였다. 경비를 조달하기 위하여 결두전結斗錢, 도성 문세門稅를 부과하고, 원납전을 강제로 징수하였으며, 당백전當百錢이라는 악화를 주조하여 물가를 등귀시키는 등 경제에 혼란을 가져왔다. 또 재목을 비롯하여 각종 건축 자재와 필요한 노동력을 강제로 징발하여 폭넓은 원망을 샀으며 결국 이러한 무리는 대원군 실각의 원인이 되었다"는 것이다.

당백전 ꒐ 엽전 100개의 명목가치를 갖는 돈이다. 앞면에는 상평통보, 뒷면에는 호대당백이라고 새겨져 있다. 실질가치가 명목가치를 따라가지 못하면 그 돈은 경제 질서, 나아가서는 사회에 큰 혼란을 불러일으킨다. (국립민속박물관 소장)

경복궁 중건에 대한 평가는 경복궁 중건 당대부터 이미 칭송보다는 비판이 주를 이루었다. 비판의 핵심은 당백전의 주조와 원납전 등을 강제로 징수하는 데 따른 백성의 고통을 호소하는 것이다. 당대 비판의 초점이 경복궁 중건 자체보다는 그에 따른 재정과 백성의 고통 문제를 지적하는 데 있었다면 그 후에는 좀 더 폭넓게 그 악영향을 지적하는 쪽으로 바뀌었다. 그러한 인식의 대표적인 예가 1934년에 경성부에서 발간한《경성부사》에 있는 내용이다. 그 책에서는 경복궁 중건이 재정 문제와 그로 인한 백성의 고통을 야기하는 데서 더 나아가 대원군 실각과 국세國勢 쇠퇴의 원인이 되었다고 평가한다.《경성부사》의 이런 평가가 오늘날의 부정적 인식의 주요한 연원을 이루는 것이다.

그런데 경복궁 중건 사업이 시작될 때 지지하는 분위기도 상당히 있었음을 주목할 필요가 있다. 그러한 사실을 전해주는 예로〈경복궁 창건가〉라는 4-4조 가사 형태의 노래가 있다.〈경복궁 창건가〉는 민간에서 생겨나 자연스럽게 퍼진 민요라기보다는 누군가 지어서 퍼뜨린 것으로 보인다. 그렇지만 나름대로 당대의 민인들이 경복궁 중건에 자발적으로 동참하는 분위기가 없지 않았음을 전하고 있다. 한 구절을 소개하면 다음과 같다.

사월삼일 출령하니 대왕대비 전교로다
일시의 젼파하니 만인이 열희러라
국용이 탕갈하니 재력이 걱정이라
출쳐업난 이젼곡을 쳔백만을 엇지할고
묘당에 경윤업고 쥬야의 근심터니
영출한지 이삼일의 원납젼이 모혀든다
빈부귀천 상하노쇼 공경이하 대소인민
각가부녀 각색병인 다토아 션납하니
수효를 모랄너라 호조로 밧자하니
십여일의 몃만금고 (이하 생략)

무슨 말인지 얼핏 이해하기 어렵다. 이를 조금 더 쉽게 요즘말로 풀어 쓰면 다음과 같이 되겠다.

사월 삼일에 명령이 내렸으니 대왕대비의 전교傳教로다
이를 일시에 널리 알렸더니 온 나라 사람들이 기뻐하더라
국가 재정이 바닥이 나 있으니 재력이 모자라는 것이 걱정이라
마련해 낼 곳이 없는 이 돈과 곡식 백천만 거액을 어찌할꼬?
의정부에서도 어찌할 경륜을 갖지 못하고 밤낮으로 근심하더니
명령이 내린 지 이틀사흘 만에 원납전이 모여든다
빈부귀천과 상하노소 삼공三公 육경六卿 관원들 높고 낮은 인민들과
각 가정의 부녀자들, 여러 질병을 앓고 있는 환자들까지 다투어 먼저 납부하니
그 액수를 모르겠더라. 호조로 받아들이니
10여 일 만에 몇만 금인가?

이 노래 가사에 따르면 마치 온 인민들이 다투어 스스로 돈을 낸 것으

로 생각할 수 있겠다. 과연 그렇다면 말뜻 그대로 원해서 납부한 돈이 된다. 하지만 이 가사는 어떤 사람이 지어낸 것이요, 상당히 어용적인 의도가 있다고 볼 수밖에 없다. 내용을 있는 그대로 받아들이는 것은 곤란하다. 그렇기는 해도 단기간에 원납전이라는 명목으로 상당한 액수가 걷힌 것 또한 부정할 수 없는 사실이다. 경복궁 중건에 대해서 당시 민인들의 태도는 비판과 지지가 명확히 구별되었다기보다는 뒤섞여 있었던 것으로 보아야 할 것이다.

홍선대원군의 속셈 홍선대원군은 경복궁 중건을 왜 그토록 집요하게 추진하였을까? 단지 왕권의 위엄을 과시하기 위해서 그토록 무리를 하였을까?

흔히 대원군이 되기 전의 홍선군을 '상갓집 개'로 표현하며 상것들만도 못하였던 것으로 묘사한다. 하지만 이는 당시 세도가들이 보기에 그러하였다는 뜻이라면 모를까, 일반적인 기준으로 보기에는 그렇지 않았다. 헌종 연간에 이미 그는 종친의 핵심 인물이었다. 다만 왕권이 극히 약했던 때여서 종친의 위상 역시 보잘것없었기에 종친의 핵심이라 해도 별 영향력은 없었다.

반면에 대원군이 된 다음의 이하응이 일거에 모든 권력을 장악하여 공식적으로 행사한 것처럼 보는 것 역시 실상과는 어긋난다. 홍선대원군은 임금의 생부라는 것 외에는 공식적인 직함이 없었다. 그는 임금을 대신해서 권한을 행사하는 섭정攝政도 아니었고, 흔히 묘사되듯 궁궐에 들어가 임금의 옆자리에 앉아 관원들을 휘두르지도 못했다. 그렇다면 그가 권력을 장악한 기반과 그것을 행사한 방식은 무엇일까?

홍선대원군이 권력에 접근하게 된 일차적인 계기는 임금의 생부라는 자격을 매개로, 고종을 임금으로 결정한 대왕대비 신정왕후와 결탁한 것이었다. 고종 초년 신정왕후가 수렴청정垂簾聽政을 하고 있는 상황에서 홍선대원군은 공식적으로 대군의 예우와 경제적인 지원을 받기로 결정되었다. 다음 결정적인 계기는 경복궁을 중건하기로 결정하고 그 책임을 흥선대원군에게 맡기기로 한 1865년고종 2 4월 2일과 3일의 처분이었다. 경복궁 중건 방침이 정해진 이튿날 바로 사업을 담당할 영건도감을 설치하였는데, 이 영건도감이 흥선대원군이 권력을 장악하는 기반이 되었다. 흥선대원군은 영건도감에 자신의 측근들을 기용함으로써 세력 기반을 확대하였다. 경복궁 중건에 드는 비용을 마련한다는 명목으로 국가 재정에도 관여하는 연결 고리를 확보하였다. 영건도감은 흥선대원군이 사람들을 잡아끄는 줄이요, 돈을 끌어들이는 창구였다고 해도 과언이 아니다. 경복궁 중건 사업을 통하여 임금의 권위가 높아졌다기보다는 흥선대원군의 실권이 커졌다.

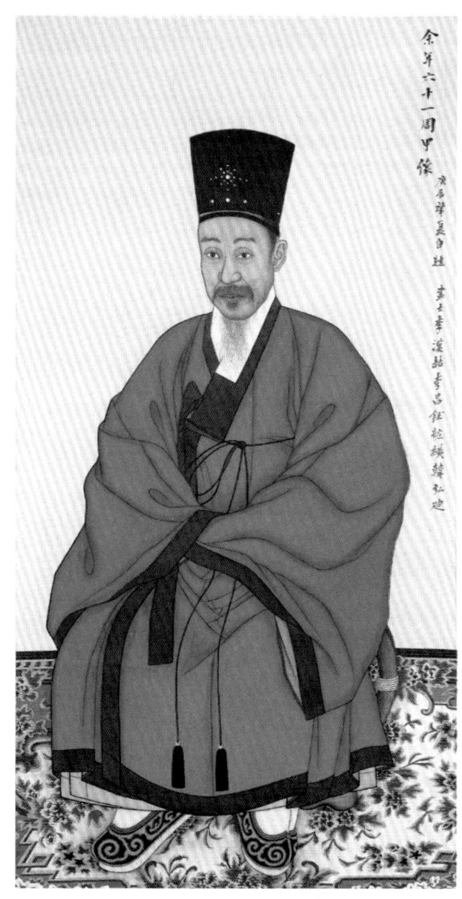

〈흥선대원군초상〉 | 흥선대원군 자신이 제발을 직접 써 넣었다. "내가 61주갑 되던 해의 초상이다." 경진년, 그러니까 1880년(고종 17) 여름에 그렸다. 이미 실권을 잃은 후의 일이다. 검은 건을 쓰고 푸른 포를 입었는데 인상이 강하다. 흥선대원군은 끝내 권력에 대한 야심을 버리지 못하였다. (서울역사박물관 소장)

고종의 이어, 이어, 이어

의문스러운 경복궁의 화재

고종은 열두 살에 즉위하였다. 즉위 당시의 고종은 나이가 어렸을 뿐만 아니라 왕자王者 수업을 받은 바 없었으므로 정치적 역량이 거의 없었다. 신정왕후의 수렴청정은 그런 면에서 당연한 것이었다. 그러나 고종은 재위한 지 7, 8년이 되면서 점차 자신의 입지를 확보하기 시작하였다. 흥선대원군의 실각은 이러한 고종의 정치적 성장이 가장 큰 요인이었다. 나이가 들어가면서 정치적 역량을 키우며 자신의 입지를 확보해나간 고종은 1873년고종 10 11월에 가서는 자신이 모든 정무를 직접 처결하겠다는 의지를 표명하였다. 친정親政 선언이었다. 모든 정무를 자신이 직접 처리하겠다는 말은 흥선대원군의 영향력을 배제하겠다는 뜻을 담은 말이었다.

고종이 이렇게 친정을 선언하고 나선 지 한 달 남짓 뒤인 12월 10일에 자경전慈慶殿의 부속 건물인 순희당純熙堂에 불이 나서 자경전과 그 부근의 건물들 그리고 중궁전인 교태전交泰殿과 그 부속 건물 360여 간이 소실되었다.[97] 방화든 실화든 화재에 대한 책임은 묻지 않을 수 없는 법. 화재 당일 승정원에서 화재 현장 부근에 있던 아랫사람들을 병조에 넘겨 화재 원인을 조사하겠다고 하자 고종은 궁중에서 자체적으로 조사하여 처분하겠다고 답하였다.[98] 영의정 이유원李裕元이 재차 환관과 궁녀들을 담당 관원에게 회부하여 엄히 조사하여 죄를 주어야 한다고 하자 고종은 궁중 내부에서 조사하여 처분하겠다는 답변을 반복하였다.[99] 궁궐에 화재가 났을 경우 원인을 철저히 조사하는 것이 관례임에 비추어볼 때 고종이 이를 궁중 내부에서 처리하겠다고 하여 덮어두려는 태도를 보인 것은 이례적인 일이다. 뭔가 석연치 않다.

고종은 화재 원인을 방화로 짐작하고 있고 방화의 주체가 누구인지

창덕궁 농수정의 고종 | 미국인 퍼시벌 로웰은 1883년 조선의 미국 수호통상사절단을 안내한 인연으로 1883년 12월부터 3개월간 조선을 방문하였다. 그때 고종의 사진을 찍었다. 고종이 1876년의 화재로 창덕궁에 이어해 있을 때의 일이다. (퍼시벌 로웰 사진, 1884년)

어느 정도는 짐작하고 있었던 것은 아닐까? 그래서 이를 조사하여 진실이 드러나는 것을 바라지 않은 것은 아닐까? 그렇다면 방화의 주체를 누구로 짐작하였을까? 고종 입장에서 진실이 드러나면 참으로 곤란한 인물. 또 고종이 친정을 하겠다고 함으로써 실권을 상실하게 된 인물. 그가 상황을 반전시키기 위한 특단의 조치를 취한 것은 아닐까? 의심을 받는 당사자로서는 오비이락烏飛梨落이요, 억울한 누명이 될 수도 있으니 조심할 말이기는 하지만, 의심할 여지가 전혀 없는 것은 아니다. 늘 그렇듯 이런 의문에 대해서 속 시원한 답변을 찾아내는 것은 어려운 일이다. 명확한 증거가 없는 한 언제나 미궁 속으로 사라지게 마련이다. 하지만 물증은 없으나 심증은 있을 수 있다. 이렇게 조심조심 전제를 깔고 말하자면 용의자로 흥선대원군이 가장 유력하다고 하지 않을 수 없다.

아무튼 이 화재로 경복궁은 수리를 하지 않을 수 없게 되었고, 고종과

1876년의 화재 이후 경복궁 경회루 위에서 바라본 내전 일대 | 1885년에 내전을 다시 중건하기 이전에 찍은 사진이다. 내전 건물들이 굴뚝만 남아 있다. 사진의 우상단에 보이는 처마는 사정전의 것이고, 그 아래로 보이는 문은 경회루로 드나드는 함홍문이고 그 위로 보이는 우물은 지금도 남아 있다. (《하퍼스위클리》)

왕실은 12월 20일 창덕궁으로 이어하였다.[100] 고종이 창덕궁에 있는 동안에 경복궁의 불탄 건물들을 다시 지어 1875년고종 12 5월 28일에 경복궁으로 환어하였다.[101]

궁궐에 불이 나서 임금이 이어하고 환어하는 것이야 어쩔 수 없는 일이다. 그러나 불이 자주 나는 것은 무슨 까닭인지, 고종이 경복궁으로 환어하고 1년 남짓 지난 1876년고종 13 11월 4일에 또 교태전에 불이 나 동편의 자경전, 남쪽의 대전인 강녕전康寧殿까지 내전 일대가 거의 다 소실되었다.[102] 이때 피해 규모는 3년 전 화재의 두 배가 넘는 836간에 달했다. 건물만이 아니라 내전에 보관되어 있던 인장과 서적 등도 다수 불타 없어졌다. 임금의 대보大寶와 왕세자의 옥인玉印은 간신히 구해냈으나, 왕명을 내리는 문서에 찍는 계자인啓字印을 비롯해 동궁의 달자인達字印, 그리고 역대 왕들이 어필御筆과 서적이 모두 소실되었다.[103] 돈으로 환산할 수 없는 큰 피해였다. 이 화재로 고종과 왕실은 우선 궁색한 대로 경복궁에서 겨울을 나고 이듬해 1877년 3월 10일 창덕궁으로 다시 옮기지 않을 수 없었다.[104] 그렇게 창덕궁으로 이어한 뒤 8년을 거기서 지내고 1885년고종 22 1월이 되어서야 다시 경복궁으로 환어하였다.[105]

고종의 계속되는 이어

그 이후 고종은 재위하는 동안 10여 차례나 이어를 거듭하였다. 고종의 잦은 이어는 화재로 인한 경우도 없지 않았으나 그보다는 정변과 농민전쟁, 청일 간의 각축과 조선에 대한 압박, 이에 대한 고종을 비롯한 조선 조정의 대응 등이 원인이었다. 고종 초년의 경복궁 중건이 흥선대원군의 권력 장악의 수단이라고 한다면, 1885년고종 22 이후의 궁궐 수리와 고종의 잦은 이어는 근대사로 이행하는 과정에서 국내 정치 집단의 성격 변화와 외세의 침탈로 인한 주권의 위기를 반영하고 있다.

그런 가운데 1894년고종 31부터 3년 동안의 이어는 우리 근대사의 파란과 특히 밀착된 것이었다. 1894년은 우리 근대사의 물줄기가 크게 소용돌이치며 방향을 튼 해이다. 1894년 농민전쟁, 청일전쟁淸日戰爭, 갑오개혁甲午改革 등 굵직굵직한 사건이 꼬리를 물고, 그에 따라 국내외 정세가 급변에 급변을 거듭하였다. 이렇게 상황이 급박하게 돌아가는 가운데 2월 30일 고종은 창덕궁으로 이어할 터이니 날짜를 4월 초순으로 택일하여 들이라는 명을 내려 4월 3일 창덕궁으로 이어하였다.[106] 그렇게 이어한 지 두 달도 안 되는 5월 22일 고종은 다시 갑작스레 모레 경복궁으로 환어하겠다는 명을 내려 5월 24일 경복궁으로 환어하였다.[107]

이때 고종이 이렇게 급하게 경복궁에서 창덕궁으로, 다시 창덕궁에서 경복궁으로 이어한 이유가 무엇인가를 바로 밝혀줄 자료를 찾기는 쉽지 않다. 다만 고종이 경복궁에서 창덕궁으로 이어한 이틀날 전현직 대신과 측근 신하들을 소견하는 자리에서 "창덕궁이 좀 좁기는 하나 익숙하고 편하다"고 한 것이나 창덕궁에서 다시 경복궁으로 이어한 다음 날 "창덕궁은 좁은데 경복궁은 앞이 탁 틔어 밝고 시원하여 좋다"는 말 정도를《고종실록》에서 확인할 수 있다.

그러나 농민들이 들고 일어나고, 청나라와 일본이 한반도를 놓고 전쟁을 벌이려는 판국에 어느 궁궐이 익숙하고 편해서 또는 앞이 탁 틔어 시원하고 좋아서 이어하였다는 말을 액면 그대로 받아들일 수는 없는 노릇이다. 당시의 상황, 특히 일본의 압박을 피해보려는 것을 이어의 첫 번째 이유로 보아야 할 것이다. 경복궁으로 다시 이어하기 전날인 5월 23일 일본공사 오토리 게이스케[大鳥圭介]가 고종을 '접견'하였다. 말이 좋아 접견이지 실상은 청나라를 제치고 일본이 조선에 입김을 불어넣으려는 위협이요 협박이라고 할 수밖에 없었다. 그로부터 한 달 뒤인 6월 21일 일본군이 경복궁에 침입하였고, 6월 23일에는 마침내 청일전쟁이 일어났으며, 6월 25일에는 일본의 입김으로 갑오개혁이 실시되었다. 1894년 고종의 이어는 이러한 격변의 소용돌이 속에서 그것을 벗어나려는 몸부림이었다고 이해해야 할 것이다.

아관파천? 이필주어?

1894년의 이어는 임금으로서 체모를 크게 잃은 것이었다. 하지만 그 정도만 해도 좀 나은 편이다. 1896년고종 33, 건양 원년 2월 11일의 이른바 아관파천俄館播遷에 이르러서는 체모를 따지는 것조차 사치스러울 지경이다. 아관이란 아라사俄羅斯, 곧 러시아의 공사관을 말한다. 지금 정동 이화여고 동문 맞은편으로 난 길을 따라 죽 올라가면 경향신문사 뒤편 등성이에 무슨 탑처럼 남아 있는 흰색 건물이 그 흔적이다. '파천'이란 '임금이 도성을 떠나 딴 곳으로 피난한다'는 뜻으로 파월播越, 몽진蒙塵과 같이 쓰인다. 한 나라의 임금이 외국도 아닌 자기 나라에서 자신의 궁궐을 버리고 다른 나라 공사관으로 피신을 하는 것은 아무래도 모양이 좋아 보일 수 없다. 더구나

러시아공사관에서 고종과 순종이 머물렀던 방 | 서양식 침대와 실내 장식이 화려하다. 하지만 한 나라의 임금이 외국 공관에서 1년이나 머물렀다는 사실은 그 공간이 아무리 화려하다 한들 씁쓸한 뒷맛을 지우기 어렵다. (《이왕궁비사》)

왕실의 다른 식구들 가운데 왕태자갑오개혁 이후 바뀐 왕세자의 칭호만 데리고 간 것은 일단 모양이 무척 좋지 않다.

그러나 우리 근대사의 여러 사건들이 그렇듯 '아관파천'에 대해서 이제는 다시 한 번 진지하게 따져볼 때가 되었다. 우선 명칭부터 재론의 소지가 있다. 《고종실록》에는 "이필주어移蹕駐御"라고 나온다.[108] 《고종실록》은 일본인들이 편찬하였기에 우리 역사를 교묘하게 왜곡하고 부정한다. 고종에 대해서도 겉으로는 존중하는 듯 위장을 하지만, 그의 권위를 부정하고 그가 한 일을 과소평가하려는 저의가 전편에 깔려 있다. 그럼에도 파천이라 하지 않고 이필주어라는 표현을 썼다. 이필주어란 말은 파천과는 뜻이나 어감이 사뭇 다르다. 임금이 거둥하는 중간에 잠시 머문다는 뜻의 주필駐蹕과 다른 곳으로 옮겼다는 뜻의 이어移御를 혼합한 것이다. 파천인

옛 러시아공사관 탑 | 러시아공사관은 한국전쟁 당시 폭격으로 본채는 다 없어지고 동북 모서리에 있던 탑 부분만 무슨 지표인양 남아 있다.

가, 이어인가? 다른 나라 공사관으로 피신을 한 것인가, 아니면 필요에 따라 잠시 옮겨가 있었던 것인가? 둘러치나 메치나 그게 그거라고 일소에 부쳐버릴 수도 있다. 하지만 달리 보려고 노력하면 달리 볼 소지가 없는 것도 아니다.

1894년 청일전쟁에서 승리한 일본은 조선에 대한 영향력을 독점하려는 움직임을 보였다. 이에 러시아를 중심으로 하여 독일, 프랑스까지 서양의 세 나라가 제동을 걸었다. 이를 삼국간섭이라 한다. 국내에서는 명성왕후明成王后가 이에 호응하였다. 일본은 비상 수단을 동원해서라도 이러한 상황 전개를 바꾸어보려 했다. 그 결과가 1895년고종 32 8월 20일 일본 공사 미우라 고로[三浦梧樓]가 이끄는 일본공사관 직원, 일본군, 일본 낭인, 조선 신식 군대인 훈련대 등이 경복궁에 난입하여 명성왕후를 찔러 죽이고 그 시신마저 불태우는 만행으로 나타났다. 이른바 을미사변乙未事變이다.

을미사변 이후 일본은 친일 내각을 구성하여 노골적으로 고종을 압박하였고, 고종은 늘 신변의 위협을 느끼며 살았다. 일본인들이 자신을 독살할 것이라는 공포 때문에 보는 앞에서 딴 깡통 연유나 날달걀 외에는 아무것도 먹지 않았다. 선교사 언더우드Horace Grant Underwood의 집에서 음식

경복궁 곤녕합 | 곤녕합 일대는 건청궁 안 왕비의 거처이다. 그중에서도 사진에 찍힌 누 부분의 이름이 옥호루이다. 곤녕합 일대는 바로 1895년 을미사변의 현장이다. 뒤의 서양식 건물은 외국인들의 숙소로 쓰였던 관문각이다.

을 만들어 놋그릇에 담아 자물쇠를 채워 보내기도 했다. 미국 선교사들이 권총을 차고 침소를 지켜주어야만 안심을 할 정도였다.

이러한 숨 막히는 상황을 타개하기 위해서 고종은 서양 각국에 기대를 걸고 그들의 힘을 이용하고자 했다. 특히 미국과 러시아에 큰 기대를 걸었던 듯하다. 당시 정동 일대는 미국, 영국, 프랑스, 러시아 등 외국 공관이 들어서 있어서 조계지租界地 같은 분위기를 띠고 있었다. 1895년 11월 28일 발생한 춘생문春生門 사건은 미국과 연결된 반일 인사들이 일본과 일본에 연결된 관료들의 포로가 되다시피 한 고종을 미국공사관으로 옮기려 한 시도였다. 당시 경복궁의 안 건청궁乾清宮에 있던 고종에게 접근하려고 군대를 동원해 후원 담장의 동문인 춘생문 인근의 담을 넘어 들어가려다 기밀이 새어나가 실패하고 말았다.

그로부터 두 달 남짓 뒤에 일본이 장악한 경복궁에서 고종을 내보내려 한 또 다른 시도가 바로 아관파천이다. 1896년 2월 11일 새벽 고종과 왕태자는 변복을 하고 궁녀의 가마를 타고 경복궁 북문인 신무문神武門을 빠져나가 정동의 러시아공사관으로 갔다. 그것을 아무리 파천이나 이필주어라는 말로 표기하더라도 한 나라의 임금이 자기의 왕도이자 수도에서 다른 나라의 공사관으로 가서 1년이나 기거한 것은 떳떳하고 자랑스러운 일은 되지 못한다. 조선왕조 전래의 궁궐 경영 방식이 끝나는 순간이자, 조선의 국권이 위태롭게 흔들리기 시작하는 순간이었다.

4

경운궁 단궐체제

경운궁 시대

탈일본 입서구 고종은 러시아공사관에서 만 1년 동안 머물렀다. 이 기간에 고종이 아무런 외부 활동을 하지 않은 채 러시아공사관 안에만 갇혀 있던 것처럼 이해하기 쉬우나 그렇지는 않았다. 어려운 당시 상황에서 고종은 나름대로 활발한 활동을 꾀하였다. 일본과 연결되어 있던 친일 내각의 관료들을 처단하고, 왕조에서 제국으로 국체를 바꾸어서 임금이 국정 운영의 주도권을 회복하는 한편, 대외적으로는 자주국가로서 기틀을 다지고자 여러 조치들을 취하였다. 그를 위한 준비 가운데 중요한 것이 그러한 일들을 하기 위한 공간, 곧 새로운 궁궐을 마련하는 것이었다. 러시아공사관으로의 이필은 일본의 포위망에서 탈출하기 위한 궁여지책이었지 언제까지나 그곳

미국공사관 옛 모습 | 1905년 9월 방한한 루즈벨트 미국 대통령의 딸 앨리스와 총영사 고든 패덕 등 미국인들, 그리고 대한제국 군인 몇이 미국공사관 앞에서 기념 촬영을 하였다. 미국공사관 건물은 한옥 골격을 유지하면서 전면에 현관을 추가 설치하였다.

에 머물 생각을 했던 것은 아니었다. 러시아공사관으로 갈 때부터 이미 고종은 여건이 조성되면 환어할 것을 포고한 바 있고, 조선의 조야朝野에서는 꾸준히 환궁을 요구하는 상황이었다. 그렇다고 기존의 경복궁이나 창덕궁으로 돌아가기도 어려운 형편이었다. 일본의 압력을 받아 떠나온 경복궁이나 창덕궁은 고종으로서는 안심할 만한 곳으로 받아들이기 어려웠다. 하여 그보다는 서양 각국의 공관들이 밀집해 있는 정동 일대에 새 궁궐을 마련하는 편을 택하였다.

정동 일대에는 임진왜란 이후 광해군 초년까지 임금이 살던 정릉동 행궁, 즉 경운궁의 터가 넓게 자리 잡고 있었다. 경운궁 터의 일부에는 왕비의 토지를 관리하는 궁방인 명례궁이 들어서 있었다. 그 명례궁 인근에 1880년대 초중반부터 미국, 영국, 러시아 등의 공사관이 들어서 있었다.

러시아공사관을 떠난 뒤 이용하기 위해 새로운 궁궐을 지을 필요가 커지자, 고종은 바로 그 옛 경운궁 자리에 경운궁을 중건하는 형식을 취하려 하였다. 말이 중건이지 실제로는 대단히 큰 규모의 궁궐을 새로 짓는 일이었다.

고종과 왕태자가 1896년에 러시아공사관으로 이필주어할 때 명헌대비明憲大妃, 헌종의 계비와 왕태자빈은 러시아공사관이 아닌 경운궁으로 이어하였다. 그 무렵 경운궁은 궁궐로서 제 모습을 갖추고 있었던 것은 아니었고, 명례궁 건물이 몇 채 있었던 듯하다. 아무튼 그때 상례를 벗어나 왕실의 여인들을 경운궁으로 이어시켰던 것을 보면, 고종은 이미 그때부터 경운궁으로 이어할 의도를 가지고 있었다고 보아야 할 것이다.

고종은 러시아공사관에 머무는 동안 경운궁을 수리하게 하는 한편, 그때까지 아직 경복궁 문경전文慶殿에 있던 대행왕후大行王后, 곧 명성왕후의 빈전을 경운궁으로 옮기게 하였다. 빈전은 1896년 9월 4일에 경운궁의 중앙인 즉조당과 석어당 인근, 오늘날의 덕홍전德弘殿 자리에 있었다.[109]

경운궁을 수리하는 공사는 꾸준히 진행되어 1896년 10월 무렵에는 경운궁이 궁궐로서 모습을 갖추었던 듯, 고종은 경운궁으로 환어할 뜻을 비치기도 하였다. 그러나 이때의 공사는 본래 있던 건물의 수리를 한 정도여서 환궁한 뒤에도 경운궁을 중건하는 공사는 지속되었다. 환궁 뒤의 공사는 수리 정도가 아니라 국가 재정을 기울인 본격적인 영건 공사였다. 건축 자재가 모자라서 경복궁에 있던 몇몇 건물을 옮겨다 지을 정도였다.

그렇게 러시아공사관에 머무는 동안 준비를 한 끝에 1897년건양 2 2월 20일 고종과 왕태자는 경운궁으로 환궁하였다.[110] 환궁이라고는 하지만 경운궁과 러시아공사관은 서로 잇닿아 있었으므로 실제로 이동한 거리는 얼마 되지 않았다. 그렇지만 이로써 경운궁은 임금이 임어하는 유일한 궁궐이 되었다. 궁궐 경영은 전래의 양궐체제를 잃어버리고 단궐체제單闕體制로 바뀐 셈이다.

원구단 | 대한제국에서 외국 귀빈을 머물게 하기 위해 지은 대관정에서 본 모습이다. 왼편에 있는 건물이 원구단 정문, 중앙부에 보이는 3층 지붕 건물이 황궁우, 중단 오른편에 흰 기단에 흰 지붕이 보이는 부분이 원구단이다. (《버튼 홈즈의 여행 강의》)

경운궁 영건, 대한제국 정비

경운궁으로 환궁한 뒤 8월 14일 고종은 연호를 건양建陽에서 광무光武로 고치고, 지금의 웨스틴조선호텔 자리에 하늘에 제사 지내는 원구단圜丘壇을 쌓았다. 10월 11일 국호를 대한제국으로 정하고 이튿날 원구단에서 황제 즉위식을 거행하였다. 그리고 11월 21일에는 그때까지 유보되고 있던 명성왕후의 장례를 국장으로 치렀다. 고종이 임금으로 경운궁에 임어한 기간은 1897년부터 일본이 헤이그 특사 사건을 트집 잡아 고종을 강제로 퇴위시킨 1907년 7월 19일까지 10년 5개월이다. 경운궁 시대는 연호로는 광무 연간이라 하고 국호로는 대한제국기이다. 경운궁은 대한제국기 10년 동안 파란만장하게 진행된 우리 역사의 중심 무대였다.

경운궁 함녕전 | 고종의 거처였을 뿐만 아니라, 1904년 화재를 입어 다시 짓기는 하였으나, 처음부터 오늘까지 경운궁을 지키고 있다는 점에서 경운궁의 중심 건물이다.

경운궁을 짓는 공사는 환궁 후에도 계속되었다. 환궁하고 처음에 주로 활용한 건물들은 함녕전咸寧殿과 즉조당卽阼堂이다. 함녕전은 고종의 거처이자 소견 또는 청대 등 고종과 고위 관원들이 모여서 국정을 논의하는 곳으로 많이 쓰였다. 즉조당은 다른 궁궐의 법전에 해당하는 기능을 담당하였지만 공간이 좁았기에 한계가 있었고, 태극전太極殿으로 이름을 바꾸었다가 다시 중화전中和殿으로 고쳤다.

이 시기 정문이었던 인화문仁化門은 남향하고 있었다. 하지만 인화문은 남쪽 정면을 언덕이 가로막고 있어서 앞으로 길이 뻗어나가기 어려운 문제점이 있었다. 이 때문에 인화문 대신에 동문인 대안문大安門이 정문이 되었던 것으로 보인다. 1898년 6월 고종은 다른 나라들의 예에 따라 황제가

친히 대원수大元帥가 되어 육군과 해군을 통솔하고 황태자가 원수元帥가 되도록 하였다. 이에 따라 원수부元帥府라는 군사 조직을 만들어 경운궁 안에 두었다.[111] 1899년 3월 3일에는 경운궁에 새 문을 내고 "대안문"이라 쓴 편액을 달았다. 대안문은 경운궁의 동남쪽 모퉁이에서 동향하고 있었고, 바로 옆에 원수부가 있었다.[112]

1900년광무 4 1월에는 궁성 공사를 마쳤다. 1902년광무 6 9월에는 마침내 경운궁 영건 공사가 완전히 끝나서 이를 담당하던 관리들과 기술자들을 해산하고 감독 책임자들에게 상을 내렸다. 그렇게 영건된 경운궁은 당연히 임금이 임어하는 궁궐로서 필요한 규모를 갖추고 있었다. 그러나

1902년 경운궁 전경 | 모습을 갖춰가는 경운궁 서측 부분 전경. 아직 궁성은 완성되지 않았고, 내부 건물들도 온전히 다 갖추어지지 않았으나 2층 건물 중화전이 위용을 드러내고 있다.

1880년대 경운궁이 비어 있을 당시 그 터를 미국, 영국, 러시아, 프랑스 등의 공사관 터로 잘라주었기 때문에 결과적으로 경운궁 부지는 외국 공사관 부지와 섞이게 되었다. 따라서 경복궁처럼 정연한 공간구조를 갖추지는 못하였다.

경운궁에서 가장 아쉬운 것이 법전이 번듯하지 못하다는 점이었는데, 1901년 8월 25일 고종은 법전을 새로 지으라는 명을 내렸다.[113] 1902년 5월 12일 새로 지을 법전의 명칭을 중화전으로 하고 그때까지의 중화전의 이름은 원래 이름인 즉조당으로 되돌리라고 하였다.[114] 5월 어간에는 새 중화전이 완공되었고, 10월 19일 중화전에서 조하를 받았다.

1902년은 고종이 즉위한 지 40년이 되고, 나이는 망육순, 즉 51세가 되는 것을 기념하여 여러 가지 행사가 진행된 해였다. 중화전을 영건한 것은 그것과 연결되어 있었다. 1902년 12월 3일 고종은 중화전에 나아가 성수망육순칭경외진연聖壽望六旬稱慶外進宴을 행하고 구작九爵을 받았다. 이렇게 법전 중화전이 영건됨으로써 경운궁은 비로소 궁궐로서 요건을 모두 갖추게 되었다.

경운궁에서 덕수궁으로

1904년 경운궁 대화재

경운궁 법전이 완공된 지 1년 반쯤 지난 시점인 1904년광무 8 4월 14일 밤 10시에 경운궁 함녕전에서 불이 났다. 그날 바람이 세게 불어서 일시에 사방으로 불길이 번져 함녕전뿐 아니라 정전인 중화전과 옛날부터 내려오던 즉조당, 석어당, 명성왕후의 신위를 모셔두었던 경효전景孝殿 등 경운궁의 주요 건물들이 대부분 불타 없어졌다.

이에 고종은 미국공사관의 서쪽 너머 경운궁 중심부에서 떨어져 있는 수옥헌漱玉軒, 현재의 중명전으로 옮겨갔다. 고종은 그리로 찾아온 고위 관료들에게 화재의 원인을 두고, 함녕전의 온돌을 고치고 불을 붙이는데 바람이 거센 탓에 불이 일시에 번졌다고 말하였다.[115] 당시부터 지금까지 공식적으로는 그렇게 되어 있다. 하지만 이런 일들이 늘 그렇듯 정확한 화재의 원인은 아직까지 규명되지 않았다. 당시 불을 때던 모군募軍과 그를 감독하던 패장牌將, 순검巡檢, 무예별감武藝別監 등을 조사하였으나 이들은 모두 공초供招에서 화재의 원인을 모른다고 하였다. 이들은 실화율失火律을 적용받아 형을 받았다. 그러나 화재의 책임을 묻는 범위를 실무자로 제한하였

1904년 경운궁 화재 | 1904년 4월 14일 화재로 불타버린 경운궁 중심 구역. 아직도 연기가 나고 있다. 보는 우리 가슴도 타들어간다.

고, 화재의 원인을 엄밀히 조사하지도 않았으며, 실무자들에 대한 처벌도 그리 무겁지 않았다. 궁궐 내전 일대의 대화재에 대한 조치로서는 매우 약하고 미흡한 조치였다. 어쩌면 이들이 억울하게 죄를 뒤집어썼을지도 모른다는 의구심을 지울 수 없다.

지금 와서 경운궁 화재의 원인을 명확하게 밝힐 자료를 찾기는 어렵다. 실제로 단순한 실화라면 그러한 자료가 만들어졌을 것 같지도 않다. 그런데 단순한 실화로 보고 지나가기에는 경운궁 화재 전후의 국내외 정세가 대단히 급박하였고, 고종을 중심으로 하는 당시 대한제국 광무 정권이 화재로 입은 피해가 치명적이었고, 역으로 일본이 얻은 정치외교상 이득이 대단히 컸다는 점을 유념할 필요가 있다.

당시 국제정세는 급박하게 돌아가고 있었다. 중화전 화재가 나기 두

1904년 일본군의 전첩축하회 | 러일전쟁의 첫 전투에서 승리한 일본군이 창덕궁 후원에서 축하회를 열고 기념 사진을 찍었다. 기단과 아래층 규장각은 물론 2층 주합루까지 일본인들이 빽빽하게 들어찼다.

달 전인 1904년 2월 10일 일본이 러시아에 선전포고를 하였다.[116] 일본은 영국과 미국의 재원과 정보를 지원받아 러시아를 상대로 전쟁을 벌였다. 일본은 1905년 5월 27일 대한해협 쓰시마[對馬島] 부근에서 러시아 함대를 격파함으로써 승기를 잡았고, 1905년 9월 5일 강화조약을 맺어 전쟁에서 승리하였다.[117] 1904년에서 1905년까지, 전쟁의 와중에 대한제국은 국외 중립을 표방하였으나[118] 일본은 한국에 대한 압박을 강화해나갔다.

특히 경운궁 화재 전후 국내외 정세를 살펴볼 때 주목해야 할 점이 일본, 그 가운데서도 이토 히로부미[伊藤博文]의 움직임이다. 일본은 1904년 2월 23일 한일의정서韓日議定書를 작성하여 대한제국에 대한 본격적인 간섭을 시작하였다.[119] 3월 17일에는 이토 히로부미는 일본 천황의 특파대사로 서울에 도착하여[120] 3월 20일 함녕전에서 고종을 알현하였다.[121] 이토 히로부미는 서울에 있는 동안 주한 일본 공사보다 더 높은 위치에서 일본의 대한 외교 정책을 총괄 지휘하였다.

이러한 정황으로 볼 때 경운궁 화재는 단순한 실화가 아니라, 러일전쟁의 와중에 일본에 대하여 비협조적, 대항적이었던 대한제국, 특히 고종을 압박하기 위해 저지른 극단적인 행위가 아니었나 의심할 여지가 있다. 경운궁 화재가 일제, 특히 이토 히로부미의 사주 또는 지시로 인한 방화라는 직접적인 증거 자료는 찾을 수 없다. 하지만 화재 원인을 명확히 규명하지 않고 넘어간 점, 이토 히로부미의 움직임, 경운궁 화재 직후 전개된 정세가 급격하게 일본에 유리하게 기울었던 상황 등을 종합할 때 혐의를 지우기 어렵다.

고종은 화재가 났을 때 함녕전 옆의 다른 건물에 있었기에 화를 면했다. 1904년 4월 14일 화재 당일 바로 신료들을 만난 자리에서 재용이 궁핍하더라도 반드시 이 궁궐을 중건해야 한다고 못 박고 바로 경운궁 중건 공역을 시작하게 하였다.[122] 많은 비용을 들여 경운궁을 중건하는 것보다는 본래 법궁인 경복궁이나 창덕궁으로 이어해야 한다는 의견도 있었으나 고종은 단호히 경운궁 중건을 고집하였다.

복구 공사는 1904년에 중화전을 비롯한 주요 건물들을 다시 짓는 것으로 시작하여 1906년 4월에 대안문을 수리하고 이름을 대한문大漢門으로 바꾸는 일로 일단락되었다. 이때 대한문의 상량문을 새로 지어서 집어넣었다. 상량문은 대한제국의 수도 한양 산하의 아름다움과, 경운궁이 법전인 중화전을 갖추고 정문으로 대한문을 갖춤으로써 궁궐 제도를 완비한 것을 노래하고, 소한霄漢, 운한雲漢 등 하늘을 가리키는 뜻으로 한漢 자를 취하였다는 내용을 담고 있다.[123]

아직도 항간에 대안문의 안安 자는 계집이 갓을 쓴 모양이고, 대안문이라는 이름의 뜻이 '갓을 쓴 계집이 드나드는 문'이어서 바꿨다는 이야

대안문 편액 ｜ 대안문 편액. 주변의 테두리가 떨어져 나가고 퇴색되었지만 단정한 글씨에는 기품이 배어 있다. 글씨 부분에 검은색이 남아 있는 것으로 보아 흰색 바탕에 검은 글씨였음을 확인할 수 있다. (국립고궁박물관 소장)

기가 돈다. 한漢 자의 뜻이 '놈'이고, 대안문에서 바꾼 이름인 대한문의 의미 역시 '큰 놈이 드나드는 문'이라고 하는 이들도 있다. 하지만 어떤 근거가 있는지 나는 모르겠다. 대안문이라는 이름을 대한문으로 바꾼 것은 한양과 하늘, 대한제국 황궁의 문임을 더 드러내기 위한 것이라는 상량문의 내용이 더 맞지 않을까 생각할 뿐이다.

중건 사업은 고종의 뜻에 따라 이루어졌지만, 재정 형편이 어려운 것은 사실이었다. 또 이 시기에 실시된 고문 제도 탓에 1904년 10월부터 실권은 일본인 재정고문 메가타 다네타로[目賀田種太郎]가 장악하고 있었으므로 고종의 뜻이 완전히 관철되기는 어려웠다. 그 결과 중건된 건물들이 옛 모습을 잃은 경우가 적지 않았다. 대표적인 예가 법전인 중화전이다. 원래 중화전의 지붕은 겹지붕이었다. 같은 형식의 경복궁 근정전이나 창덕궁 인정전과 비견될 만한 위용을 갖추고 있었다. 그런데 중건된 중화전은 홑지붕일 뿐만 아니라 기둥의 길이도 짧아져 원래의 모습은 찾아보기 어렵게 되었다.

건물을 비롯한 경운궁의 외관이 변형되고 위축된 것은 기실 그리 큰 문제가 아닐 수도 있다. 큰 불이 나서 이를 다시 중건하는 등 경운궁이 수

현재의 중화전 | 기단에 견주어도 건물의 높이가 낮다. 1904년 화재 뒤 다시 지으면서 겹지붕을 홑지붕으로 만든 결과다.

난을 당한 이 시기에 더욱 위축되고 기울어진 것은 대한제국이었다. 대한제국의 국권은 절체절명의 위기 속으로 기울어갔다.

을사늑약과 헤이그 특사 사건

1905년 7월 미국의 육군장관 태프트William Howard Taft와 일본의 수상 가쓰라 타로[桂太郎]가 비밀 협약을 맺어 미국은 필리핀을, 일본은 한국을 지배하는 것을 서로 승인하였다. 전후 처리를 위한 포츠머스조약에서 러시아도 일본의 한국 지배를 승인하였다. 1905년 11월 10일에는 이토 히로부미가 두 번째로 방한하여 수옥헌에서 고종에게 천황의 친서를 전달하고,[124] 1905년 11월 17일 밤, 정확하게는 18일 새벽, 당시 고종이 처소로 쓰고 있던 수옥헌에서 고종과 대신들에게 보호조약의 조인을 강요하였다. 경운궁 내외에 일본군을 배치하여 공포 분위기를 조성한 가운데 벌인 만

을사늑약 기념사진 | 조약을 체결한 것을 기념하여 이토 히로부미를 비롯하여 일제의 고위 관원들이 대관정에서 기념사진을 박았다. 그러나 비준 절차를 마치지 않았으므로 조약은 법적으로 체결되지 않았다.

행이었다.

이날 결국 외부대신 박제순朴齊純과 일본공사 하야시 곤스케[林權助]가 조약을 맺은 것으로 알려져 있고, 지금 그런 문서가 남아 있기는 하다. 하지만 조약이 성립되려면 주권자, 즉 대한제국의 황제인 고종의 위임을 받은 전권대사가 임명되어야 하고, 정당한 절차를 거쳐 조인이 이루어져야 하며, 주권자가 조약을 비준해야 한다. 그런데 이른바 이날 만들어졌다는 '을사보호조약'은 고종이 조약의 권한을 위임한 적도 없고, 박제순이 도장을 찍은 것도 자의가 아니라 일본인들이 도장을 탈취하여 강제로 찍은 것이며, 사후에 고종이 조약을 비준한 사실도 없다. 이런 점을 상기하면 이 조약은 국제법에 비추어볼 때 성립되었다고 할 수 없다. 그렇기에 우리는 이 조약을 을사늑약乙巳勒約이라고 부른다.

고종은 결코 조약의 성립을 인정하지 않았고, 백방으로 그 사실을 알

헤이그 만국평화회의장 | 1907년 네덜란드 헤이그에서 열렸으나, 만국이란 말에는 세계 모든 나라가 아니라 힘 있는 나라들만 포함되었다. 고종이 파견한 특사들은 회의장에 들어가지도 못하였다.

리려는 노력을 기울였다. 그러던 중 1906년 6월 러시아 황제 니콜라이 2세로부터 이듬해 7월 네덜란드 헤이그에서 열리는 제2회 만국평화회의에 참석하라는 초청장을 받았다. 이에 고종은 이상설李相卨, 이위종李瑋鍾, 이준李儁 세 사람을 특사로 임명하여 비밀리에 파견하였다. 이들은 헤이그에 가서 세계 각국에 을사늑약이 성립하지 않았다는 사실을 알리고자 하였다. 그러나 그런 주장이, 초록은 동색이라고 그들 자신이 제국주의 국가인데다 이미 을사늑약을 인정한 나라들에게 먹혀들 리 없었다. 이들은 평화회의장에는 들어가지도 못하고 각국 신문기자들의 모임에서 연설하는 데 그쳤다. 이준 열사는 현지에서 서거하고 이상설, 이위종 두 분은 귀국하지 못하고 망명길에 올랐다.

헤이그 특사 사건 이후 일본은 고종을 황제위에서 끌어내리기 위해 더욱 압력을 가하였다. 7월 6일 이토는 헤이그 특사 사건은 일본에 공공

大韓帝國特派委員前議政府參贊李相卨前平理院檢事李儁前駐俄公使館參書官李
瑋鍾委任狀
大皇帝勅曰我國之自主獨立乃天下列邦之所共認也朕向與列邦締約修好使星相望凡萬國列
邦會議理應派員往參在一千九百五年十一月十八日日本對我國違背公法籍行非理密勒立約
強奪我外交大權斷絶我列邦友誼不寧維是日本之欺陵侮人無所不至其有戾公理違人
道者有不可勝記朕念及此寧痛恨矣特派從二品前議政府參贊李相卨前平理院檢事
李儁前駐俄公使館參書官李瑋鍾前往荷蘭海牙府平和會議備將本國諸般苦難事情
一陳于議席開復我外交大權復修我列邦友誼朕念此臣等素性忠實可堪是任宜其幹
辦妥善無負朕命欽哉
大韓光武十年四月二十日於漢陽京城慶運宮親署押鈐寶
大皇帝
皇帝御璽

헤이그 특사 위임장(영인본) ᅵ 고종이 특사들에게 준 위임장이다. 하지만 애석하게도 그 위임된 권한은 발휘되지 못하고 말았다. (국립중앙박물관 소장)

연히 적의를 표한 것이요 협약을 위반한 것이므로 일본은 한국에 전쟁을 선포할 권리가 있다는 협박을 이완용李完用으로 하여금 고종에게 전달하게 했다. 전쟁을 앞세운 공갈이었다. 일본의 총리대신은 황제의 지위를 황태자에게 양위할 것을 헤이그 특사 사건의 처리 방침의 한 가지 조건으로 통보하였다. 이에 이완용은 7월 16일 내각회의를 거쳐 을사늑약에 옥새를 찍어 이를 추인할 것, 섭정을 둘 것, 황제가 친히 일본으로 가서 일본 황제에게 사과할 것을 수습 방안으로 올렸다. 고종은 당연히 이를 모두 거부하였다. 이완용은 다시 황태자에게 양위할 것을 강요하였으나, 고종은 재차 거부하였다. 이토와 이완용은 더욱 집요하게 압력을 가하였다. 고종은 하는 수 없이 7월 18일 "짐이 이제 군국軍國의 대사大事를 황태자로 하여금 대리代理하게 하니 그 의전 절차는 궁내부宮內府 장례원掌禮院으로 하여금 마련케 하여 거행하라"는 조칙을 내렸다.

여기서 주목할 것은 고종이 황태자에게 양위하지 않고, 대리를 명하였다는 사실이다. 대리란 대리청정의 준말이다. 다음 임금이 될 왕세자가 임금을 대신하여 정무를 보는 것이다. 임금의 나이가 많고 왕세자가 장성하면, 임금은 좀 쉬고 왕세자는 예행연습 삼아 대리청정을 하는 것은 조선

왕조에서는 흔히 볼 수 있는 관행이었다. 대리청정은 일상적인 정무는 왕세자, 대한제국의 경우 황태자가 처리하더라도 처리하는 과정에서 혹은 처리한 뒤에 임금에게 아뢰기 마련이었다. 게다가 중요한 사안은 임금이 직접 나서서 처결하였다. 어디까지나 최종 결정권은 임금이 가지고 있는 것이며, 통치자이자 주권자로서 임금의 위상 자체에 어떤 변동이 있는 것은 아니었다. 그러나 이토와 이완용은 대리하도록 하겠다는 고종의 의도를 인정하지 않고 고종에게 양위하라는 압력을 계속 가하였다. 결국 고종은 이러한 압력을 이기지 못하고 1907년 7월 21일 밤 황태자에게 전위傳位하였다.[125]

8월 2일 태상황이 된 고종이 머물 궁호宮號를 덕수德壽, 태황제를 모실 기구의 부호府號를 승녕承寧으로 정하였다.[126] 덕수와 승녕은 새로 지은 이름도 아니다. 조선 초 정종 연간에, 상왕으로 물러난 태조에게 붙였던 궁호와 부호를 그대로 딴 것이었다. 서둘러 고종에게 궁호를 올린 것 역시 고종을 존숭하려는 뜻이라기보다는 그가 물러난 황제임을 기정사실로 만들려는 의도였다고 하겠다.

황태자가 새 황제순종가 되고, 연호를 융희隆熙로 바꾸었다. 8월 14일 중명전에 있던 순종은 경운궁으로 이어하겠다고 하면서 궁내부로 하여금 급히 수리하게 하였다.[127] 중명전 영역은 경운궁에 포함되지 않는 것으로 인식하였던 듯하다. 8월 27일 순종은 돈덕전惇德殿에 나아가 즉위식을 행하고 9월 7일에는 영왕英王 은垠을 황태자로 책봉冊封하였다.[128] 이러한 일련의 의전을 거친 후 9월 17일 순종은 즉조당으로 이어하였다.[129]

중명전에서 경운궁으로 돌아왔다고 하지만 경운궁은 순종의 궁궐이 되기는 어려웠다. 경운궁 즉조당에 임어한 지 두 달 만인 11월 13일 일제의 의도대로 황제 순종과 황후, 황태자는 창덕궁으로 이어하였다.[130] 이로써 창덕궁이 융희 연간의 궁궐이 되고, 경운궁은 광무 연간 유일한 궁궐이라는 지위를 잃고 제위를 빼앗긴 고종의 거처 덕수궁德壽宮이 되었다.

궁궐의 끝, 국망

창덕궁으로 돌아간 순종

순종의 새 연호를 융희라고 정한 날짜는 고종에게 덕수라는 궁호를 올린 8월 2일이고, 그 안을 올린 자는 내각총리대신內閣總理大臣 이완용이었다. 순종이 아직 즉위식도 하지 않았는데 새 연호부터 쓴 것은 서둘러 고종을 부정하려는 의도라고 볼 수밖에 없다. 그런 점에서 융희라는 연호는 시작부터 당시 사람들의 의식 속에, 더 나아가 우리 역사 속에 자기 자리를 잡기가 어려웠다. 사실 따지고 보면 융희라는 연호만 그런 것이 아니라 순종부터가 그렇다고 해야 할 것이다.

순종은 즉위식을 행하였고, 스스로를 짐이라 칭하고, 자기 연호를 쓰고 했으니 형식상으로는 황제라고 할 수 있었다. 그러나 아버지 고종은 처음에는 아들 순종을 황제로 인정하지 않았다. 대리를 하라고 했지, 황제 노릇을 하라고 한 것이 아니었기 때문이다. 고종이 승하하여 황제위를 이었다면 모를까, 고종이 살아 있고 그가 인정하지 않는 한 대한제국의 황제가 될 수는 없는 노릇이었다. 그런 점에서 볼 때 순종은 즉위 과정에서 결정적으로 정통성을 결여하였고, 따라서 이치를 따지자면 황제로 인정할 수 없는 존재라고 하겠다. 순종 자신도 처음에는 감히 황제로 처신하기가 황공하였던 듯, 7월 21일에 내린 첫 조칙에서 짐을 자칭하기는 하면서도 "대조大朝의 명명明命을 경봉敬奉하여 서정庶政을 대리한지라"라고 하였다. 이를 보면 자신을 대리청정을 하는 존재이지 황제는 아닌 것으로 인식하고 있음을 알 수 있다.

하기는 순종이 권력욕에 불타 아버지 고종의 자리를 무력이나 권모술수로 탈취한 것도 아닌 터에 그에게 무슨 책임을 물을 수 있겠나? 단지 죄가 있다면 일제의 압력을 거부하고 물리칠 힘과 용기가 없었다는 것. 하

창덕궁 인정전 ǀ 인정문에 외벽이 생기고 거기 판문이 아닌 작은 문이 달렸다. 회랑에도 문이 생겼다. 회랑이 아닌 접견실 등 건물로 바뀌었기 때문이다. 인정전 용마루 전면에 다섯, 인정문 용마루 전면에 셋, 오얏꽃 문양이 박혔다. (《순종황제 서북순행 사진첩》)

지만 그것은 순종 개인에게만 물을 죄가 아니요, 당시 대한제국의 핵심에 있었던 모든 사람에게 물어야 할 죄라고 하겠다.

순종은 1907년 10월 7일 창덕궁으로 이어할 것이니 궁내부에 속히 창덕궁을 수리하라는 명을 내렸다. 이때부터 한 달 남짓 창덕궁을 수리하여 11월 13일 이어하였다. 1894년 이후 비어 있던 창덕궁에 13년 만에 임금이 임어한 것이다. 이로써 창덕궁은 경운궁의 뒤를 이어 대한제국 황제가 임어하는 궁궐이 되었다. 경운궁에 임어할 때도 고종이 다른 궁궐로 이어한 바가 없었듯이 창덕궁에 임어하는 시절 순종도 다른 궁궐로 이어한 바가 없었다. 그런 점에서 대한제국의 '단궐체제'는 그대로 이어졌다고 할 수 있다.

인정전 앞의 순종 | 통감 이토 히로부미는 1909년 1월 27일부터 2월 3일까지 순종에게 현재 서울역인 당시의 남대문역을 출발하여 평양, 신의주 등 서북 지역을 순행하게 하였다. 순종이 돌아온 뒤 인정전 앞에서 기념으로 찍은 사진이다. 순종의 왼쪽에 이토 히로부미가 있다. (《순종황제 서북순행 사진첩》)

순종이 창덕궁에만 임어하였다는 점에서 볼 때 창덕궁은 융희 연간의 유일한 궁궐로서 정치, 외교, 행정, 문화 등 모든 면에서 매우 중요한 공간으로 부각되어야 마땅하였다. 그러나 이미 국권의 많은 부분을 일제의 통감부統監府가 잠식한 상태였으므로 창덕궁은 그저 실권을 상실한 황제 순종의 거처 이상의 비중을 차지하지는 못하였다. 오히려 상당히 많은 변형과 왜곡이 가해졌다.

인정전의 외형이 바뀐 정확한 시점을 말하기는 어려우나 융희 연간으로 보인다. 인정전 내부의 어좌가 있는 단은 없어지고, 바닥은 전돌에서 서양식 마루로 바뀌었고, 매우 장식적인 커튼과 샹들리에가 달리었다. 회랑은 대기실이나 식당으로 바뀌었다. 임금이 전좌하는 법전의 면모를 잃

창덕궁 인정전 내부 | 용상이 없어지고 마룻바닥 위의 단에 서양식 의자가 놓여 있다. 임금의 자리가 아니라 파티의 주인이 되는 총독이나 정무총감의 자리다. 그 뒤에는 일본식 가리개 위에 봉황인지 뭔지 모를 일본풍의 새 그림이 걸렸다. 여전히 자리를 지키고 있는 닫집이 도리어 어색하다. (《인정전 사진첩》)

고 연회장으로 바뀐 것이다. 순종이 황제로서 활동을 거의 하지 못하게 되었음을 여실히 보여주는 변모이다.

경술국치

순종이 임어한 지 3년이 채 못 된 1910년융희 4 8월 22일 이른바 한일병합조약韓日倂合條約이 조인되면서 궁궐의 가장 중요한 의미인, 임금의 공적인 활동 공간이라는 기능이 사라져 버렸다. 껍데기는 남았으나, 주인인 임금 혹은 황제도 사라졌고 나라의 주권도 잃어버렸으니 궁궐이라고 할 수도 없는 것이었다.

일본이 대한제국을 집어삼킨 과정에 대해서는 그 실상이 상세하게 밝혀져 있지 않다. 《순종실록純宗實錄》에는 단 몇 개의 기사가 실려 있을 뿐이다. 조약안이 결정된 날인 1910년 8월 22일자 기사는 단 세 개뿐이다. 첫째 기사는 "한일합병조약안韓日併合條約案에 대하여 국무대신國務大臣 외에 황족皇族 대표자 및 문무 원로 대표자들이 회동會同하여 어전회의御前會議를 열었다"라고 되어 있다.[131]

두 번째 기사는 한국 통치를 일본 황제에게 양여하기로 하여 이 문제를 협상하고 결정하는 문제를 총리대신 이완용에게 위임한다는 순종의 조칙詔勅이다.[132]

> 짐朕이 동양 평화를 공고히 하기 위하여 한일 양국의 친밀한 관계로 피차 통합하여 한 집으로 만드는 것은 상호 만세萬世토록 갈 행복을 도모하는 수단임을 생각하였다. 이에 한국 통치를 들어서 이를 짐이 극히 신뢰하는 대일본국 황제 폐하에게 양여하기로 결정하고 이어서 필요한 내용 조항[條章]을 규정하여 앞으로 우리 황실의 영구한 안녕과 생민生民의 복리를 보장하기 위하여 내각총리대신 이완용을 전권위원全權委員으로 임명하고 대일본제국 통감 데라우치 마사타케[寺內正毅]와 회동하여 헤아리고 논의해서 협의 결정하게 하는 것이니 여러 신료들 또한 짐의 뜻으로 확정하고 결단한 바를 온몸으로 받들어 행하라.

기사의 수도 적지만 개별 기사의 내용도 부실하기 짝이 없다. 다른 실록 같으면 의당 있어야 할 참석한 사람들이 누구인지, 어디서 모여서 무슨 이야기를 나누었는지 알려주는 바가 전혀 없다. 22일자 둘째 기사와 셋째 기사, 29일자 기사도 마찬가지다. 마치 남 이야기하듯 말하고 있다. 이런 것을 요즈음 말로 '쿨하다'고 해야 하나? 그럴 수는 없다. 쿨한 것이 아니라 부실하다.

《고종실록》과 《순종실록》은 일본인들이 만들었으니 무슨 정성을 들

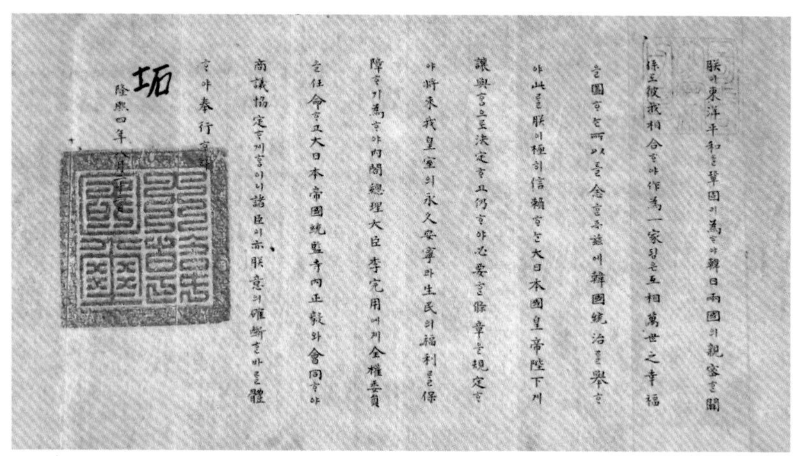
朕이東洋平和를鞏固키爲ᄒᆞ야韓日兩國의親密ᄒᆞᆫ關
係로彼我相合ᄒᆞ야作爲一家됨은互相萬世之幸福
을圖ᄒᆞᄂᆞᆫ所以를念ᄒᆞ야玆에韓國統治를擧ᄒᆞ
야此를朕의極히信賴ᄒᆞᄂᆞᆫ大日本國皇帝陛下게
讓與ᄒᆞ기로決定ᄒᆞ고仍ᄒᆞ야必要ᄒᆞᆫ條章을規定ᄒᆞ
야將來我皇室의永久安寧과生民의福利를保
障ᄒᆞ기爲ᄒᆞ야內閣總理大臣李完用에게全權委員
을任命ᄒᆞ고大日本帝國統監寺內正毅와會同ᄒᆞ야
商議協定ᄒᆞ게ᄒᆞ노니諸臣은亦朕意의確斷ᄒᆞᆫ바를體
ᄒᆞ야奉行ᄒᆞ라
隆熙四年八月二十二日
坧

순종 경술국치 위임장 | 1910년 8월 29일 순종이 병합조약을 체결하러 가는 내각총리대신 이완용에게 준 위임장. '척(坧)'이라는 순종의 본명을 쓴 수결(手決)이 뭇났다. (서울대학교 규장각한국학연구원 소장)

여 상세하고 공정하게 만들었으리요? 그저 일본인들 입맛에 맞는 기사를 선택하여 뼈다귀만 추려놓은 것일 뿐. 실록 이외에 《승정원일기》나 《일성록日省錄》 같은 자료인들 무엇이 다를 것이며, 민간의 개인 기록도 크게 기대할 바가 있을 리 없다. 이 시기 그나마 정보를 담고 있는 자료는 일본인 아니면 적극적 친일파들이 남긴 것들이다.

데라우치의 가가대소

제2대 통감으로서 자기네들이 말하는 '일한병합'을 성사시킨 데라우치 마사타케. 그는 현역 육군 대장이고 육군대신이었다. 그런데 고위 군인이면서도 자료들을 수집하고 기록하는 데 소질이 있었던 인물이다. 그가 남긴 일기장의 내용은 1910년 8월 22일의 사정을 좀 더 상세히 전해준다.[133]

22일 갬[晴]

오늘 아침 오전 10시 궁상宮相 및 시종원경侍從院卿을 불러 협약을 그만둘 수 없음과 더불어 궁중宮中의 취급방법을 충고했다. 양인兩人은 승낙하고 갔다. 12시 고쿠분[國分] 참여관參與官으로부터 궁중의 일은 반대 없이 모두 제안과 같이 호도합好都合으로 흘러가고 있다는 내보內報가 있었다. 같은 시각 태황제太皇帝가 시종侍從 서병협徐丙協을 보내 안부를 전하게 했다.

오후 4시 한국합병韓國合倂의 조약을 통감저統監邸에서 조인하고 종결했다. 열석列席한 자는 이완용, 조중응趙重應, 부통감副統監 및 나였다. 또 오는 29일 발표하기로 결정했다는 대의大意를 통지해두었다. 합병문제는 이처럼 용이하게 조인을 끝냈다. 가가呵呵.

위 일기에 나오는 인물들. 우리는 그들을 특별히 잊지 말고 길이 기억해주어야 한다. 궁상이란 궁내부대신宮內府大臣의 줄임말로, 민병석閔丙奭을 가리킨다. 궁내부는 황제를 측근에서 보필하는 기관으로 의정부에 맞먹는 조직이었다. 민병석은 여흥驪興 민씨 척족으로 민영위閔泳緯의 손자, 민경식閔敬植의 아들이다. 이 조약의 공로로 이완용과 함께 가장 높은 등급의 금척대수장金尺大綬章을 받았다. 관직만이 아니라 대한천일은행大韓天一銀行, 직조단포주식회사織造緞布株式會社, 농업회사 등 돈 되는 곳에도 관여하였다. 일제강점기에는 자작의 작위와 은사금을 받고, 이왕직장관李王職長官과 중추원의관中樞院議官을 지냈다.

시종원경은 윤덕영尹德榮이다. 시종원은 1895년고종 32 관제개혁 때 임금을 측근에서 모시기 위하여 만든 궁내부 산하 관서이다. 그 장이 경卿을 겸한 시종장侍從長이다. 윤덕영은 본관이 해평海平으로 윤철구尹徹求의 아들, 윤택영尹澤榮의 형으로 순종의 비인 순정효황후純貞孝皇后의 삼촌이 된다. 외척으로서 그렇고 그런 관직을 전전하다가 1908년 시종원경이 되어 이 병합에 협조해달라는 데라우치의 협박과 회유로 여기 끼게 되었다. 그는 시작은 이렇게 미미한 편이나 일제강점기의 친일행적, 특히 재산 관계는 충분히 추접하였다.

이완용이야 더 말할 나위 없는 친일의 대공로자이다. 본관은 우봉牛峰. 친아버지는 이석준李奭俊이며, 이호준李鎬俊의 양자로 들어갔다. 육영공원育英公院에서 영어와 신학문을 배워 친미파로 시작, 박정양朴定陽 내각과 김홍집金弘集 내각에서 학부대신學部大臣을 지냈다. 한때 친러파로 몰렸다가 1905년 학부대신으로 있으면서 이토 히로부미의 개가 되어 을사늑약을 체결하는데 앞장섰다. 1907년 고종의 퇴위, 정미7조약 체결, 군대 해산 등 친일 행적으로 일본 정부로부터 욱일동화장旭日桐花章을 받았다. 1909년 12월에는 이재명李在明 의사의 칼을 맞고서 몇 달 누워 있다가 또 때를 얻어 내각총리대신으로서 일진회一進會의 송병준宋秉畯에게 공로를 빼앗길까 경쟁하며 견마지로犬馬之勞를 다하여 공을 세우게 된 것이다.

데라우치 마사타케 | 뜻밖에 합병 문제를 용이하게 해결하고 그는 이렇게 썼다. "가가(呵呵)." 사진에서도 속으로는 가가대소(呵呵大笑)하고 있을 것이다.

조중응은 그 시점에서 농상공부대신農商工部大臣이었다. 양주楊州 조씨로서 아버지는 조택희趙宅熙이다. 외교, 형정 계통의 관료로 활동하다가 1898년 김홍집 내각이 붕괴되자 일본으로 망명하였다. 1906년 7월 특별사면을 받아 귀국하여 1907년 5월 이완용 내각의 법부대신法部大臣에 임명되었고, 1908년 5월 농상공부대신이 되었다. 일본어를 잘하여서 이완용의 측근 심복으로 활동하였다. 윤덕영과 조중응은 이 공로를 인정받아 일제로부터 이화대수장李花大綬章, 그리고 자작子爵 작위를 받았다.

통감 관저 | 대한제국을 일본이 집어삼키는 형식상의 절차인 조약안에 도장을 누른 장소인 통감 관저. 목멱산 북쪽 기슭에 있었으나 지금은 없어지고 그 자리에 흔적만이 남아 있다. (《순종황제 서북순행 사진첩》)

데라우치는 일본에서부터 일본 각의의 결의를 거친 이 조약 문서를 받아왔다. 이 조약을 원만히 성사시키는 것이 그에게는 큰 과제였다. 그런데 대한제국의 대신들이 너무 일을 잘 처리해주는 것이 아닌가? 다른 곳도 아닌 자신의 관저에서 말이다. 통감부도 아닌 통감 관저. 지금은 남산의 북동쪽 자락에 흔적만이 남아 있는 곳이다. 완전히 공적인 공간도 아니요, 그렇다고 완전히 사적인 공간도 아닌 관저의 응접실에 단 네 명이 둘러앉아 도장을 꾹꾹 눌렀다. 그래도 국가 간의 병합을 실질적으로 결정하는 절차가 이리도 간단하고 화기애애했단 말인가? 가가呵呵. 이 말 다음에는 보통 대소大笑가 따라붙는다. 껄껄 웃는 모양, 크게 소리 내어 웃는 모습을 형용하는 말이다. 데라우치는 그날 그렇게 웃었다.

왕조, 망하다 궁궐, 스러지다

이완용은 어떻게 여기까지 저 문서를 들고 오게 되었을까? 글씨를 잘 썼다는 이완용이 글까지 많이 남기지는 않았다. 그의 일대기를 정리한 《일당기사一堂紀事》라는 책이 남아 있어 1910년 8월 22일 그날의 그의 행적의 한 면을 알려준다.

창덕궁 대조전 흥복헌 | 1910년 8월 22일 이완용이 순종으로부터 전권위임장을 받은 곳. 그날 경술국치의 출발점이다. 다만 1917년 창덕궁 화재 때 불타 새로 지었기 때문에 그때의 그 건물은 아니다.

> 8월 22일, 음7월 18일
>
> 황제 폐하의 소명召命을 받들기 위해 흥복헌興福軒에서 예알하고, 칙어를 받드사 전권위임장全權委任狀을 받아 곧장 통감부로 가서 데라우치 통감과 회견하여 일한합병조약에 상호조인하고, 동 위임장을 궁내부에 환납하다.

누가 썼는지 참 건조한 글이다. 보충 설명이 필요할 듯하다. 황제 폐하란 아직은 자리를 지키고 있던 순종이고, 소명이란 임금이 신하들을 궁궐로 들어오라고 부르는 왕명이다. 순종이 들어오라고 해서 궁궐 창덕궁으로 들어가, 창덕궁 가운데서도 흥복헌에서 임금을 예알, 즉 예를 갖추어 알현謁見했다는 말이다. 흥복헌은 중궁전인 대조전의 바로 동쪽에 연결되어 있는 부속 건물이다. 전각의 격이 낮고 당연히 공간이 그리 넓지도 않아 공식 모임 장소로는 거의 쓰이지 않던 곳이다. 거기서 전권위임장을 받았다니 그리 번듯하고 떳떳한 분위기는 아니었음을 짐작할 수 있다. 거기서 이완용이 간 곳이 통감부라고 되어 있으나, 통감부가 아니라 통감 관저이다. 통감과 회견하여 합병조약에 상호조인하였다. 이후 조약문을 어떻게 했다는 이야기는 없고, 위임장을 궁내부에 되돌려 납부했다는 이야기만 하고 있다.

조약문은 어디서 와서 어디로 갔을까? 조약문의 효력은 어떻게 발휘되었을까? 이 의문을 풀기 위해서 조선출판협회에서 1922년에 펴낸《조선병합십년사朝鮮併合十年史》의 관련 내용을 뽑아 요즘 말로 고쳐 정리하면 다음과 같다.

> 19일 도쿄 일본 정부에 중요 각의가 열려서 한국 처분문제에 대하여 가쓰라 총리대신은 궐하에 엎드려 아뢴 바가 있었다.
>
> 22일 정례定例 각의를 여는 날이므로 이 수상이완용 이하 각 대신은 이 학상이용직李容植을 제외하고 이른 아침부터 창덕궁 내각에 모였다.
>
> 오전 10시에 민 궁상민병석은 윤 시종원경윤덕영과 함께 데라우치 통감을 방문하였다.
>
> 각 대신은 각의 종료 후 오후 1시부터 대조전에서 황제 폐하께 알현하고, 새 조약 체결에 관한 어전御前 각의를 열고, 교섭의 전말을 상주하였다.
>
> 황제 폐하께서는 특별히 소집한 황족 대표 흥왕興王 이재면李載冕, 원로元老 대표 중추원의장中樞院議長 김윤식金允植의 의견을 자순諮詢하셨다. 흥왕은 "한국의 오늘 새 조약의 체결은 부득이"라 복주伏奏하고, 김윤식 또한 이에 찬동한 까닭에 황제 폐하께서는 그 자리에서 총리대신 이완용을 전권위원으로 명하사 새 조약의 체결을 허가하시고, 아래와 같은 조칙을 발하셨다. (중략)
>
> 위 칙령에 의하여 이 수상은 조 농상조중응을 따라서 동일 오후 4시 통감저에서 데라우치 통감과 회동하여 아래 기록한 조약을 체결하였다. (하략)

조약문은 데라우치가 작성한 것이 아니라 일본 정부에서 각의의 논의를 거쳐 준비한 것이었다. 대한제국 정부 역시 각의를 열고 황제 순종과 함께 대조전에서 어전 각의를 열었다. 그 자리에 황족 대표로 이재면, 원로 대표로 김윤식이 참석하여 찬성 의견을 내었다. 순종은 바로 내각총리대신 이완용을 전권위원으로 임명하였다. 그리고 위에서 본 바와 같이 이완용과 조중응은 통감 관저로 가서 조약을 체결하였다.

《순종실록》 1910년 8월 29일자에 병합조약이 이루어졌다고 하는 기사가 나온다.[134] 순종이 조약이 성립되었으니 너희 신민들은 짐의 이 뜻을 몸으로 구현하도록 하라고 선포하는 말과 조약의 전문이 실려 있다. 그리고 끝이다. 《순종실록》은 그렇게 끝을 맺고 있다. 대한제국도 그렇게 끝이 났다. 국망, 나라가 망했다.

궁궐을 보는 눈

궁궐의 주제, 궁중문화

궁궐은 죽었다. 그 터와 건물 일부가 남아 있지만, 살아 있는 모습은 아니다. 거기 살던 사람과 그들의 활동, 삶, 문화가 사라졌다. 그렇게 죽은 궁궐에서 무엇을 볼 것인가? 우선 현재 보이는 모습, 남아 있는 흔적을 찬찬히 잘 보아야 한다. 그러나 그것만으로는 부족하다. 현재 남아 있는 모습은 본모습이 아니다. 세월의 풍랑에 시달리며 본모습이 바뀌고 사라졌다. 본모습을 보려는 특별한 노력을 기울이지 않을 수 없다. 그러기 위해서는 여기까지 흘러온 시간을 거슬러 올라가야 한다. 왜, 어떻게 변해왔는지를 보지 못하면 본모습도 볼 수 없다.

그렇게 시간을 거슬러 올라가서 무엇을 찾아볼 것인가? 우선은 그 시절의 공간과 그 공간을 이루는 건조물들의 본모습을 찾아봐야 할 것이다. 하지만 그것은 껍데기이다. 공간과 건물들 안에 담긴 것은 결국 사람이다. 사람들의 삶이다. 나는 궁궐이라는 공간에서 사람들이 살면서 빚어낸 삶의 꼴인 궁중문화宮中文化가 궁궐의 핵심 주제라고 생각한다.

궁중문화는 궁궐이라는 공간을 배경으로 한다. 궁궐이라는 공간이 궁중문화의 기본 요건이다. 궁궐은 임금이 없으면 성립되지 않는다. 내용상으로는 임금이라는 요소가 더 큰 비중을 갖는다고 하겠다. 임금은 자연인으로서는 왕실이라는 가문의 대표이고, 동시에 공인으로서는 왕조국가의 수장이다. 임금이 중심이 되는 궁중문화는 임금과 왕실 가족의 생활문화가 바탕을 이루고, 임금을 중심으로 국가를 경영하는 과정에서 형성되는 통치문화가 상층부를 형성한다. 둘을 대비하자면 왕실의 생활문화보다는 공적인 영역의 통치문화에 더 큰 의미와 비중이 있다고 봐야 할 것이다.

궁중문화는 왕조국가라는 시대를 배경으로 생겨났다. 우리나라는 한 왕조가 나라를 다스리는 중앙집권적 관료제의 전통이 강하다. 삼국시대와 후삼국시대가 있긴 하였으나 임금이 관료 기구를 통해 전 국토를 일원적으로 통치하는 체제가 오래 유지되었다. 한 왕조의 존속 기간도 보통 500년이 넘는다. 우리는 이러한 역사를 당연하다고 받아들인다. 그러한 역사가 존재했으니 당연하게 받아들이는 것이 자연스러울지도 모르겠다. 다른 나라들도 그러려니 여길 수 있으나 이는 보편적인 모습은 아니다.

가까운 중국만 보아도 오랜 세월 왕조체제를 유지해오기는 했지만 얼마나 많은 왕조가 일어섰다가 넘어졌는가? 하나하나 꼽기가 어려울 지경이다. 땅이 넓고 인구가 많으니 많은 왕조가 명멸을 거듭했다고 할 수 있지만 상대적으로 보아도 빈도가 굉장히 높다. 중국에서 통일 왕조의 존속 기간은 우리나라에 비해서 짧다. 당나라가 약 300년, 통일왕조는 아니었지만 남송까지 모두 합해서 송나라로 보아도 약 320년, 원나라는 통일왕조 이전까지 합해도 약 160년, 명나라 약 300년, 청나라 약 300년이다. 중국의 왕조 가운데 지역 국가로 그친 나라들을 빼면 통일을 이루었던 왕조국가의 존속 기간은 대략 300년이라고 할 수 있다.

일본은 우리가 말하는 왕조국가를 형성한 기간이 어떻게 되는지 잘 모르겠다. 왕조의 모습부터가 상당히 다르다. 그들이 말하는 만세일계萬世一系, 천황가는 한 가문이 이어져 내려왔다고 하는 이야기가 과연 사실일까? 혹 역사적 사실이라고 해도 과연 자랑거리가 될까? 참 신화적이다. 천황의 위상과 역할은 우리나라의 임금과도 다르고, 중국의 황제와도 또 다르다. 그저 상징적 존재일 뿐, 우리가 생각하는 통치자의 모습은 아니다. 메이지유신 이후 천황이 국가의 중심으로 등장하였다고 하나 실권을 장악하여 행사한 것은 아니었다. 1945년 제2차 세계대전에서 패전한 뒤 오늘날까지도 그렇다.

왕조의 존속 기간이 긴 것이 바람직한 역사라고는 결코 말할 수 없다. 그러나 왕조 교체가 빈번한 것이 바람직하다고 할 수도 없다. 각 나라, 민족마다 사정이 있고 특성이 있다. 있는 그대로 보아야 한다. 각 나라의 궁중문화, 나아가서 역사 문화 일반에 대해서도 그러한 시각을 적용해야 한다. 조선이라는 왕조국가는 나름의 특성이 있었다. 그렇다면 왕권과 행사 방식도 개성이 있었을 것이고, 왕실의 구성원과 그들의 삶도 다른 나라와는 다른 면모를 갖고 있었을 것이다. 조선 나름의 궁중문화를 영위하였을 것이요, 그러한 개성은 한국의 문화와 역사에도 반영되었을 것이다. 그것이 무엇인가를 찾아보는 것이 궁궐에 가는 가장 중요한 목적이다.

사람들의 삶의 꼴, 문화

문화文化란 어떤 사람들이 오랜 세월 일정한 공간에 함께 모여 살아가면서 빚어낸 삶의 꼴이다. 문화는 사람들의 이야기다. 자연 그 자체의 이야기도, 신들의 이야기도 아닌 이 땅에 살다 간 사람들의 이야기다. 몇몇 영웅호걸의 이야기가 아닌 그렇고 그런 많은 사람들, 크고 작은 인간 집단의 이야기다. 사람들이 모여 살아가는 이야기 가운데 한 번 나타났다가 사라진 현상이 아니라 어떤 꼴을 갖추어 지속되는 삶의 모습이다.

사람들은 조상들의 삶의 양식을 이어받아 살면서 거기에 자신들의 새로운 삶의 모습을 조금 덧보탠다. 그 가운데 사람답게 살아가는 데 도움이 되는 것은 후대로 이어지고 그렇지 못한 것은 사라진다. 사람답게 살아가는 데 도움이 되는 것들이 쌓여서 문화를 이루는 것이다. 그러므로 문화는 축적되는 속성을 갖는다. 바탕이 없이 갑자기 생겨나는 문화는 없다. 그런 점에서 문화는 보수성을 띤다. 문화는 그 문화가 빚어낸 삶의 꼴을 벗어나는 행위에 대해서는 제약을 가한다. 반면에 문화는 변화라는 속성도 갖는다. 늘 새로운 것을 축적하지 않으면 문화는 정체되고 퇴보한다. 그런 점에서 문화는 진보성이 있다. 기존의 질서에 저항적이다. 보수성과 진보성은 상반되면서도 상호의존적이다. 이 두 가지 속성이 긴장된 균형을 이룰 때 문화는 건강하게 성장한다.

문화를 삶의 꼴이라고 할 때 그 영역은 매우 넓다. 문화라는 말은 삶의 어느 영역에 붙여도 성립한다. 그렇기 때문에 도리어 문화의 개념이 모호해지기도 한다. 문화의 영역을 분류해본다면 문화를 이해하는 데 도움이 될 것이다.

우선 일상의 영역은 생활문화라 할 수 있다. 사람은 누구나 생존을 위해서는 먹고 입고 쉬고 자고 해야 한다. 이른바 의식주衣食住를 해결하지 않고서는 살 수 없다. 그러나 생존을 위해 영위하는 최소한의 의식주 자체를 문화라고는 하지 않는다. 사람답게 사는 모습, 다시 말해서 여유와 우아함, 아름다움과 멋 등을 추구한 결과를 문화라고 한다. 복식, 음식, 주거 외에도 살아가는 데 필요한 모든 영역이 이 생활문화에 포함된다.

사람은 생존만을 위해 살지는 않는다. 어떻게 사는 것이 사람답게 사는 것인가 생각하면서 더 나은 삶을 만들어가는 이성理性의 영역이 있다. 이를 정신문화라고 정의할 수 있겠다. 과학과 기술, 학문과 사상, 철학과 윤리, 종교 등은 이성을 이용해 자연에 대한 이해와 응용을 담아 사람들의 삶에 영향을 미친다. 그리고 이들은 각자 나름의 정체성과 자기 영역을 가지고 있다. 그러나 각 영역 자체를 문화라고는 하지 않는다. 각 영역이 사람들의 삶과 어떻게 관련을 맺고 있는가? 삶의 어느 영역에 뿌리를 두고 생겨났으며, 삶에 어떠한 영향을 미치는가? 어떻게 사람들의 삶의 꼴을 달라지게 하는가? 각 영역과 사람들의 삶이 겹치는 지점에서 정신문화가 형성된다고 할 수 있겠다. 이를테면 과학, 특히 자연과학 자체를 문화라고는 하지 않는다. 그러나 자연과학의 발달에 따라 사람들이 자연에 대한 이해가 깊어지고, 그로부터 영향을 받아 삶의 꼴이 달라지는 부분은 문화라고 할 수 있다. 기술 자체는 문화에 포함되지 않지만, 기술의 발달에 따라 사람들의 삶의 모습은 매우 빠르게 달라진다. 그리고 그렇게 달라지는 삶의 꼴은 문화에서 다루어야 할 주제가 된다.

사람들의 삶은 일상생활과 이성의 작용만으로 완결되지 않는다. 사람에게는 감성感性이 있다. 희노애락喜怒哀樂을 느끼고 아름다움을 표현한다. 그저 감성의 폭발에 따라 일시적으로 그러는 때도 있지만, 감성을 표현하는 방식이 발전하여 여러 분야의 예술藝術 영역을 만들어냈다. 예술의 영역은 형태와 색으로 표현하는 조형 미술, 소리로 표현하는 음악, 몸짓으로 표현하는 연희演戲 등 다양하다. 그 영역은 매체의 발달에 따라 더욱 다채로워지고 있다. 예술의 각 분야 역시 그 자체로 고유한 영역을 이루고 있다. 그러한 예술 또한 사람들의 삶을 모태로 하여 태어났고, 또 사람들의 삶에 진진한 영향을 미친다. 이렇게 예술과 사람들의 삶이 겹치는 영역을 가리켜 예술문화라 하겠다. 다시 말해서 예술 영역 그 자체를 문화라고 하기보다는 사람들이 어떤 배경에서 그러한 예술 영역을 만들어냈고, 또 그것을 어떻게 향유했는지 등 사람들의 삶과 관련된 측면을 예술문화라고 할 수 있겠다.

이렇게 분야가 넓고 다양한 문화 전체를 한눈에 파악하는 것은 어려운 일이다. 문화를 깊이 있게 이해하려면 여러 각도에서 이런저런 측면을 헤집고 살펴보아야 한다. 그 가운데서도 특히 세 가지의 '사이-간間', 곧 공간空間, 시간時間, 인간人間을 비집고 들어가지 않으면 문화의 깊은 곳에 다가갈 수 없다.

공간, 시간, 인간 속으로

공간

공간은 문화의 바탕을 이루는 기본 요소이다. 사람은 추상 속에서 살 수 없다. 사람들의 삶은 구체적인 공간 속에서 이루어진다. 공간은 삶의 환경이나 배경으로 그치지 않는다. 공간 자체가 문화의 구성 요소로서 가치를 갖고 있다. 공간은 삶을 담는 그릇이며, 삶의 흔적은 그 속에 남는다.

공간의 일차적 구성 요소는 자연환경이다. 자연환경은 하늘도 있고, 바다도 있고, 땅도 있다. 그 가운데 사람들의 삶과 가장 깊은 관계를 맺고 있는 것은 땅이다. 땅은 높은 곳도 있고, 낮은 곳도 있다. 높은 곳이 등성이가 되고 낮은 곳이 골이 된다. 등성이는 산의 일부가 되고 산들은 서로 이어져 산줄기를 이룬다. 골에는 물이 흐르고, 물들은 모여들어 물줄기를 이룬다. 서로 대립하는 것들은 실은 서로 기대어 있다. 음과 양은 대립하면서도 어느 하나가 없이는 다른 하나도 존재할 수 없고, 남자와 여자가 서로 다른 듯하지만 실은 서로 어울려 인류의 생존을 이어간다. 그렇듯 산줄기와 물줄기도 따로 존재하지 않는다. 산줄기와 물줄기는 서로 어우러져 땅을 이룬다. 그러므로 땅을 보려면 먼저 산줄기와 물줄기가 어디서 와서 어디로 가는지, 서로 어떻게 어우러져 있는지를 보아야 한다.

삶의 터전으로서의 공간을 한 꺼풀 더 들어가서 보자면 자연환경 안으로 더 들어가야 한다. 산줄기와 물줄기가 잘 어우러져 있는 곳에는 반드시 사람의 흔적이 있다. 사람들이 모여 사는 마을이 있고 도시가 있다. 무덤이라도 있다. 자연환경 속의 인문환경이 삶의 터전, 문화의 바탕으로써 공간의 실제 내용을 이루는 것이다.

그 속으로 더 들어가서 마을이나 도시의 구조는 어떻게 짜여 있는지, 길은 어디서 와서 어디로 이어지는지, 주요 건물들은 어디에 배치되어 있으며 그들 사이에 어떤 관계를 형성하고 있는지, 내가 보고자 하는 대상은 그 가운데 어떤 위치, 어떤 위상을 갖고 있는지, 건물 안의 방은 어떻게 짜여 있는지 등을 봐야 한다. 공간을 잘 봐야 문화를 잘 볼 수 있다.

시간

어떤 공간에 간다고 해서 내가 보고자 하는 모습을 온전히 본다는 보장은 없다. 보고자 하는 모습은 거의 없어졌거나, 일부 흔적만 겨우 남아 있는 경우가 적지 않다. 시간의 흐름 속에서 변함없이 존재하는 것은 없다. 번성하였다가도 결국 쇠락하고 풍화되어 없어지게 마련이다. 또 지금 어떤 공간에 어떤 건조물이 남아 있다고 해서 그것이 보고자 하는 옛 모습, 원래의 모습, 원형原形이라고 인정할 수 있는가? 원형이란 무엇인가 하는 문제가 남는다.

어느 공간과 그곳에 있는 건조물들은 오랜 시간 있다 보면 그 기본은 유지한다 하더라도 부분적으로 바뀌기도 하고, 전체가 없어졌다가 다시 세워지기도 하는 등 변화하게 마련이다. 그렇다면 어느 시점의 것을 원형으로 볼 것인가? 맨 처음 세웠을 때의 모습인가? 고치거나 다시 지었을 때의 모습인가? 아니면 마지막으로 사라지기 직전의 모습인가? 이 문제는 그리 간단하지 않다. 관점과 현실적인 조건에 따라서 다르게 받아들일 수 있다. 원형 같은 것은 없다고 말할 수도 있다.

이렇듯 어느 건조물의 외형만을 두고 원형을 이야기하다 보면 늪에 빠지기 쉽다. 그 건조물을 지어서 쓰던 사람들과 건조물의 용도, 그리고 그것이 쓰이던 시기의 역사적 문화적 환경을 함께 고려해야 한다. 어느 한 사람에 대해서 어떤 시점, 어떤 모습이 그 사람의 원형이냐고 물을 수 없는 것처럼, 건조물 역시 어느 특정 시점의 모습만을 원형이라고 고집할 이유가 없다. 그 건조물을 만들고 지어서 쓰던 시기에, 주인 되는 사람들이 만들고 고치고 한 것은 모두 원형이라고 봐야 할 것이다.

경복궁으로 예로 들어보자. 조선 태조 연간에 지은 경복궁만이 원형이 아니다. 그 뒤에 새로 더 지었고, 임진왜란으로 불타고 난 뒤 270여 년이나 지나 고종 초년에 중건하였고, 고종 연간에도 불이 나서 많은 전각이 없어진 뒤에 다시 짓고, 고치고, 더 짓고 하였다. 그 모두를 원형이라고 인정해야 한다. 하지만 1896년 2월 고종이 경복궁을 떠나 러시아공사관으로 간 뒤의 변화는 주인이라고 할 고종과 대한제국 조정의 의지나 필요와는 무관하게 일어난 것이다. 그런 점에서 아관파천 이후 경복궁의 변모는 원형으로 인정할 수 없다. 변질이요, 일제에 의한 악의적인 왜곡과 훼손의 결과라고 해야 할 것이다.

어떤 공간과 건조물을 볼 때는 원형과 원형이 아닌 것, 변화한 것과 변질된 것을 구별해야 한다. 그러려면 그 공간, 그 건조물에 녹아들어 있는 시간을 유념해서 살펴보지 않을 수 없다. 옛 건조물은 전혀 남아 있지 않은 채 빈터만 남아 있는 경우도 있다. 빈터라도 남아 있으면 위치와 환경을 가늠할 수 있겠지만, 터에 이미 다른 건조물들이 들어차서 터가 어디인지조차 분간하기 어려울 수도 있다. 그렇게 옛 건조물, 옛 모습이 없어졌다고 해도, 심지어 옛터에 다른 건조물이 들어서서 그 영역조차 확인하기 어렵다고 해도 그 장소, 그 위치가 갖는 의미마저 없어졌다고 할 수는 없다.

그곳에 어떤 건조물이 있었고, 거기에 사람들이 살면서 이런저런 활동을 했고, 사람들이 기억해야 할 만한 역사적 사건이 그곳에서 벌어졌다면 그 자리 자체가 의미와 가치를 갖는다고 할 것이다. 그곳이 어떤 공간이었고, 어떤 건조물이 있었으며, 언제 어떻게 해서 없어졌다는 연혁을 밝히고 시간을 거슬러 올라가는 작업, 즉 역사적 접근이 필요하다. 문화는 시간의 켜 속에 잠겨 있다. 겹겹이 드리워진 시간이라는 장막을 들춰야 비로소 문화가 보인다.

인간

문화, 문화의 흔적에 대한 역사적 접근은 그것이 변천해온 과정을 추적하는 데 그치지 않는다. 무엇이든 그것을 만들 때는 만든 목적이 있게 마련이다. 목적, 다시 말해서 만든 대상의 용도와 기능이 외형보다 더 본질적인 요소이다. 문화의 흔적을 깊이 있게 이해하려면 외형을 보는 것을 넘어서 용도와 기능을 볼 수 있어야 한다. 건조물을 예로 들면, 무언가 뜻을 표현하기 위해 혹은 상징으로서 짓는 것이 있다. 반면에 사람이 그 안에 들어가 살거나, 무슨 활동을 하거나, 물건을 보관하는 등의 현실적이고 실용적인 목적을 위해 짓는 것들도 있다. 어느 쪽이든 지은 목적을 먼저 생각하지 않으면 대상을 제대로 이해할 수 없다. 어떤 사람들이 어떤 의도와 목적을 갖고 지었으며, 실제로 어떻게 이용했는가? 이는 결국 그것을 지은 사람들의 생각에 관한 이야기요, 그들의 삶에 관한 이야기이다. 사람들에 관한 이야기가 빠지면 알맹이 없는 껍데기만 남는다.

여기서 사람이란, 어느 한 개인일 수도 있지만 대개는 관계를 맺고 사회를 이루고 있는 사람들이다. 즉, 인간 집단이다. 인간 집단은 작게 보면 특정 집단일 수 있고, 크게 보면 인류 자체일 수도 있다. 문화를 이야기할 때 흔히 설정하는 인간 집단은 민족民族이라고 하겠다. 민족이란 어떤 집단인가? 민족을 구성하는 가장 중요한 요소는 흔히 언어라고 말한다. 언어는 의사를 소통하는 데 가장 중요하다. 말이 통하지 않으면 어울려 살기 어렵다. 같은 말을 쓰면서 같은 공간에 모여 살다 보면 하나의 정치 체제, 달리 말하자면 한 국가를 이루게 되고, 자연히 서로 물자를 사고 팔면서 비슷비슷한 소비 생활을 하는 경제권을 이루게 된다. 그 결과 살아가는 모습, 곧 생활 습관이나 풍습을 같이하게 된다. 그 안에서 혼인 관계를 맺고, 그 결과 혈통을 공유하고 비슷한 외모를 갖게 된다. 이렇게 어느 정도 오랜 세월을 지내다 보면 다른 집단과는 구별되는 "우리" 의식을 갖게 된다. 이렇게 형성된 인간 집단이 민족이다.

인간 집단의 범주는 민족보다 크게 설정할 수도 있고, 민족 안에 작게 설정할 수도 있다. 그 종류는 기준을 어떻게 세우는가에 따라 매우 다양하다. 지역에 따라 나눌 수도 있고, 계층이나 직업, 세대, 또는 기호나 학력을 기준으로 나눌 수도 있다. 그렇게 설정된 인간 집단은 각각 특유의 삶의 모습을 빚는다. 그것이 문화이다. 사람은 문화의 주역이요 주인이다. 사람을 알아야 문화가 보인다.

문화유산 만나기

문화는 축적되면서 변화한다. 과거의 삶의 꼴이라는 바탕 위에 쉼 없이 새로운 삶의 꼴을 쌓아나간다. 그러면서 흔적을 남긴다. 그렇게 남은 흔적을 통해서 옛 문화를 볼 수 있다. 그러한 흔적을 문화재文化財, 영어로는 cultural properties라고 한다. 현행 문화재보호법에도 "문화재란 인위적이거나 자연적으로 형성된 국가적, 민족적, 세계적 유산으로서 역사적, 예술적, 학술적, 경관적 가치가 큰 것을 말한다"라고 규정되어 있다. 이 문화재라는 용어는 재화財貨, 값을 매겨서 사고 팔고 할 수 있는 물건이라는 뜻이 강하다.

하지만 문화재보호법의 문화재 가운데는 무형문화재, 기념물, 민속자료 등처럼 유형의 물건이 아니거나, 교환 거래할 수 없거나, 경제적 가치를 매기기 어려운 것들도 있다. 뭉뚱그려서 문화재라고 표현하는 데는 문제가 있다. 때문에 현실에서는 여전히 '문화재'라는 용어를 쓰고 있지만, 재화라는 뜻을 넘어서 역사 속에서 형성되어 문화적 가치가 인정되는 것 전체를 아우르는 뜻으로 쓰이고 있다.

이러한 변화를 반영하여 근년에는 문화재라는 용어 말고도 문화유산文化遺産, cultural heritage이란 용어가 등장하여 함께 쓰이고 있다. 이 용어는

1972년 유네스코에서 문화유산을 '한 세대에서 다른 세대로 전해진 것으로 역사적 가치를 지니며, 사회의 문화적 전통의 일부로, 인위적man made인 것들이 주가 되며 탁월한 보편적 가치OUV, outstanding universal value를 지닌 것'이라고 정의하면서 널리 쓰이게 되었다. 문화유산은 문화재에 비해서 경제적 가치 개념을 뛰어넘은 대단히 포괄적인 뜻으로 쓰이고 있다.

문화유산은 가치를 담고 있다는 의미가 전제되어 있다. 가치가 없는 것은 문화유산이 될 수 없다. 유네스코에서는 문화유산을 '탁월한 보편적 가치'를 갖고 있는 것으로 규정한 데 비하여, 우리나라 문화재보호법에서는 문화재를 '역사적 · 예술적 · 학술적 · 경관적 가치'를 지닌 것으로 정의하고 있다. 그런데 그 가치가 무엇인지 쉽게 다가오지 않는다.

역사적 가치란 무엇일까? 역사가 진행되면서 만들어진 흔적으로 인정할 만한 가치. 상당히 오랜 세월을 담고 있고, 그래서 쉽게 찾고 쉽게 구할 수 없기에 생기는 가치라고 할 수 있다. 오랜 세월이 흐름에 따라 갖게 된 희소성稀少性의 가치이다. 이 가치는 기본적으로는 시간이 오래 경과할수록 커진다고 할 수 있다.

그런데 역사적 가치로 희소성의 가치보다 더 의미 있는 가치는 정보 가치이다. 문화재, 문화유산은 기본적으로 그것이 만들어져 쓰이던 시대 사람들의 삶에 대한 정보를 담고 있다. 그것의 재질과 만든 기술, 용도와 미감, 그리고 오랜 세월 전승되어오는 과정의 변화상 등에 대한 정보가 담겨 있으며 그 분량과 정확성에 따라 가치가 달라진다. 예를 들면, 같은 데서 나온 기왓장이라 하더라도 연도나 만든 사람 또는 사용하던 사람이나 기관 등을 가늠할 수 있는 각자刻字가 있으면 그것이 없는 것보다 훨씬 큰 가치를 갖는다.

어떤 문화재, 문화유산이 갖고 있는 역사적 가치는 그것이 정확히 평가되어 공인되지 않으면 묻히고 만다. 문화의 흔적은 그것을 발굴, 수집, 분석, 평가해야 비로소 가치를 인정받게 된다. 이렇게 평가되어 인지된 가치가 학술적 가치이다. 학술적 가치는 문화유산 본연의 가치라고 하기는 어렵다. 보는 이에 따라서, 또 시대 환경에 따라서, 관점과 평가 기준에 따라 각각 다르게 평가할 수 있다. 아무런 가치가 없다고 버려졌던 것이 시대가 바뀌고 관점이 바뀌면 아주 높게 평가되기도 한다.

문화의 흔적으로 남은 조형물 가운데는 종교적 상징, 또는 대상의 위대함이나 아름다움을 표현하기 위해 만든 것들이 있다. 실용적인 목적을 갖고 만든 것이라 하더라도 전체 조형미나 색감, 질감 등에서 감동을 주는 것들이 적지 않다. 어쩌면 모든 조형물이 그런 잠재력을 갖고 있다고 해야겠다. 이렇게 아름다움을 비롯하여 슬픔과 기쁨, 흥과 신명 등 각종 감동을 느끼게 하는 힘을 가리켜 예술적 가치라 할 수 있다.

예술적 가치는 그 대상을 보는 사람의 감성과 안목에 따라서 감지하는 내용이나 감동의 크기가 다르다. 객관적인 평가 기준을 마련하기 어렵다. 그러나 그렇기에 적절한 인도와 해설을 통하여 그 가치를 이해하고 향유하게 할 필요가 더욱 클지도 모르겠다.

자연은 그 자체로 많은 가치를 갖고 있다. 그것을 인정하고 사람이 문학, 예술, 전승, 전설, 흔적 등을 남기면 자연 그대로 있는 것보다 더욱 돋보이게 된다. 사람이 만든 건조물도 주위 환경과 잘 어울릴 때 활동하기 좋을 뿐만 아니라, 보기 좋은 장면을 빚어낸다. 이렇게 주위의 자연환경 및 인문환경과 어울려 멋진 조화를 이루면 가치는 더 커진다. 이를 경관적 가치라고 말할 수 있다. 예를 들면 경치 좋은 계곡, 산등성이, 강변, 해변은 그 자체로 가치 있는 자연이다. 그런데 그곳에 어울리는 정자를 하나 놓는다면 경관은 더욱 아름다워지고 이야기도 더욱 풍부해질 것이다. 이런 경우 그 정자는 그곳의 경관적 가치를 키우는 요소가 된다.

문화재, 문화유산의 가치를 꼭 문화재보호법에서 말하는 역사적 가치, 학술적 가치, 예술적 가치, 경관적 가치로 정리할 수 있는지는 의문이다. 유네스코에서 말하는 탁월한 보편적 가치라는 것이 콕 짚어 무엇을 가리키는지 그것도 잘 모르겠다. 결국 어느 문화유산, 어느 문화의 흔적이 비록 초라해 보이고, 이것이 도대체 무슨 가치가 있을까 싶어 보여도 거기서 무언가를 찾고, 느끼고, 감동하며 향유할 때 그 가치가 더욱 살아나는 것 아닐까?

가기

문화유산을 잘 이해하고 그 가치를 향유하기 위해서는 우선 관심을 가져야 한다. 관심이 그저 내 머릿속에 머물러서는 짝사랑으로 그치게 된다. 접촉을 시도해야 한다. 접촉은 우선 대상에 대한 기본적인 정보를 알아보는 데서 출발한다. 이름이 무엇인지, 어디 있는지, 겉모양이 어떤지, 언제 만들었는지, 왜 문화재이고 보물이고 국보인지 등. 하지만 정보만 수집하고 있어서는 차갑고 마른 관계를 벗어나지 못한다. 가야 한다. 가서 만나야 한다.

간다는 것은 머릿속에서 상상으로 가는 것이 아니라 실제로 가보는 것이다. 어떤 길로, 어떻게 가는가? 가는 길과 방법에 따라 받는 느낌과 인상, 그리고 마지막 인식까지 달라질 수 있다. 어느 곳을 직접 찾아가서 보고 느끼는 행위를 밟을 답踏, 사실할 사査, 답사踏査라 한다.

답사의 첫번째 요건은 현장에 가는 것이다. 현장에 가서 땅을 밟아보는 것이 답사의 생명이다. 카메라, 캠코더, 스마트폰 등 기기를 거의 누구나 다루고 있고, 통신선을 넘어 전파, 인터넷 등으로 각종 형태의 정보가 순식간에 퍼지는 오늘날에는 굳이 현장에 가지 않아도 어떤 지역, 어떤 대상에 대한 정보를 쉽게 접할 수 있다. 사실 집에 앉아서 이런 매체를 통해 보는 편이 현장에 가서 보는 것보다 더 많이, 더 상세히, 더 짜임새 있게 정보를 접할 수 있는 방법일지도 모른다. 하지만 그렇다 해도 그것은 답사는 아니다. 간접 체험은 아무래도 직접 체험을 따라가지 못한다. 각종 매체를 통해 대상을 접하는 것은 내가 직접 접하는 것이 아니라, 렌즈가,

그 렌즈를 들이대고 찍은 사람이 접한 것을 내가 얻어 보는 것이요, 그 사람이 전해주는 것을 듣고 이해하는 데 지나지 않는다. 현장에 가는 목적은 직접 접촉을 하여 정보와 느낌을 얻기 위함이다. 내가 직접 보고 듣고 느끼고 생각하기 위함이다. 답사를 통해 무언가를 느끼는 주체는 나일 수밖에 없다. 내가 직접 현장에 가지 않으면 답사가 아니다.

여러 가지 탈것이 발달되어 있고 편리함만을 추구하는 오늘날에는 답사를 한다고 하면서도 될 수 있는 대로 빠른 방법으로 편하게 목적지에 가려 한다. 자동차를 타고 바로 밑 주차장까지 가서 쑥 들어가곤 한다. 그러나 그렇게 빠르고 편하게만 가서는 제대로 보고, 느끼고, 인식하기 어렵다. 제대로 된 답사를 하려면 시간을 들이고 발품을 팔아야 한다. 천천히 걸어가는 것이 좋다.

절에 갈 때는 적어도 당간지주 밖에서 주위 산줄기와 물줄기를 보고, 걸어 들어가야 한다. 산문, 일주문, 사천왕문, 금강문이 있는지 없는지 하나하나 찬찬히 살펴보면서 가야 한다. 어느 절에 갔다 왔다면서 그런 게 있었나 하면 제대로 갔다 온 게 아니다. 서원이든, 향교든, 고택이든, 외따로 서 있는 무슨 장승 하나든 같다. 어디 있는지, 왜 거기 있는지를 알려면 좀 멀리서부터 걸어가면서 주변 산수와 도로, 마을과 도시를 살펴보는 것이 좋다. 길을 걸으며 두리번두리번 주변 산수와 풍광을 살펴봐야 한다. 지금은 고층 빌딩과 가로수에 가려 산이 잘 보이지 않고, 거기 어디 흐르던 개울은 모두 복개되어 찾기가 어려워졌을지라도 그래도 유심히 살펴보면 언뜻언뜻 본래 모습을 찾아볼 수도 있고, 흔적을 짐작해볼 수도 있다. 산수와 풍광을 그저 그것대로 따로 떼어서 구경하는 데 그칠 것이 아니라 그것과 대상이 어떻게 조화를 이루고 있는가를 보자.

왜 답사를 하는가? 이 물음에 대한 정답은 없다. 아니, 아주 많다. 사람마다 제각각 관심이 끌리는대로, 또 필요한 대로 답사를 하는 것이다. 현실적인 대가를 구하기 위한 타산적인 동기에서 나오는 것일 수도 있겠고,

아무런 대가를 구하지 않는 순수한 사랑에서 나오는 것일 수도 있다. 어떤 특정한 목적을 위해서 답사를 할 수도 있겠고, 무엇 하나 생기는 것 없어도 시간과 돈과 힘을 들여가며 무엇에 홀린 듯 답사에 빠져드는 사람도 있겠다. 이렇게 저마다 다른 동기, 다른 목적에서 답사를 하면 함께 같은 곳을 답사하여도 보는 내용은 제각각이 되는 것이다.

같은 곳을 답사하더라도 경로를 어떻게 잡느냐에 따라 전혀 다른 장면을 볼 수도 있다. 선택은 자유다. 하지만 처음에는 될 수 있으면 옛 사람들이 다니던 경로를 따라가는 것이 좋다. 절이라면 스님들이나 신도들이 다니던 길, 그중에서도 가장 많이 다니던 길을 먼저 가보는 것이 좋겠다. 그래서 겹겹이 맞아주는 문들을 들어가야만 그 절의 가장 정면에 해당하는 인상을 접하는 것이다. 다른 서원, 향교, 고택도 마찬가지다. 다른 곳도 그렇지만 특히 궁궐은 정문으로 들어가는 것이 마땅하고, 정문으로 들어갈 때는 정문 앞으로 난 길을 따라가는 것이 좋다.

바로 문 앞이나 안에 있는 주차장까지 차를 타고 와서 들어가는 것보다는 어느 정도 떨어진 데서부터 천천히 걸어 들어가는 것이 좋다. 출발점은 큰길의 잘 아는 지점이면 좋겠다. 경복궁 같으면 광화문 네거리 기념비전에서부터, 창덕궁은 종로3가 역에서부터 시작하는 것이 좋겠다. 창경궁이나 경희궁, 경운궁덕수궁은 주변 환경이 너무 심하게 바뀌어서 어디서부터 시작해야 할지 난감하지만 창경궁은 종로4가에서, 경희궁은 광화문 네거리에서, 경운궁도 광화문 네거리쯤에서 출발하면 좋을 것 같다. 일부러라도 그렇게 해보는 것이 좋겠다. 옛날 궁궐로 들어가는 사람들도 대부분 그 길을 통해 갔고, 그 길을 따라가야 궁궐에 대한 첫인상을 제대로 느낄 수 있기 때문이다.

보기

무엇을 볼 때는 눈으로 본다. 무엇을 보고 못 보고는 보는 눈에 달렸다. 눈으로 본다는 말은 두 가지 뜻이 있다. 겉모습을 본다는 뜻과 사물의 본질을 알아본다는 뜻. 겉모습은 시력으로 보고 본질은 안목으로 본다. 안목이 낮은 사람은 눈에 보이는 무엇이 있어야만 본다. 알록달록하고 요란스런 무엇이 있어야만 뭣 좀 보았다고 좋아한다. 반면에 안목이 높은 사람은 별것 아닌 듯한 대상에서 가치를 발견하여 진한 감동을 느끼고, 아무것도 없는 데서 무엇을 찾아내기도 한다.

안목은 어떻게 해서 생기는가? 안목의 출발점은 관심이다. 관심이 있어야 보인다. 늘 보는 것도 관심 없이 보면 그렇고 그런 것에 지나지 않는다. 그러나 깊은 관심을 가지고 보면 늘 거기 있던 것도 예전에 미처 몰랐던 느낌으로 다가온다.

직접 현장에 가서 답사를 하면 느낌이 생기게 마련이다. 사람들은 용모가 다 다른 것처럼 생각도 다르고, 감성도 다르다. 같은 지역, 같은 대상을 함께 답사를 해도 사람마다 다른 느낌을 받는다. 함께 답사를 마쳐도 돌아가며 소감을 이야기하는 것을 들어보면 결국 각자 자기 관심에 따라 자기가 보고 싶은 것을 보았구나 하고 새삼 깨닫게 된다. 같은 대상을 보고 나서도 누구는 호들갑스럽다 싶을 정도로 좋다고 찬탄을 연발하는가 하면, 누구는 별것 없더라고 한마디로 간단히 끝내버리고 만다. 느낌은 그렇게 제각각이다.

이렇게 관심이 안목의 출발점이기에 관심을 가지고 보면 새로운 느낌을 받기는 하지만, 그것으로 안목이 완성되는 것은 아니다. 관심과 느낌에 뒤이어 이해가 따라야 한다. 관심에서 출발해서 새로운 느낌을 받게 되면 그것에 관해서 온갖 정보를 수집하게 된다. 정보를 수집한다는 것은 대상을 좀 더 깊이 이해하려는 노력이요, 지식을 쌓는 일이다. 이해는 차가운 이성의 작용이기도 하지만, 뜨거운 감성을 위한 밑거름이기도 하다. 모르고서는 진한 감정이 생기지 않는다. 감정이 생긴다 해도 그것은 허망하기 짝이 없는 가짜 감정에 지나지 않는다. 안목은 관심과 느낌에 더하여 정보와 지식을 밑거름으로 삼는다.

하지만 그것만으로도 아직 충분하지 않다. 느낌과 지식은 서로 어우러져 새로운 느낌과 지식을 키우고, 그것이 쌓이면 자기 나름의 체계를 갖추게 된다. 다시 말하자면 느낌과 지식이 어우러진 인식이 생겨난다. 인식이 갖추어져야 비로소 안목이 제대로 서게 된다.

안목은 관찰력을 낳는다. 안목이 뛰어난 사람은 볼거리를 놓치지 않으며, 대상의 미세한 부분까지 포착하여 그것이 갖고 있는 정보를 찾아낸다. 안목은 또 분별력을 낳는다. 진짜와 가짜를 분별하고, 원형과 변형을 가려낸다. 독창성이 뛰어난 걸작과 남의 것을 뒤쫓아 우려먹는 모작을 가려내서 각각의 가치를 매긴다. 그러한 안목은 단박에 생기는 것이 아니다. 여러 번 보아야 하고, 여러 가지를 많이 보아야 한다. 꾸준히 관찰하고, 유사한 다른 대상과 비교하는 작업을 통해서 안목은 깊어지고 높아지고 넓어진다. 예리해지고 탁월해진다.

읽기

문화유산을 가서 보면 느낌과 이해가 온다. 그것이 갖고 있는 정보가 파악되고 감동이 온다. 향유하는 단계로 들어가는 것이다. 남들이 보면 아무것도 아닌 돌 하나, 기왓장 하나, 다 쓰러져가는 작은 건물에서 사람들의 삶을 보고 아름다움을 느낀다. 그리고 행복해한다. 비용이 적게 들면서 참으로 고상하고 우아한 취미다. 그런데 그 지점에서 벽에 부딪힌다. 느낌은 오는데 뭔가 한계를 느끼지 않을 수 없다. 더 깊은 무엇이 있는 듯한데 그것이 무엇인지 알 수가 없다.

문화유산은 그것을 만든 사람들이 있고, 그것을 사용한 사람들이 있다. 그것을 만든 목적이 있고 의도가 있다. 가서 보고 느끼고 알게 되는 것에서 더 깊이 들어가려면 그들을 만나고, 목적과 의도를 읽어내야 한다. 그들의 생각과 그 바탕에 깔려 있는 인식체계를 알아야 한다. 그래야 거기

숨어 있는 뜻을 헤아리고, 깊은 대화를 나눌 수 있다.

서양문화를 이해하려면 그 두 뿌리인 헬레니즘과 기독교를 알아야 하고, 그러려면 그리스신화와 기독교의 성경을 읽어야 한다고 한다. 인도 문화를 이해하려면 힌두교를 알아야 하고, 그 경전에 해당하는 베다, 우파니샤드 등을 읽어야 한다고 한다. 동양문화를 이해하려면? 불교와 유교, 도교를 이해하는 것이 좋겠다. 하지만 팔만대장경이라고 하는 수많은 불교경전과 유교의 사서삼경, 도교의 노자 장자를 언제 다 읽을 수 있겠나? 참으로 높은 벽에 부딪힌다.

동아시아의 동쪽 끝에 있는 한국문화를 이해하려면 무엇을 알아야 할까? 한국문화도 동양문화, 그 가운데서도 동아시아문화의 일부다. 한자를 매개로 하는 인식체계의 많은 부분을 바탕으로, 그 위에 한국문화 고유의 열매들이 맺혀 있다. 그러나 근대 이후로는 서양문화에 압도되어 공교육에서 거의 가르치지 않는다. 고리타분하고 비과학적인 것으로 취급하고 있는 형편이다.

한자는 외국 문자다. 한자를 가르쳐야 한다고 하면 사대주의자로 모는 이들도 일부 있다. 하지만 한자가 한국 고유의 문자는 아니어도 오랜 세월 우리 문화를 일구는 데 가장 비중 있는 문자였다는 것은 틀림없는 사실이다. 따지고 보면 한자가 중국 문자도 아니다. 중국의 실체가 무엇인가? 여러 민족과 집단이 얽히고설켜 수많은 왕조를 이루면서 뒤섞여온 혼합의 역사, 그것을 뭉뚱그려서 부를 때 중국이라고 하지 않는가? 한자는 동양, 동아시아의 문자이다. 알파벳을 이집트, 페니키아, 로마, 또는 영국의 문자라고 고집하지 않듯이 한자를 꼭 중국의 문자라고 말할 수 없다. 한국은 물론 중국이 아니다. 그러나 한국이 중국과 무관하지도 않다. 한국은 중국이 한가운데 크게 차지하고 있는 동양문화권 안에 있으면서 그 문화에 기여한 동양의 일원이다. 겉으로 드러난 한국문화의 여러 조형과 인식의 바탕을 이해하려면 동양적인 인식의 기본 요소들을 알 필요가 있다.

전통문화의 기본 관념

하도 낙서

하도河圖라는 것은 복희씨伏羲氏가 천하에 왕노릇할 때 용마龍馬가 하河라는 강에서 나왔는데 마침내 그 무늬를 본보기로 하여 팔괘八卦를 그린 것이다.[河圖者 伏羲氏王天下 龍馬出河 遂則其文 以畫八卦]

흔히 주역이라고 말하는 책의 하도에 대한 설명이다. 이 무슨 신화같은 이야기인가? 팔괘는 기호논리학적인 사고체계다. 이 팔괘는 어디서 왔는가? 출발은 숫자에서 왔다. 1에서 10까지의 숫자를 배열하고 법칙화하여 팔괘라는 틀을 만들었다. 누가 그런 일을 했는가? 딱히 누구라고 말하기 어려우니까 복희씨라는 신화적인 임금에게 돌렸다. 복희씨는 무엇을 근거로 그런 작업을 했는가? 그냥 했다고 하면 얼마나 싱거운가? 그러니 강물에서 나온 용마의 무늬를 바탕으로 삼았다고 신비화한 것이 아닐까. 한 씨족의 시조가 어디서 왔는가를 두고 시비가 붙으니까 그냥 알에서 나왔다, 하늘에서 말을 타고 내려왔다, 곰과 환웅이 혼인하여 낳았다 등으로 둘러대는 것과 비슷하지 않겠나 하는 것이 나의 다소 불경스런 해석이다.

다음 쪽의 그림은 용마의 점 무늬가 꼭 저렇게 생겼겠나마는, 정리하면 저렇다는 것이다. 저 하도는 또 무엇인가? 이를 다시 아라비아 숫자로 정리하면 오른쪽과 같이 된다.

아래쪽의 1에서 시작하여 위에 2, 왼쪽에 3, 오른쪽에 4, 그리고 가운데 5를 배치하고, 그리고 다시 한 번 아래에 6, 위에 7, 왼쪽에 8, 오른쪽에 9, 가운데 10을 배치한 것이다. 가만히 보면 홀수는 가운데가 빈 흰 동그라미, 짝수는 가운데가 까맣게 채워진 동그라미로 구성되었다. 흰 동그라미로 된 수, 다시 말해서 홀수는 천天, 까만 동그라미로 된 수, 짝수는 지

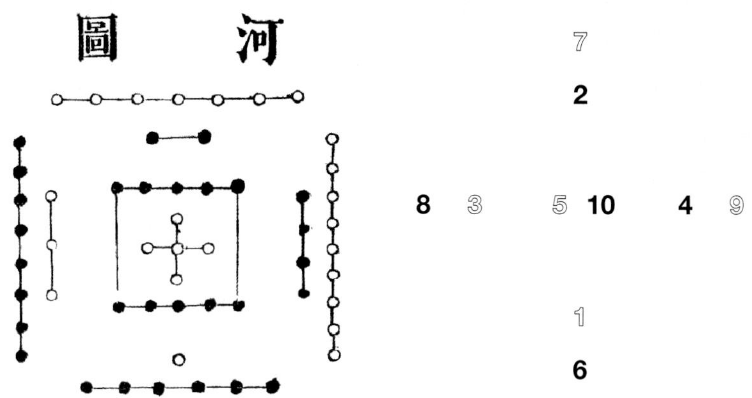

하도(왼쪽)와 이를 아라비아 숫자로 다시 정리한 도표(오른쪽)

地라고 한다. 하도의 숫자는 팔괘와 연결되어 그다음 논리를 만드는 근거가 된다. 그다음 논리를 진전시키기 위해서 필요한가보다 하고 넘어가면 된다.

> 낙서洛書라는 것은 우禹 임금이 치수治水를 할 때 신이한 거북이 등에 지고 나온 문양에 배열되어 있었는데 그 수가 아홉에 이르렀다. 우임금이 마침내 이를 가지고 순서를 정하여 구류九類를 완성하였다.[洛書者 禹治水時 神龜負文而列於背有數至九 禹遂因而第之 以成九類]

낙서는 또 다른 시대에 생겨났다. 우임금이 큰 홍수를 다스리던 시대에 이번에는 거북이가, 그냥 거북이가 아니라 신비로운 거북이가 등에 지고 나타난 문양이라고 한다. 우임금이 그냥 지나칠 리가 있나? 이 문양을 연구하여 거기서 어떤 법칙성을 발견했고, 그것을 근거로 인간 사회를 구류九類로 분류하였다는 것이다.

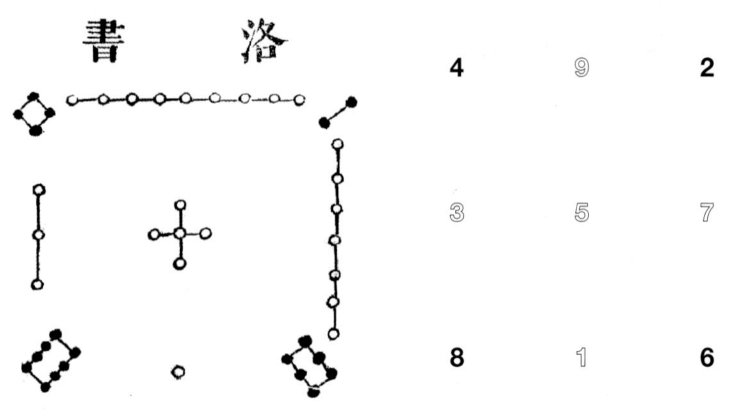

낙서(왼쪽)와 이를 아라비아 숫자로 다시 정리한 도표(오른쪽)

낙서는 대체로 거북이 형상을 하고 있으므로 그 수는 9를 머리에 이고, 1을 발로 밟고, 왼쪽이 3, 오른쪽이 7, 2와 4는 어깨가 되고, 6과 8은 발이 되었다.[洛書 蓋取龜象 故 其數 戴九履一 左三右七 二四爲肩 六八爲足]

낙서는 거북이 형상대로 숫자를 배치한 것이다. 이를 아라비아 숫자로 바꾸어 배열하면 오른쪽과 같다. 위의 가운데 9가 머리, 아래 가운데 1이 발 사이의 꼬리, 왼쪽의 3과 오른쪽의 7이 옆구리, 2와 4는 어깨, 6과 8은 발이라고 한다. 이 표는 어딘가 익숙하다. 아래위, 옆, 대각선으로 세 숫자를 더하면 모두 15가 되는 표. 하도가 기호논리학적으로 발전하는 데 비해서 낙서는 인간 사회를 분류하고 해설하는 이야기로 발전한다.

팔괘: 태극 음양

하도를 근거로 팔괘를 만든 이는 복희씨라 한다. 〈복희팔괘차서伏羲八卦次序〉는 복희씨가 만든 팔괘가 형성되는 원리를 그린 것이다. 이 도표는 밑

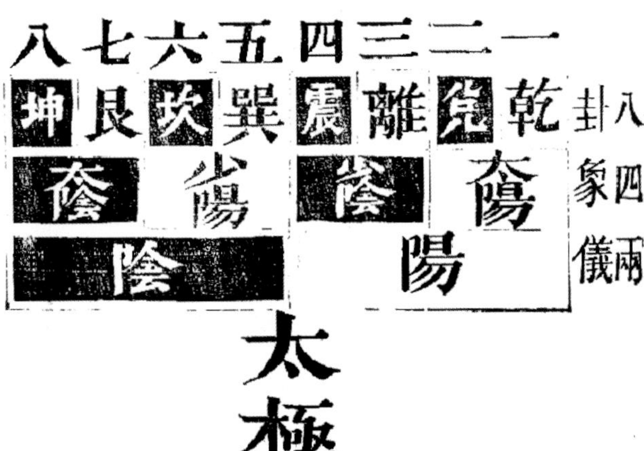

복희팔괘차서

에서부터 올라가며 봐야 한다. 같은 단에서는 오른쪽에서 왼쪽으로 가며 보는 것이 순서이다. 가장 밑에 태극太極이 있다. 아래에서 두 번째 단은 태극이 둘로 나뉘어 양陽과 음陰이 되었음을 나타낸다. 양은 흰 바탕, 음은 검은 바탕으로 표현하였다. 아래에서 세 번째 단은 양 위에 다시 양이 오면 태양太陽, 양 위에 음이 오면 소음少陰, 음 위에 양이 오면 소양少陽, 음 위에 음이 오면 태음太陰이 됨을 보여준다. 마지막 네 번째 단은 태양 위에 양이 오면 건乾, 음이 오면 태兌, 소음 위에 양이 오면 이離, 음이 오면 진震, 소양 위에 양이 오면 손巽, 음이 오면 감坎, 태음 위에 양이 오면 간艮, 음이 오면 곤坤이 됨을 말한다.

이 도표는 동양 철학의 바탕 가운데서도 핵심이라 할 수 있는 음양사상의 태극太極-양의兩儀-사상四象-팔괘八卦의 구성을 일목요연하게 보여주고 있다. 음양사상이란 우주 만물의 발생과 운동을 음과 양으로 설명하는 관념 체계이다. 이에 대해서는 성리학자들이 대단히 복잡하고 다단한 설을 제시하였다. 그것을 다 따라가는 것은 무망하고 불필요한 일이다. 여기서는 성리학을 집대성한 주자朱子의 설명을 중심으로 될 수 있는대로 간략히 소개하기로 한다.

> 주자께서 말씀하셨다. "태극이란 것은 상象과 수數가 아직 형체를 갖추지 않았지만 그 이치는 이미 갖추어진 것을 지칭한다. 형체[形]와 쓰임새[器]가 이미 갖추어졌지만 그 이치는 조짐을 보이지 않는 것을 지목한다. 하도와 낙서에서 모두 비어 있는 가운데 자리의 상이다."[朱子曰 太極者 象數未形而其理已具之稱 形器 已具而其理无朕之目 在河圖洛書 皆虛中之象也]

한자는 한 글자 한 글자가 모두 개념어이다. 상象, 수數, 리理, 형形, 기器 같은 것을 설명하려고 하다가는 늪에 빠진다. 그냥 내 식으로 설명하는 수밖에 없다. 우주 만물의 가장 원초적인 상태를 태극이라 한다. 태극은 안에 모든 것이 들어 있으면서도 아무것도 없는 상태를 말한다. 원초적인 상태요, 나뉘지 않은 상태이다. 그러나 죽은 상태, 정지된 상태가 아니라 만물이 태동할 자원과 운동력을 품고 있다.

태극을 별도의 부호로 표기하면 우리가 잘 아는 바 태극기의 중앙에 있는 부분[☯]이다. 부호에서 흰색, 태극기에서 붉은색은 양을 가리키고, 부호의 검은색, 태극기의 푸른색은 음을 가리킨다. 음과 양이 서로 붙어 있으면서도 하나는 아니요, 그렇다고 둘도 아니다. 하나이면서 둘이다. 어느 한 쪽이 성하면 다른 한 쪽은 쇠하지만 아주 없어지지는 않고, 다시 쇠하던 쪽이 성하면 다른 쪽은 쇠하는 식으로 서로 성쇠盛衰가 엇갈림을 표현한 것이다.

> "태극이 나뉘어서 비로소 한 기奇와 한 우偶를 낳았으니 한 획으로 된 것이 둘

이 되었다. 이것이 양의이다. 그 수는 양은 일一이고 음은 이二이다. 하도 낙서에서 보면 기수와 우수가 이것이다."[太極之判 始生一奇一偶而 爲一畫者二 是爲兩儀 其數則陽一而陰二 在河圖洛書 則奇偶是也]

태극에서 음과 양 양의가 발생한다. 이를 부호로 표시한 것을 효爻라 하는데 양효는 길게 연결된 선분[—]이고, 음효는 중간이 끊어진 선분[--]이다. 양효는 숫자로 일, 음효는 이를 말한다. 더 나아가 양효는 홀수, 음효는 짝수를 뜻한다. 음과 양은 서로 상반되는 성격을 갖고 있다. 양이 하늘이라면 음은 땅이다. 양이 남자라면 음은 여자다. 양이 역동力動이라면 음은 정적靜寂이다. 양이 높음이라면 음은 낮음이다. 이렇게 상반되면서도 어느 하나가 없으면 다른 하나도 존재할 수 없는 상보적인 관계에 있다. 음양론은 모든 우주 만물의 관계와 운동을 이렇게 음과 양의 관계로 보고 설명하는 논리이다.

"양의의 위에 각각 한 기와 한 우를 더하면 각 두 개의 획으로 된 것이 넷이 되니 이것이 사상이다. 그 자리는 태양이 첫째, 소음이 둘째, 소양이 셋째, 태음이 넷째이다. 그 수는 태양이 구, 소음이 팔, 소양이 칠, 태음이 육이다.

하도를 갖고 말하자면 육이란 일이 오를 얻은 것이다. 칠이란 이가 오를 얻은 것이다. 팔이란 삼이 오를 얻은 것이다. 구란 사가 오를 얻은 것이다.

낙서를 갖고 말하자면 구란 십에서 일을 나눈 나머지이다. 팔이란 십에서 이를 나눈 나머지이다. 칠이란 십에서 삼을 나눈 나머지이다. 육이란 십에서 사를 나눈 나머지이다."[兩儀之上 各生一奇一偶而爲二畫者四 是謂四象 其位則太陽一 少陰二 少陽三 太陰四 其數則太陽九 少陰八 少陽七 太陰六 以河圖言之 則六者 一而得於五者也 七者 二而得於五者也 八者 三而得於五者也 九者 四而得於五者也 以洛書言之 則九者 十分一之餘也 八者十分二之餘也 七者十分三之餘也 六者十分四之餘也]

양효와 음효가 두 개씩 결합하면 네 가지가 생기는데 이를 사상四象이라 한다. 양 바탕에 또 양이 덮히면 태양[⚌], 음이 덮히면 소음[⚍], 음 바탕에 양이 덮히면 소양[⚎], 음이 덮히면 태음[⚏]이 된다.

〈복희팔괘차서〉에 숫자가 병기되기도 한다. 태양에 사四와 구九, 소음에 삼三과 팔八, 소양에 이二와 칠七, 태음에 일一과 육六이라는 숫자가 병기되는데, 구, 팔, 칠, 육은 사상에 각각 부여된 수이다. 일, 이, 삼, 사는 각각의 수에서 오를 제한 숫자로 하도에 근거한 것으로 보인다.

사상은 음양이 발전하여 나타나는 현상이다. 천지 만물의 운동 현상이 음과 양으로 그렇게 단순하게 설명이 되지 않는다. 한 단계 더 복잡한 양상을 설명하기 위한 개념이 사상이다. 이 사상을 인체에 적용하여 19세기에 조선의 이제마李濟馬가 발전시킨 의학이 사상의학四象醫學이다.

> "사상의 위에 각각 한 기와 한 우를 더하면 세 획으로 된 것이 여덟이 된다. 이로부터 삼재三才가 대략 갖추어지고 팔괘라는 이름이 붙었다. 그 위치는 건이 일, 태가 이, 이가 삼, 진이 사, 손이 오, 감이 육, 간이 칠, 곤이 팔이다. 하도에서 보자면 건, 곤, 이, 감괘는 네 숫자가 배치된 자리[實]에 나뉘어 있고, 태, 진, 손, 간괘는 네 빈 자리[虛]에 나뉘어 있다. 낙서에서 보자면 건, 곤, 이, 감괘는 네 정방향에 나뉘어 있고, 태, 진, 손, 간은 네 대각선 귀퉁이에 나뉘어 있다."[四象之上 各生一奇一偶 而爲三畫者八 於是 三才略具而有八卦之名矣 其位則乾一 兌二 離三 震四 巽五 坎六 艮七 坤八 在河圖 則乾坤離坎 分居四實 兌震巽艮 分居四虛 在洛書 則乾坤離坎 分居四方 兌震巽艮 分居四隅也]

다시 효가 세 개씩 결합하면 여덟 가지가 생기는데 이를 팔괘八卦라 한다. 태양에 다시 양이 덮히면 건[☰], 음이 덮히면 태[☱], 소음에 양이 덮히면 이[☲], 음이 덮히면 진[☳], 소양에 양이 덮히면 손[☴], 음이 덮히면 감[☵], 태음에 양이 덮히면 간[☶], 음이 덮히면 곤[☷]이 된다.

그다음 팔괘에 건乾 일一, 태兌 이二, 이離 삼三, 진震 사四, 손巽 오五, 감坎 육六, 간艮 칠七, 곤坤 팔八의 순서로 숫자가 병기된다. 이 숫자는 일단 팔괘의 순서이자 고유 수를 나타내는 것이다. 이 수를 매개로 하여 팔괘가 하도와 낙서와 연결된다. 이를 출발점으로 삼아서 《주역周易》의 세계에서는 상당히 복잡한 수의 철학이 전개된다. 여기서는 그렇다는 것만 확인하고 넘어가자.

팔괘는 다시 두 개씩 결합하여 여섯 개 효로 구성되는 큰 괘를 만든다. 건괘 위에 또 건괘가 오면 양효 여섯 개로 이루어진 큰 건괘가 되고 곤괘 위에 또 곤괘가 오면 음효 여섯 개로 이루어진 큰 곤괘가 되는 식이다. 아래 위가 같은 괘로 이루어진 큰 괘는 같은 이름을 갖는다. 아래 위가 다른 괘로 이루어진 큰 괘는 별도의 이름을 갖는다. 예를 들면 건하곤상乾下坤上, 아래에 건괘, 위에 곤괘가 오면 태泰라는 괘가 되는 식이다. 이렇게 작은 팔괘는 서로 결합하여 8×8=64, 큰 괘 64괘를 이룬다.

이 64괘 각각의 대강의 뜻, 또 각 효의 뜻 및 길흉吉凶 등을 매우 추상적으로 표현하여 쓴 책이 《주역》이다. 《주역》은 우주 만물의 생성과 운동을 설명하는 논리로 해석되기도 하고, 인간 사회의 운행 원리로 이해되기도 하고, 또 개인의 길흉을 함축한 점괘를 표기한 책으로 받아들여지기도 한다.

복희씨는 팔괘를 구성하여 순서를 매기는 데 그치지 않고 이를 다음 쪽의 〈복희팔괘방위伏羲八卦方位〉와 같이 배열하였다. 맨 상단에서부터 반시계 방향으로 건-태-이-진을 놓고, 건에서 시계 방향으로 손-감-간-곤 순으로 배열하였다. 이렇게 배열하고 보니 서로 마주보는 건과 곤, 태와 간, 이와 감, 진과 손에 해당하는 숫자를 합하면 9가 된다. 그러면서 슬쩍 방위가 따라붙는다. 맨 위의 건이 남, 맨 아래의 곤이 북, 왼편의 이가 동, 오른편의 감이 서가 된다.

왜 그런가는 너무 복잡하니 따지지 말자. 《주역》에는 이에 대해 많은

伏羲八卦方位

乾 兌 巽 離 坎 震 艮 坤

文王八卦方位

복희팔괘방위(위)와 문왕팔괘방위(아래)

설명이 있으나 그것을 이해하는 것은 이 글의 목적이 아니니 그냥 그렇게 배열한 것이 복희씨의 팔괘도라고 받아들이고 넘어가자. 복희씨가 먼저 팔괘도를 구성하였다고 하여 이를 선천先天 팔괘도라고도 한다.

〈복희팔괘방위〉에 대해 후대에 문왕文王이 다른 차원에서 정리한 방위 체계라는 것이 〈문왕팔괘방위文王八卦方位〉이다. 문왕의 팔괘를 설명하는 것은 나에게는 너무 벅찬 일이다. 우선 논리의 근거가 복희씨의 팔괘보다 정연하지 않다. 사람 이야기가 끼어들었기 때문으로 보인다. 이에 대한 옛날 학자들의 설명도 매끈하지 못하다. 옛날에도 헷갈렸던 것이 아닐까. 이럴 때는 하는 수 없다. 그냥 외우는 방법밖에 없다.

우선 기준은 방위이다. 〈복희팔괘방위〉와 같이 아래가 북, 위가 남이다. 북에서 남을 바라보는 방향이니 남면南面, 곧 임금의 시선이라고 할 수 있다. 오늘날 지도와는 다르다는 점을 유념할 필요가 있다. 그러니까 왼쪽이 동쪽, 오른쪽이 서쪽이 된다.

시작은 동쪽에서 한다. 동쪽에서부터 시계 방향으로 진, 손, 이, 곤, 태, 건, 감, 간 순으로 배치되었다. 다시 말하지만 왜 이렇게 배치하였는가는 나중에 따지기로 하고 우선 익혀두시라. 이 〈문왕팔괘방위〉는 나중에 좌향坐向을 이야기할 때 다시 등장한다.

삼재: 천, 지, 인

음양 사상이 음과 양 양자의 대립과 조화로 우주 만물을 설명하는 논리라면, 여기서 출발하여 한 걸음 더 나아간 논리로 삼재三才가 있다. 《주역》 등 동양철학에서 말하는 천天과 지地는 단순한 하늘과 땅이 아니다. 천은 보이지 않는 자연의 원리요, 때로는 인격적인 존재로서 우주 만물을 주재하기도 한다. 지는 보이는 자연의 현상이자 자연이 움직이는 기운이기도 하다. 천과 지는 성리학의 기본 개념들인 이理와 기氣, 성性 등으로 연결되기도 한다.

11세기 송나라에서 유학은 성리학으로 발전하였다. 성리학은 천과 지, 우주의 원리와 운행 현상 등과 함께, 인간성과 그 인간성을 구현하기 위한 수행과 윤리 규범 등에 관심을 집중하였다. 천과 지, 그리고 인을 합하여 삼재라고 하는데 이 가운데 주된 관심은 인으로 기울었던 것이 아닌가 생각한다.

천과 지의 모든 원리와 기운을 받아 생긴 존재가 인人이다. 인 역시 단순히 사람, 인류를 가리킨다기보다는 이상형으로서의 인간을 말한다고 할 수 있다. 인은 완벽한 천의 성性을 받은 존재로서 천지의 질서를 내포하고 있는 소우주이다. 원래 그러한데, 그래야 하는데, 인에게 정情이 있고, 정 가운데는 욕慾이 있어서 성을 가로막아 인간의 한계를 드러나게 한다. 성과 정이 합하여 이루어진 것이 심心이다. 사람은 심을 잘 수양해서 본래의 성이 드러나게 해야 한다.

삼재는 문화유산 속에 여러 모습으로 드러난다. 천과 지는 천원지방天圓地方, 곧 하늘은 둥글고 땅은 네모지다는 관념에 따라 원과 정사각형으로 표현된다. 예를 들면 탑의 기단부는 사각으로 만들고, 맨 윗 부분 상륜부는 원으로 마무리 하는 것, 엽전도 원형에 가운데 네모난 구멍을 뚫은 것, 연못도 사각형 가운데 원형의 섬을 만드는 것 등을 꼽을 수 있다. 태극은 음양의 조화를 흑백이나 청홍 두 가지 색 혹은 도상의 대립으로 표현한다. 그에 비해 삼재는 삼태극이라 하여 세 가지 요소로 표현한다. 이러한 단순한 도상에도 철학을 담으려 한 뜻을 헤아릴 때 우리는 그것을 만든 이들과 더 깊은 대화를 나누는 문 앞에 서게 된다.

오행

음양사상과 더불어 동양사상의 주요 구성 요소가 되는 것이 오행五行 사상이다. 음양사상과 오행사상은 처음에는 서로 다른 바탕에서 출발한 것이나, 나중에 서로 결합하여 복잡한 논리로 발전하였다.

오는 일에서 구까지 아홉 숫자의 중앙에 있는 수이다. 하도와 낙서 모두 오를 중앙에 두고 있다. 오는 동양의 수 관념에서 기준이 되는 수이다. 오행사상은 이 오라는 수를 바탕으로 삼고 있다.

오행사상은 화火, 수水, 목木, 금金, 토土 다섯 가지 요소가 상생상극相生相克하는 힘에 따라 우주 만물이 생성, 발전한다는 사상이다. 이 다섯 요소는 자연에 존재하는 물질이나 구체적인 현상을 가리킨다기보다는 각각의 속성이나 원동력 같은 추상적인 개념을 나타낸 것으로 보아야 할 것이다.

화火는 불fire이 아니다. 활동력, 운동력, 요즘 표현으로는 에너지라고 이해하는 것이 더 가깝다고 하겠다. 수水는 물water이라기보다는 냉철함, 심오함, 차가움 같은 물의 속성에 더 가깝다. 목木 역시 나무tree가 아니다. 나무의 본성인 생장生長, 젊음, 치솟는 힘 등이라고 하겠다. 금金은 철iron도 금gold도 아니다. 철로 만든 도구 칼이나 낫 같은 도구들의 속성이 무엇인가? 자르고 베는 것이다. 알곡을 거두어 들이고 쭉정이는 내버린다. 정리, 판단, 심판, 사법적인 정의에 가깝다고 하겠다. 토土는 흙soil이나 땅land, earth이 아니다. 흙이나 땅의 속성, 곧 모든 것을 품고 길러내고 받쳐주지만 자기 자신은 드러내지 않는 성품, 토대, 배양, 뒷받침 같은 것이라고 하겠다.

이 다섯 힘이 어떤 힘은 어떤 힘을 북돋워주고, 어떤 힘은 어떤 힘을 제압하는 관계, 상생상극의 관계로 물려 있다. 상생은 수생목水生木, 목생화木生火, 화생토火生土, 토생금土生金, 금생수金生水로 물려 돌아간다. 물은 나무를 키워주고, 나무는 불을 일으키고, 불이 타고 나면 흙이 남고, 흙에서 쇠가 나고, 쇠에서 물이 난다. 대체로 그런대로 이해가 되는 소박한 논리인데, 마지막 쇠에서 물이 난다는 말은 언뜻 이해가 되지 않는다.

상극을 보면 금극목金克木, 목극토木克土, 토극수土克水, 수극화水克火, 화극금火克金이다. 쇠는 나무를 베고, 나무는 흙을 누르고 자라고, 흙은 물길을 제어하고, 물은 불을 끄고, 불은 쇠를 녹인다. 상극의 관계는 오히려 쉽게

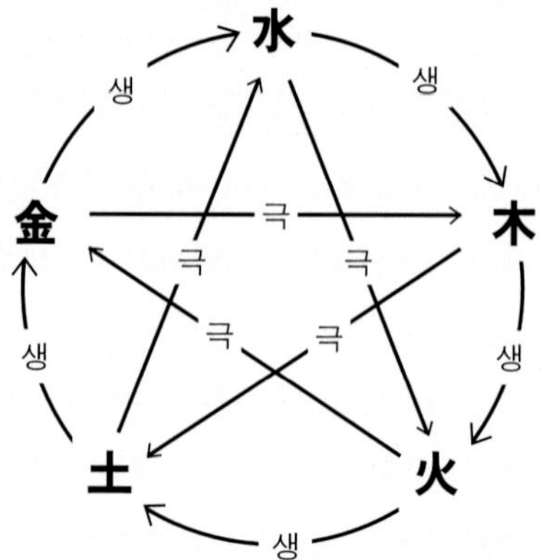

오행사상의 오행과 상생상극의 구조

수궁이 간다. 이 상생상극의 관계를 정리하면 위 그림과 같이 된다.

오행 관념은 다른 여러 요소들과 결합하여 많은 개념과 인식을 만들어낸다. 우선 여기 내가 서서 바라보는 방향을 기준으로 중앙中央과 전후좌우前後左右라는 오방五方이라는 방향 개념이 만들어진다. 전후좌우는 나를 기준으로 한 상대적인 방향이다. 내가 어느 쪽을 바라보는가에 따라 전후좌우는 달라질 수 있다.

내가 누구인가? 누구나 다 '내'가 될 수 있겠지만, 왕조사회에서 가장 기준이 되는 '나'는 임금이었다. 임금은 어느 쪽을 향하는가? 임금도 움직이는 사람이므로 어느 쪽인들 향하지 못하겠냐마는 임금은 공식적으로는 남쪽을 향하게 되어 있었다. 이를 남면南面이라 한다.

임금이 남면한다는 근거가 무엇인가? 언젠가 누구인지 그런 관념을 만들었을 것이고, 그러한 관념이 글로 정리되어 문헌에 남아 있을 것이다. 그러한 문헌상의 근거 자료로 우선 눈에 띄는 것이 《주역》의 다음 글이다.

천제는 진震에서 나와서, 손巽에서 바르게 되고, 이離에서 서로 보고, 곤坤에서 사역을 당하게 하고, 태兌에서 말씀을 벗어버리고, 건乾에서 전쟁을 하고, 감坎에서 수고하고, 간艮에서 말씀을 이룬다.[帝出乎震 齊乎巽 相見乎離 致役乎坤 說言乎兌 戰乎乾 勞乎坎 成言乎艮]

[본의] 제帝라는 것은 하늘의 주재主宰이시다. 소자가 말하기를 이것은 괘의 방위를 말한 것이다. 문왕이 정한 바이니 이른바 후천의 학문이다.[本義 帝者 天之主宰 邵子曰 此卦位 乃文王所定 所謂後天之學也]

'제'란 '하늘의 주재', 다시 말해서 인간 세상의 황제皇帝가 아니라 천제天帝를 뜻한다. 다시 말하자면 조물주요, 어찌 보면 자연의 이치라고 보아도 될 듯하다. 천제가 팔괘, 그 가운데서 앞서 보았던 문왕팔괘의 순서를 따라서 천제가 어떻게 대응하시는가를 말한 것이다. 그런데 '나오다[出]', '바르게 되다[齊]', '서로 보다[相見]', '사역을 당하게 하다[致役]', '말씀을 벗어버리다[說言]', '전쟁을 하다[戰]', '수고하다[勞]', '말씀을 이루다[成言]' 등의 정확한 뜻이 무엇인지 모르겠다. 다음에 천제를 따르는 만물이 문왕팔괘에 따라 어떻게 반응하는가에 대한 이야기가 나오는데 조금 더 상세한 내용으로 되어 있으니 일단 읽어보자.

만물은 진震에서 나온다. 진은 동방이다.[萬物 出乎震 震 東方也]

손巽에서 가지런히 된다. 손은 동남이다. 가지런히 된다는 것은 만물이 정결하고 바르게 됨을 말한 것이다.[齊乎巽 巽 東南也 齊也者 言萬物之潔齊也]

이離라는 것은 밝음이다. 밝으니 만물이 모두 서로 본다. 이는 남방의 괘이다. 성인은 남쪽을 향하여서 천하의 소리를 듣고 밝음을 지향하여 다스리니 대개

여기서 그 뜻을 가져온 것이다.[離也者 明也 萬物 皆相見 南方之卦也 聖人 南面而聽天下 嚮明而治 蓋取諸此也]

곤坤이라는 것은 땅이다. 만물은 모두 땅이 길러준다. 그러므로 땅에서 사역을 당하게 한다고 말한 것이다.[坤也者 地也 萬物 皆致養焉 故曰致役乎坤]

태兌는 무르익은 가을[正秋]이니 만물이 익어 떨어지는 곳이다. 그러므로 태에서 말씀을 벗는다고 말한 것이다.[兌 正秋也 萬物之所說也 故曰說言乎兌]

건乾에서 전쟁을 한다. 건은 서북의 괘이다. 음과 양이 서로 침범함을 말한 것이다.[戰乎乾 乾 西北之卦也 言陰陽相薄也]

감坎이라는 것은 물이다. 정북방의 괘이다. 수고하는 괘이다. 만물이 돌아가는 바이다. 그러므로 감에서 수고한다고 말한 것이다.[坎者 水也 正北方之卦也 勞卦也 萬物之所歸也 故曰勞乎坎]

간艮은 동북의 괘이다. 만물이 마지막을 이루면서 시작을 이루는 곳이다. 그러므로 간에서 말씀을 이룬다고 말한 것이다.[艮 東北之卦也 萬物之所成終而所成始也 故曰成言乎艮]

[본의] 위에서는 천제를 말하고 여기서는 만물이 천제를 따라서 나오고 들어감을 말한 것이다.[本義 上言帝 此言萬物之隨帝以出入也]

만물이 문왕팔괘의 방위에 따라 어떻게 반응하는가를 설명하였다. 여기서 말하는 만물은 자연, 자연현상이라고 해석하면 크게 무리가 없을 듯하다. 천제, 곧 하늘을 주재하는 이, 하늘의 뜻에 따라서 자연이 어떻게 움직이는가를 설명한 것이다.

괘에 대해서는 그 뜻도 풀어준다. 진은 동방이다. 손은 동남이다. 이는 밝음이니 만물이 모두 서로 보게 된다. 남방의 괘이다. 곤은 땅이다. 태는 무르익은 가을이다. 건은 서북방의 괘이다. 감은 물이다. 정북방의 괘로서 수고하는 괘이다. 간은 동북방의 괘이다. 이 정도만 해도 도움이 된다.

만물의 반응에 대해서는 전체적으로 천제의 '나오다', '바르게 되다', '서로 보다', '사역을 당한다', '말씀을 벗어버리다', '전쟁을 하다', '수고하다', '말씀을 이루다'는 행위를 따르는 것으로 설명하면서 조금 더 부연하고 설명한다.

첫째 진震의 '나오다'에 대해서는 그대로 쓸 뿐, 더 이상 설명이 없다. 아마도 나온다는 것은 동방, 하루로 보면 아침, 한 해로 보면 봄에 자연 만물이 새로 생겨나는 것을 가리키는 것이 아닌가 싶다.

둘째 손巽의 '바르게 되다'를 '만물이 정결하고 바르게 됨을 말한 것이다'라고 풀어주었다. 진에서 나온 만물이 깨끗하게 자라서 질서를 갖춘 모습을 말한 듯하다.

셋째 이離의 '서로 보다'에 대해서는 '성인은 남쪽을 향하여서 천하의 소리를 듣고 밝음을 지향하여 다스리니 대개 여기서 그 뜻을 가져온 것이다'라는 긴 설명이 따랐다. 바로 우리가 바라던 남면이 나오는 대목이다. 여기서 말하는 성인은 꼭 성스러운 사람이라기보다는 군주로 보는 것이 더 적절하겠다. 군주가 남면하는 까닭은 그쪽이 만물이 서로 보는 방위, 남방이기 때문이다. 만물이 모두 서로 보기에 군주도 남쪽을 바라보며 천하의 소리를 듣고, 밝은 방위인 그곳을 지향하여 다스린다는 것이다. 다소 추상적이기는 하지만 군주가 남면하는 근거로서 그런대로 말이 된다.

넷째 곤坤은 땅이라서 만물을 모두 길러준다. 길러주자니 일을 하게 만들지 않을 수 없다.

다섯째 태兌는 만물이 익어서 떨어지는 계절 가을이다. 말씀도 이제 결실을 거두는 계절이다.

여섯째 건乾은 서북방. 전쟁의 방위이다. 중국에서 늘 막아 싸워야 했던 서북쪽 민족들을 염두에 둔 것일까? 그러나 여기서는 음과 양이 교체되며 서로 다투는 계절임을 말한 것이라 한다.

일곱째 감坎은 물, 정북이라 수고로운 방위이다. 이제는 만물이 그곳으로 돌아가야 한다. 만물이 정리된 이후의 겨울을 떠오르게 한다.

여덟째 간艮은 마지막이면서 동시에 시작이 새롭게 이루어지는 곳. 천제의 말씀도 이곳에서 이루어진다.

《주례周禮》에도 왕은 남향한다는 이야기가 나온다.《주역》이 팔괘를 갖고 추상적으로 이야기하고 있는 데 비해서《주례》는 현실적, 구체적으로 조정에서 행하는 의식을 설명하는 장면에서 이야기하고 있다.《주례》에 따르면 하관夏官 사마司馬 아래 사사司士라는 관직이 있다. 하관 사마는 조선으로 치자면 병조판서라고 할 수 있다. 사사는 여러 신료들의 판위를 정돈함으로써 임금의 정령政令을 다스리는 일을 맡는다. 구체적인 업무는 조정의 의식에 참석하는 사람들의 자리를 바르게 하여 높고 낮음의 등급을 구별하는 것이다. 이 사사의 업무를 다룬 부분에 왕과 신하들의 자리의 위치와 방향, 그리고 윗자리가 어디인지가 규정되어 있다.

> 왕은 남향한다. 이에 대하여 삼공三公은 북면北面한다. 신료들 가운데 가장 높은 지위인 삼공이 임금과 마주보면서 한 줄로 서는 것이다. 그 셋 가운데서는 동쪽 자리가 윗자리이다. 다음 삼공 다음 지위의 고孤들은 서쪽에서 동쪽을 바라보면서 남북으로 한 줄로 서는데, 그 가운데 북쪽 자리가 윗자리이다. 그다음 지위의 경卿과 대부大夫들이 동편에서 서쪽을 바라보면서 남북으로 한 줄로 서는데 북쪽 자리가 윗자리이다.
>
> 또 외조外朝의 자리를 정돈하는 일은 추관秋官 사구司寇 밑의 소사구小司寇가 담당한다. 외조에서도 왕은 남향한다. 이에 대해 외조에 참여하는 삼공과 주장

州長과 백성들은 북면하고, 여러 신료들[群臣]은 서면西面, 여러 이서들[群吏]은 동면東面한다.

이상 다소 길게 살펴 보았지만 결론은 군주는 남면한다는 것이다. 남쪽이 전前이 된다. 이것이 불변의 기준이다. 이 기준에 따라서 후後는 북쪽, 좌左는 동쪽, 우右는 서쪽이 된다. 이 간단한 내용을 헷갈리면 안된다. 모든 게 흐트러진다. 하지만 현장에서 이를 적용해보시라 하면 좌우전후를 분간하지 못하는 분들이 의외로 많다. 조선시대에는 각 도를 남도南道, 북도北道가 아닌 좌도左道, 우도右道로 나누었다. 임금이 남쪽을 보는 시각을 기준으로 동쪽을 좌도, 서쪽을 우도로 삼았다. 수영水營을 설치해도 좌수영, 우수영을 설치하였다. 옛날에 좌도, 우도를 구별하지 못한다면 바보 취급을 받았을 것이다. 예를 들어서 정유재란丁酉再亂 당시에 이순신 장군이 백의종군 끝에 전라좌수사를 제수받으면 여수로 가야 했을까, 해남으로 가야 했을까? 물론 동쪽의 여수다.

중앙전후좌우에 동서남북이 연결되자 공간이 만들어졌고, 여러 다른 개념이 배치될 여지가 생겼다. 《주역》에 이미 단서가 보이듯 계절이 연결된다. '진震-좌左-동東'은 자연히 봄[春]이 될 것이고, '이離-전前-남南'이 여름[夏]이 되고, '태兌-우右-서西'가 가을[秋], '감坎-후後-북北'이 겨울[冬]이 되는 것은 북반구의 기준으로 보면 자연스럽다.

여기에 오행이 연결된다. 나는 땅을 딛고 서 있다. 내가 서 있는 곳이 중앙이다. 중앙은 오행 가운데 토土가 배치된다. '좌-동'은 해가 뜨는 곳, 만물이 시작되는 곳, 태어나서 자라는 생장의 방위이다. 생장은 목木의 속성이다. '우-서'는 해가 지는 방위, 가을, 결실을 거두는 때이다. 결실은 금金으로 한다. '전-남'은 만물이 왕성하게 활동하는 여름, 자연스레 화火가 연결된다. '후-북'은 겨울, 차가운 성찰의 시간. 그 자리의 괘인 감 자체가 수水이다.

이렇게 열린 자리에 그다음에 사신四神이 온다. 사신이란 사방에서 나를 지켜주는 강력한 힘을 가진 네 동물인 청룡青龍, 백호白虎, 주작朱雀, 현무玄武를 가리킨다. 사신은 실재하는 동물이 아니라 상상의 동물, 만들어진 허상이다. 사신이 어떻게 만들어졌는지에 대해서는 여러 설이 있는 것으로 알지만, 나는 별자리를 근거로 만들어졌을 것이라는 설을 그중 그럴듯하게 받아들인다.

동양의 별자리로서 하늘의 가장자리를 따라서 별 몇 개씩을 모아 이름을 붙인 별자리가 28개 있으니 이를 28수宿라고 한다. 이 28개의 별자리를 모두 외우는 것도 만만치 않았으리라. 그래서 동서남북으로 일곱 별자리씩 나누어 상상의 동물을 그려낸 것을 네 신령한 동물, 사신수四神獸라고 하였다는 이야기다. 어쨌건 네 신수는 동쪽에 청룡, 서쪽에 백호, 남쪽에 주작, 북쪽에 현무가 배치되었다. 이를 중앙에 있는 나를 좌우전후에서 지켜주는 것으로 받아들이면 좌청룡, 우백호, 전주작, 후현무가 된다. 어떤 경우에는 중앙에서 호위받는 존재를 높여서 황룡黃龍으로 표현하기도 한다.

사신에는 이미 색깔이 들어가 있다. 청青, 백白, 주朱, 현玄. 주는 홍紅이나 적赤, 그러니까 붉은색이나 빨간색으로 바꾸어도 통한다. 현은 밤하늘의 색처럼 푸른색이 짙어지다 못해 검은색으로 보이는 것이라고 하기도 하지만 흑黑으로 바꾸어도 무방하다. 중앙에는 사신이 아닌 지킴을 받는 존재가 좌정하게 되어 있다. 그가 딛고 있는 곳은 땅, 황토黃土의 황색이다. 이 다섯 색이 오방색五方色이라 하여 우리나라의 기본 색이다.

이 질서를 알면 고구려 고분에 들어가서도 방향을 짚을 수 있다. 고구려 고분에 들어가보면 어디가 어딘지 분간하기 어렵지만, 가만히 보면 벽에 그림이 그려져 있다. 그렇지만 얼핏 보아서 푸른색이 있으면 청룡이요, 그 방향은 동쪽이다. 검은색 무슨 거북이처럼 보이는 것이 있으면 현무요, 그 방향은 북쪽이다. 뛰는 건지 나는 건지 흰 짐승이 보이면 백호요, 그 방

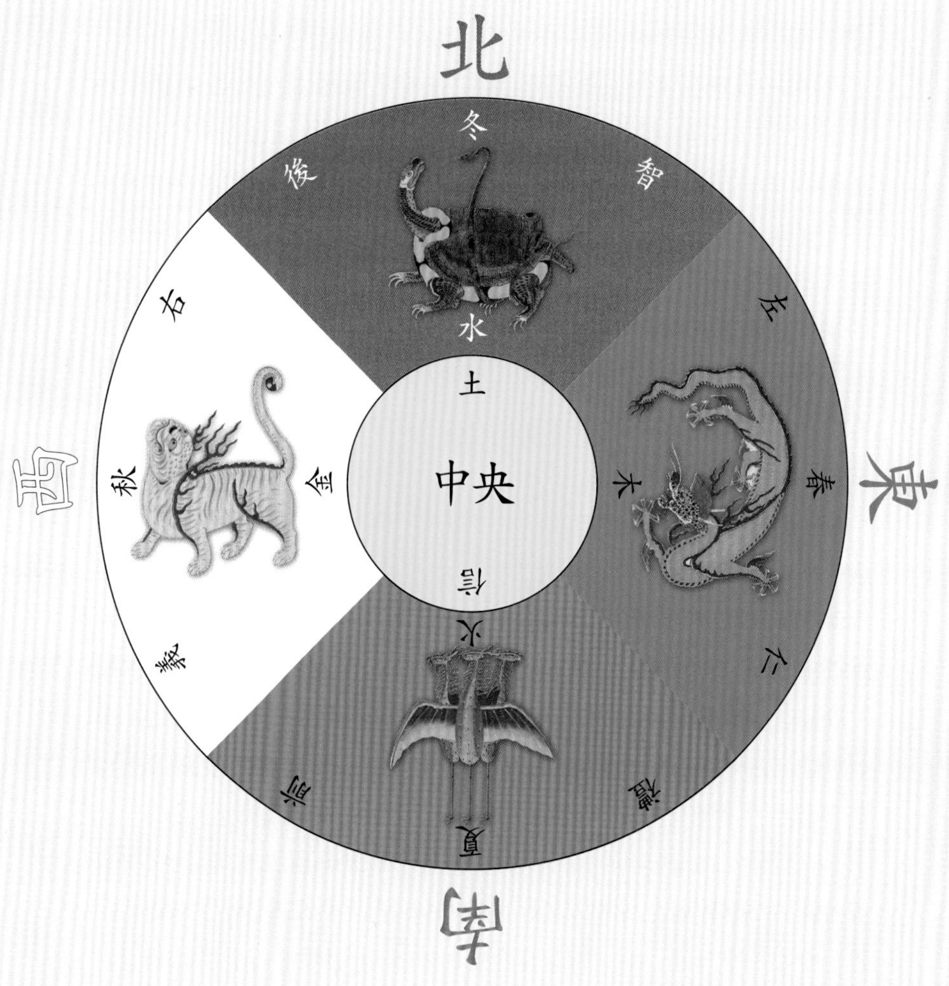

오행과 오방, 오방색, 사신, 사계절 그리고 오상은 서로 맞물려 있다. 사신도는 《숙종명릉산릉도감의궤》에 실린 도설을 따왔다.

향은 서쪽이려니 짐작하면 맞는다. 남쪽의 주작은 더 찾기 어려울 수도 있다. 왜냐하면 들어오는 문 위에 작게 그려져 있기 때문이다. 그럴 때는 그냥 문 있는 쪽이 남쪽이요, 주작이 지키겠거니 짐작하면 된다.

이렇게 오방을 중심으로 다섯 방위 체계에 여러 다섯으로 구성된 관념들이 연결되었다. 사람의 장기도 오장五臟, 음식의 맛도 오미五味, 냄새도 오취五臭 등. 그러다가 나중에 유교의 오상 개념이 연결되었다. 유교에서는 마음을 어떻게 다스리는가를 중요한 수양의 과제로 삼았다. 사람이라면 갖추어야 할 덕목으로서 기본적인 것을 사단四端이라고 하여 중시하였다. 사단이란 측은지심惻隱之心의 근본인 인仁, 수오지심羞惡之心의 근본인 의義, 사양지심辭讓之心의 근본인 예禮, 시비지심是非之心의 근본인 지智를 가리킨다. 여기까지가 공자, 맹자의 가르침이다. 나중에 여기에 신信을 더하여 오상으로 정립되었다.

인이란 어린 아이를 길러내는 부모의 마음같은 사랑, 의는 선과 악을 판단하고 처벌할 것은 처벌하는 심판으로서의 정의, 예는 살아가면서 부딪치는 상황마다 마땅히 갖추어야 할 마음과 언행의 규범, 지는 자연과 인간에 대한 깊은 성찰을 바탕으로 한 지혜, 신은 관계를 맺고 살아가는 사람들의 기대를 저버리지 않고 갖추어야 신뢰라고 나는 자의적으로 정리한다. 사단에 굳이 신을 하나 더 넣어서 오상으로 정립한 것도 오행의 틀에 맞추기 위한 것이 아니었을까 하는 설이 있는데 그럴 듯하다.

이 오상은 조금만 생각하면 금세 이제까지 보아온 오행의 틀에 맞춰 배치할 수 있다. 인은 생장시키는 마음이니 곧 동방의 목, 의는 심판하는 기준이니 서방의 금, 예는 생활하면서 지켜야 할 언행의 규범이니 남방의 화, 지는 심오하고 냉철한 성찰이니 북방의 수, 그리고 신은 내가 딛고 서 있는 여기서 만나는 사람들에게 갖추어야 할 신뢰이니 중앙의 토로 연결된다.

간지

한자문화권의 전통관념을 이해하는 데 빼놓을 수 없는 것이 간지干支이다. 간지는 천간天干, 지지地支라 하여 하늘을 형상화하는 부호인 간干 10개의 문자와 땅을 형상화하는 부호인 지支 12개의 문자로 구성된다. 간을 이루는 부호는 갑甲, 을乙, 병丙, 정丁, 무戊, 기己, 경庚, 신辛, 임壬, 계癸 10개이므로 십간十干이라 하고, 지를 이루는 부호는 자子, 축丑, 인寅, 묘卯, 진辰, 사巳, 오午, 미未, 신申, 유酉, 술戌 해亥의 12개로 십이지十二支라 한다. 간과 지는 순서대로 하나씩 결합하여 육십간지를 이룬다.

간지는 갑골문甲骨文에도 나타나는 것으로 보아 한자가 만들어진 초기부터 쓰였음을 알 수 있다. 간지는 60진법의 서수 개념으로 연도, 월, 일, 시간 등의 표기를 비롯해 생활의 여러 곳에서 많이 쓰였다. 연, 월, 일, 시를 모두 두 글자의 간지로 표현하면 여덟 글자가 되는데 이를 팔자八字라 한다. 어떤 사람이 태어난 연월일시 팔자를 갖고 그 사람의 운명을 점치기도 한다. 신세 한탄을 할 때 팔자 타령을 하는 까닭이 여기에 있다.

요즈음에는 연도 표기를 공식적으로나 실제로나 거의 서기 연도로 표기하지만, 두세 세대 전만 해도 간지로 했다. 그런 까닭에 역사적 사건의 표기도 간지로 하는 경우가 적지 않다. 임진왜란, 병자호란, 갑신정변, 갑오경장, 을미사변, 을사조약, 정미조약, 경술국치 등. 학생들에게는 이러한 사건의 연도를 외우는 것이 부담스럽기 마련. 결국 한국사 과목을 미뤄두었다가 시험에 임박하여 한꺼번에 들입다 외우기만 하는 암기 과목, 기피 과목으로 만드는 데 한몫하고 있다. 내 이러한 사정을 어여삐 여겨 주문을 하나 만들었으니 모두들 기억하였다가 긴급히 필요할 때 외우시라. 주문은 아주 간단하고 명료하다. "갑사니라!" 이 무슨 소리인가? 주문은 주문. 왜 그러냐고 묻지 말고 그냥 경건하게 받아들이는 것이 가장 좋은 태도다.

하지만 꼭 알고 싶어 하는 이들을 위해서 간략히 설명하면 이렇다. 간은 앞서도 이야기했듯이 십간, 10개의 부호로 이루어져 있다. 그런데 서기 연도를 표기하는 아라비아 수자도 1에서 9, 그리고 0까지 10개로 이루어져 있다. 그러니 간지의 간과 아라비아 수는 일대일로 대응한다. 간지의 앞 글자 곧 간에 해당하는 글자가 갑이면 서기 연도의 마지막 숫자가 4가 된다. 이는 무슨 법칙이나 약속에 따라 그리 된 것이 아니라 그저 결과적으로 맞추어보니 그런 것이다. 아무튼 갑이 4면 을은 5, 병은 6, 정은 7… 그렇게 나간다. 이것만 알아도 간지가 들어간 역사 용어의 연도를 알아내는 데 도움이 될 것이다. 간지를 숙지한 뒤에 다음 문제를 풀어보시라. 문제 속에 답이 스스로 들어 있음이 보이지 않는가?

문1) 다음 중 갑신정변이 일어난 해는?

①1881년 ②1882년 ③1883년 ④1884년 ⑤1885년

문2) 1905년 을사조약으로 대한제국의 외교권을 강탈한 일제는 곧 사법권을 비롯하여 대부분의 권한을 강탈하고 군대를 해산하는 조약을 강요하였다. 이를 정미7조약이라 한다. 정미7조약은 을사조약 몇 년 뒤에 맺어졌나?

간지는 따로 혹은 함께 어울려 우리 전통문화의 많은 장면에서 자기 몫을 하고 있다. 십이지지는 띠로서 사람들의 생각과 풍습에 깊숙이 들어와 있다. 띠는 십이지지에 사람들이 기르거나 관념 속에 깊숙이 자리 잡은 짐승들쥐, 소, 호랑이, 토끼, 용, 뱀, 말, 양, 원숭이, 닭, 개, 돼지을 순서대로 연결시키는 관념이다. 간지 가운데 지에 해당하는 동물이 그해의 동물이라고 여겨 그 동물을 그해에 태어난 아기의 띠로 정하는 관념이다. 이를테면 갑자년은 자子, 곧 쥐의 해요, 그해에 태어난 사람은 쥐띠가 된다. 어떤 사람들, 특히 젊은 여성들은 나이를 물으면 쉽게 대답하기를 꺼리면서도 무슨 띠냐고 물으면 거리낌 없이 대답한다. 띠를 간지와 연결시킬 수 만 있으면 금세 나

육십간지의 짜임새와 서기 연도 마지막 숫자

	子	丑	寅	卯	辰	巳	午	未	申	酉	戌	亥	서기
甲	1		51		41		31		21		11		4
乙		2		52		42		32		22		12	5
丙	13		3		53		43		33		23		6
丁		14		4		54		44		34		24	7
戊	25		15		5		55		45		35		8
己		26		16		6		56		46		36	9
庚	37		27		17		7		57		47		0
辛		38		28		18		8		58		48	1
壬	49		39		29		19		9		59		2
癸		50		40		30		20		10		60	3

이를 셈할 수 있다. 다만 띠는 12년마다 반복됨을 유념해야 한다. 하지만 24세 여성을 36세로 보기야 하겠나? 12년 차이로 띠가 같은 사람들끼리 띠동갑이라는 말을 하기도 한다.

십이지는 하루의 시時를 타나내기도 한다. 자子는 밤 11시에서 새벽 1시, 축丑은 새벽 1시부터 새벽 3시 하는 식으로 24시간을 두 시간씩 배당하여 하루를 12시로 나누는 것이다. 두 시간이 한 시가 되니 한 시가 너무 길다. 그래서 한 시를 초初와 정正으로 나누었다. 자시 가운데 밤 11시부터 12시까지는 초, 밤 12시부터 1시까지는 정이라고 구분하는 것이다. 밤 12시 정각을 자정子正, 낮 12시 정각을 정오正午라고 부르는 것은 여기서 나온 것이다. 전통적인 시간 측정에서 시각時刻이라고 할 때 각刻은 정과 초로 나눈 한 시를 네 각으로 나눈 시간, 곧 15분이다.

시각과 다른 체계로 경점更點이 있다. 경점은 밤의 시간을 측정하는 방식이다. 경점도 어떤 역서曆書를 적용하는가에 따라 조금 달라진다. 수시력授時曆에 따르면 일출 전과 일몰 후의 각 36분을 뺀 나머지 밤 시간을 5등분하여 1경부터 5경까지 이름을 붙였다. 이 5경을 5야五夜라 하여 갑야甲夜, 을야乙夜, 병야丙夜, 정야丁夜, 무야戊夜로 부르기도 하였다.

한 경을 다시 5등분하여 1점부터 5점까지 이름을 붙였다. 계절에 따라 밤 시간의 길이가 달라지므로 기준은 한밤중, 곧 야반夜半으로 잡는다. 야반은 정확하게는 3경 3점에서 3경 4점 사이가 되지만, 보통 넓게 보아 3경을 야반이라 한다.

이조년李兆年이 읊은 시조에도 삼경이 나온다. “이화에 월백하고 은한이 삼경인제 일지춘심을 자규야 아랴마는 다정도 병인 양하여 잠 못 드러 하노라.” 시조창으로 듣는다면 절절한 느낌이 전해올까? 창의 울림에 실려 감동이 조금 올지도 모르겠다. 그런데 한글로 적어놓은 것을 읽으면 그 느낌이 올까? 뭔 말인지 뜻이 어렴풋하니 울림도 약할 수 밖에 없다. 한자를 병기하면 어떻게 되는가? “이화梨花에 월백月白하고 은한銀漢이 삼경三更인제 일지춘심一枝春心을 자규子規야 아랴마는 다정多情도 병病인 양하여 잠 못 드러 하노라.” 한자 세대는 뜻을 조금 더 깊이 이해하는 데 도움을 받겠다. 한글 세대를 위해서 국어 시간인 양 주석을 달면 “배꽃에 달빛이 희게 쏟아지고 은하수는 한밤중을 가리키는데, 한 가닥 설레는 춘정을 두견이가 알랴마는, 다정함도 병인가 보다 나는 잠 못 들고 있다” 정도가 되겠다. 느낌을 살리려면 시조에서처럼 “삼경”이라고 하는 것이 좋을지, “한밤중”이라고 하는 것이 좋을지 모르겠다. 아무튼 뜻은 같다.

그런데 밤 전체의 길이가 계절에 따라 다르므로 경점이 시작하는 1각 1점의 시각도 계절에 따라 다르다. 밤의 길이가 가장 긴 동지에는 1경 1점이 유정酉正 2각 12분, 오늘날 시각으로 오후 6시 42분이지만, 밤의 길이가 가장 짧은 하지에는 해초亥初 1각 3분, 오늘날의 시각으로 9시 18분이다. 차이가 두 시간 36분이나 된다.

좌향

좋은 터는 산줄기와 물줄기가 조화를 이루는 곳, 도로가 잘 연결되고 주위에 유용한 시설이 있는 곳 등 자연환경, 인문환경을 잘 갖춘 곳이다. 그러한 조건들과 함께 옛날에는 특히 매우 중시했던 조건이 좌향坐向이다. 방향은 나를 기준으로 한 전후좌우를 말하고, 방위는 지구의 북극과 남극을 기준으로 설정된 동서남북을 가리키는데, 좌향은 어느 건물이나 무덤, 또는 마을이나 도시 등이 어느 쪽을 바라보는가를 나타내는 것이다. 좌坐는 바라보는 기점, 향向은 바라보는 방위를 말한다. 이를테면 자좌오향子坐午向이라 하면 자子, 정북에 앉아 오午, 정남을 바라보는 방향을 가리킨다.

좌향을 표기하려면 방위를 측정해야 한다. 오늘날에는 방위를 측정할 때 흔히 나침반을 사용한다. 지구에는 보이지 않는 자기장磁氣場이 흐르기 때문에 자석의 N극은 정북을, S극은 정남을 가리킨다. 이 원리를 이용하여 자석이 자유롭게 회전하도록 만들어 남북을 확인할 수 있게 만든 도구가 나침반이다. 우리나라에서는 나침반에 해당하는 것을 나경羅經이라고 한다. 나경 중에서도 바닥면에 표기가 많고 크기도 큰 것은 윤도판輪圖板이라고 불렀고, 지관地官들이 주로 차고 다녔기 때문에 패철佩鐵이라고도 하였다.

나침반과 나경은 원리는 같다. 하지만 바닥면에 표기한 눈금은 다르다. 나침반에는 기본적으로 동서남북 네 방위를 기준으로 잡고, 정북을 0도로 잡아 방향에 따라 360도를 파악할 수 있게 눈금이 그어져 있다. 이에 비해 나경, 윤도판의 바닥면에는 복잡한 한자 표기가 있어 이를 공부하지 않으면 이해할 수가 없다.

일단 동심원이 여러 층이 있고, 가장 안쪽에서부터 방위와 관련된 개념 체계들이 배치되어 있다. 가장 안쪽의 원에는 음양이 있다. 그다음 원에는 앞에서 본 바와 같이 오행을 동쪽에 목, 남쪽에 화, 중앙에 토, 서쪽에 금, 북쪽에 수를 배치하였다. 그다음 원에는 역시 앞에서 본 바와 같이 문왕팔괘를 동쪽에 진으로 시작에서 시계 방향으로 진손이감태건감간을 배치하였다. 그다음 원에는 십간을 배치하였는데, 동쪽 목묘 앞뒤에 갑과 을, 남쪽 화오 앞뒤에 병과 정, 겉으로 드러나지 않는 중앙 토 자리에 무와 기, 서쪽 금유 앞뒤에 경과 신, 북쪽 수자 앞뒤에 임과 계를 배치하였다. 그다음 원에는 원을 12등분하여 정북에 자를 시작으로 시계 방향으로 돌아가면서 각 자리에 십이지를 배치하였다. 큰 윤도판은 다시 그다음 바깥 동심원들에도 별자리나 육십간지 등 여러 개념들을 점점 복잡하게 배치하기도 하였다. 이렇게 하면 서로 겹치는 자리도 있고, 겹치지 않는 자리도 있다. 동서남북중앙 오방을 기본으로 놓고 보면, 원으로 정리된 방위 표시는 일단 십이지로 표기된다. 360도 원을 12로 나누니 한 글자 사이는 30도가 된다. 좌와 향에 들어갈 글자는 십이지 가운데 마주보는 것끼리 대응하여 이루어진다. 이를테면 정북에서 정남을 보는 좌향은 자좌오향子坐午向, 정서에서 정동을 보는 좌향은 유좌묘향酉坐卯向이 된다. 그러므로 사실은 굳이 네 글자로 하지 않고 좌나 혹은 향 어느 한 가지만 말해도 나머지 한 가지는 자동적으로 정해지게 되어 있다. 그래서 축약해서 "자좌", "묘향" 처럼 두 글자로 하기도 한다.

12방위를 한 번 더 세분하면 24방위가 된다. 이 경우에는 한 글자 사이가 15도가 된다. 24방위는 다음과 같이 구성된다. 먼저 앞의 십이지로 된 12방위의 사이사이에 팔괘 가운데 십이지의 자, 묘, 오, 유와 겹치는 것들을 제외하고 남는 네 괘를 배치한다. 동남에 손, 서남에 곤, 서북에 건, 동북에 간을 배치하였다. 그리고 십간 가운데 중앙에 들어간 무기를 제외한 나머지 여덟을 배치한다. 정동의 묘의 앞뒤로 갑과 을, 정남의 오의 앞뒤로 병과 정, 정서의 유의 앞뒤로 경과 신, 정북의 자의 앞뒤로 임과 계를 배치한다. 결과를 그림으로 정리하면 다음 쪽 그림과 같다.

12방위는 십이지를 기반으로 하고, 24방위는 여기에 팔괘의 네 괘와 십간의 여덟 자를 더하여 구성된다.

전통관념의 발현

이상 살펴본 전통관념들은 정연한 질서를 갖추고 우리 전통 문화의 곳곳에 깊이 스며들어 있다. 도성의 문 이름을 지을 때도 사단을 적용하였다. 그리하여 자동적으로 인仁은 동대문에 들어가서 이름이 흥인문興仁門이 되고, 의義는 서쪽 문으로 들어가 돈의문敦義門, 예禮는 남대문으로 들어가 숭례문崇禮門이 되었다. 북쪽 문에는 지智가 들어가야 하겠지만 예외 없는 법칙은 없다고 슬기 지智와 통하는 의미를 갖는 꾀 정靖자를 써서 숙정문肅靖門이 되었다. 1890년대에는 오상의 신信을 추가하여서 서울 한복판에 있던 종각의 이름을 보신각普信閣으로 지었다.

궁궐의 문이나 전각 이름에도 이런 질서가 엿보인다. 경복궁의 동쪽 문은 건춘문建春門이라 하여 봄 춘春이 들어갔고, 서쪽 문은 영추문迎秋門이라 하여 가을 추秋가 들어갔다. 경복궁의 대전 정전인 강녕전을 동쪽에서 보좌하는 건물의 이름이 연생전延生殿, 서쪽 건물의 이름이 경성전慶成殿이다. 여기는 무슨 질서가 보이는가? 만약 이것이 뒤바뀌었다면 그것은 무언가 잘못된 것이다.

중궁전의 정전 이름은 교태전交泰殿이다. 여성이 남성 앞에서 교태를 부리는 건물이란 뜻인가? 천만의 말씀. 태泰는 64괘 가운데 하나다. 건하곤상乾下坤上, 건괘가 아래 있고, 곤괘가 위에 있는 괘이다. 하늘이 아래 있고 땅이 위에 있다니? 이 무슨 괴이한 일인가? 전혀 괴이하지 않다.《주역》은 반전의 사상이다. 하늘은 올라가는 속성이 있고, 땅은 내려오는 속성이 있다. 천지교태天地交泰, 이 둘은 반드시 서로 만나 합할 것이다. 남녀는 만나서 교합할 것이다.

그러고 보면 교태전으로 들어가는 문의 이름은 양의문兩儀門, 음양의 문이다. 중궁전 이름으로는 최적이다. 전통관념이 담고 있는 질서를 체계적으로 이해하면 얼핏 보아서는 무질서하게만 보이는 현상에서도 질서를 찾아

낼 수 있다. 안목은 높아지고, 그것을 만들어 그렇게 이름을 붙이고 의미를 부여한 이들과 대화의 문이 열릴 것이다.

답사를 할 때 지금까지 짚어본 체계 몇 가지를 익히고 가면 훨씬 더 많은 것을 체계적으로 이해할 수 있다. 하지만 위에서 제시한 이해 체계라는 것도 완결된 구조를 갖고 있진 않다. 이런 것들을 알면 좋다는 정도이고, 모른다고 답사를 할 수 없는 것도 아니다. 어찌 생각하면 너무 이런 데 얽매이다 보면 정작 중요한 알맹이를 놓칠 수도 있다. 처음부터 이런 것을 다 알고 가려 할 것이 아니다. 답사를 하다 보면 모르는 것이 있음을 깨닫게 되고, 내가 무엇을 모른다는 것을 깨닫게 되면 그것을 알고자 하는 욕구가 생길 것이다. 그때 가서 이런 것들을 찬찬히 배워도 늦지 않다. 너무 이것저것 따지다가는 답삿길에 나서기 어렵다. 답사는 무엇보다도 훌쩍 나서는 것이 좋다.

참고 문헌

연대기 편년자료

조선왕조실록(朝鮮王朝實錄)

《승정원일기(承政院日記)》

《일성록(日省錄)》

《비변사등록(備邊司謄錄)》

《내각일력(內閣日曆)》

법전 의례서

《대전회통(大典會通)》

《육전조례(六典條例)》

《은대조례(銀臺條例)》

《은대편고(銀臺便攷)》

《국조오례의(國朝五禮儀)》

경서

《주역(周易)》

《주례(周禮)》

《대학(大學)》

궁궐지 의궤 유서류

《어제궁궐지(御製宮闕志)》 규3950

《궁궐지(宮闕志)》 장서각 K2-4363

《궁궐지(宮闕誌)》 규11521

《서궐영건도감의궤(西闕營建都監儀軌)》

《경복궁지(景福宮誌)》 규古5120-32

《경복궁영건일기(景福宮營建日記)》

《경운궁중건도감의궤(慶運宮重建都監儀軌)》

《진작의궤(進爵儀軌)》 규14364-v.1-2

《보인소의궤(寶印所儀軌)》 서울대학교규장각 한국학연구원 소장

《동여비고(東輿備考)》 규고4790-10

《증보문헌비고(增補文獻備考)》

《동국여지비고(東國輿地備考)》 서울사료총서1. 서울시사편찬위원회. 단기 4289

궁궐 도면류

〈동궐도(東闕圖)〉 고려대학교박물관 소장/동아대학교박물관 소장

〈북궐도형(北闕圖形)〉 규9978

〈북궐후원도형(北闕後苑圖形)〉 규9979

〈동궐도형(東闕圖形)〉 규9980

〈서궐도안(西闕圖案)〉 고려대학교박물관 소장

〈경복궁도(景福宮圖)〉 국립중앙도서관 소장

〈경복궁전도(景福宮全圖)〉 서울역사박물관 소장

〈정아조회지도(正衙朝會之圖)〉 서울대학교규장각한국학연구원 소장

〈경회루36궁지도(慶會樓三十六宮之圖)〉

〈덕수궁평면도(德壽宮平面圖)〉

왕실 문헌자료

《열성어제(列聖御製)》

장조(莊祖) 이선(李愃)《담여헌시집(淡如軒詩集)》

정조(正祖) 이산(李祘)《홍재전서(弘齋全書)》

익종(翼宗) 이영(李旲)《경헌집(敬軒集)》

문집류 기타

정도전(鄭道傳)《삼봉집(三峰集)》

차천로(車天輅)《오산설림초고(五山說林草藁)》

유성룡(柳成龍)《징비록(懲毖錄)》

이중환(李重煥)《택리지(擇里地)》

이규경(李圭景)《오주연문장전산고(五洲衍文長箋散稿)》

서명응(徐命膺)《보만재총서(保晩齋叢書)》

김종수(金鍾秀)《몽오집(夢梧集)》

홍대용(洪大容)《담헌서(湛軒書)》
유득공(兪得恭)《영재집(泠齋集)》
유본예(柳本藝)《한경지략(漢京識略)》
이유원(李裕元)《임하필기(林下筆記)》
김윤식(金允植)《속음청사(續陰晴史)》
《양세계보(養世系譜)》 국립중앙도서관 소장

근대 공공문서

《대한제국관보(大韓帝國官報)》
《의정부총무국관보(議政府總務局官報)》
《농상공부거첩존안(農商工部去牒存案)》
《주한일본공사관기록(駐韓日本公使館記錄)》
《조선총독부관보(朝鮮總督府官報)》

신문 잡지

《황성신문(皇城新聞)》
《독립신문(獨立新聞)》
《미일신문》
《대한매일신보(大韓每日申報)》
《매일신보(每日申報)》
《동아일보(東亞日報)》
《개조(改造)》
《별건곤(別乾坤)》
《조선(朝鮮)》 조선총독부

한국어 문헌자료

서광전, 1914《조선명승실기(朝鮮名勝實記)》
이완용 전기《일당기사(一堂紀事)》
이철원, 단기 4287《왕궁사(王宮史)》
서울특별시사편찬위원회, 1978《서울육백년사》 1~6
서울특별시사편찬위원회, 1987《서울육백년사 문화사적편》
홍순민, 1999《우리 궁궐 이야기》 청년사

일본어 문헌자료

오오제키 사다스케[大關定祐]《조선정벌기(朝鮮征伐記)》
제타쿠[是琢]《조선일기(朝鮮日記)》
덴케이[天荊]《서정일기(西征日記)》
도쿠토미 소호[德富蘇峰]《근대일본국민사(近代日本國民史)》
일본구참모본부《일본전사(日本戰史)》
시데하라 타이라[幣原坦]《조선사화(朝鮮史話)》
《조선병합십년사(朝鮮併合十年史)》
경성부, 1924《경성부사(京城府史)》
조선매일신문사 출판부, 1929.《대경성(大京城)》
오다 쇼고[小田省吾], 1938《덕수궁사(德壽宮史)》 李王職
오카다 코[岡田貢]〈조선명종기담(朝鮮名鐘奇談)〉

보고서류

세키노 타다시[關野貞], 1902《한국건축조사보고서(韓國建築調查報告書)》 東京帝大工科大
문화재관리국, 1985《창경궁 발굴조사보고서》
국립문화재연구소, 2002《창덕궁 금천교 발굴조사보고서》
명지대학교 국제 한국학연구소, 2004《경희궁 영조 훼철 관련 사료조사 및 활용방안 연구》

사진첩류

퍼시벌 로웰(Percival Lawrence Lowell), 1884《고요한 아침의 나라 조선(Choson, the Land of the Morning Calm)》
《하퍼스위클리(HARPER'S WEEKLY)》 1894
엘리아스 버튼 홈즈(Elias Burton Holmes), 1901《버튼 홈즈의 여행 강의(Burton Holmes Lectures)》

엔리케 스탄코 브라스(Enrique Stanko Vráz), 1901《중국, 여행 스케치》
윌러드 스트레이트 사진, 1904
카를로 로세티(Carlo Rossetti), 1904《꼬레아 에 꼬레아니(Corea e coreani)》
릴리언 언더우드(Lillian H. Underwood), 1905《토미 톰킨스와 더불어 한국에서(With Tommy Tompkins in Korea)》
《아펜젤러 사진첩》 배재학당역사박물관 소장
《순종황제서북순행사진첩(純宗皇帝西北巡幸寫眞帖)》1909
조선총독부, 1910 《병합기념사진첩倂合記念寫眞帖)》
조선총독부, 1911《조선풍경인속사진첩(朝鮮風景人俗寫眞帖)》
조선총독부, 1915《시정오년기념조선물산공진회사진첩(始政五年記念朝鮮物產共進會寫眞帖)》
국립중앙박물관 김동현(역), 2005《조선총독부신영지(朝鮮總督府新營誌)》
《인정전 사진첩(仁政殿寫眞帖)》 일본 궁내청 소장
《고궁전 사진첩(古宮殿寫眞帖)》
《창덕궁 내외 사진첩(昌德宮內外寫眞帖)》
《어장의사진첩(순종)(御葬儀寫眞帖(純宗))》
《한말궁중관계사진첩》 서울대학교박물관 소장
조선총독부, 1936《조선고적도보(朝鮮古蹟圖譜)》
국립중앙박물관 유리건판

중국 도판 자료

《삼재도회(三才圖會)》
《명물대전(名物大典)》
《이물지(異物誌)》
《서응도(瑞應圖)》

인터넷 사이트

국사편찬위원회
www.history.go.kr/
규장각한국학연구원
http://kyujanggak.snu.ac.kr/
한국역사정보통합시스템
http://www.koreanhistory.or.kr/
한국고전종합DB
http://db.itkc.or.kr/

주석

제1장 우리 땅 우리 서울

1 《태조실록》 권6, 태조 3년 8월 24일(신묘)
○都評議使司所申 … 竊觀漢陽 表裏山河 形勢之勝 自古所稱 四方道里之均 舟車所通 定都于玆 以永于後 允合天人之意 王旨依申

2 《태조실록》 권6, 태조 3년 11월 3일(기해)
○都評議使司狀申 寢廟所以奉祖宗而崇孝敬 宮闕所以示尊嚴而出政令 城郭所以嚴內外而固邦國 此皆有國家者所當先也

3 《태조실록》 권10, 태조 5년 9월 24일(기묘)
○又作各門月團樓閣 正北曰肅淸門 東北曰弘化門 俗稱東小門 正東曰興仁門 俗稱東大門 東南曰光熙門 俗稱水口門 正南曰崇禮門 俗稱南大門 小北曰昭德門 俗稱西小門 正西曰敦義門 西北曰彰義門

4 《세종실록》〈지리지〉 경도한성부
○正東曰興仁門 正西曰敦義門 正北曰肅淸門 東北曰弘化門【卽東小門】 東南曰光熙

門【卽水口門】 西南曰崇禮門 小北曰昭德門【卽西小門】 西北曰彰義門

5 《대전회통》 권6, 工典 橋路
○都城內道路 (大路廣五十六尺 中路十六尺 小路十一尺 兩旁溝 廣各二尺 用營造尺 若侵占掘取 或置汚穢之物者 並罪 本部官吏及管領川池城墻 分授旁近人 置簿看守) 溝渠橋梁 本曹漢城府 考察修治

6 《고종실록》 권1, 고종 1년 4월 20일(경인); 《승정원일기》 고종 1년 4월 20일(경인)

7 《승정원일기》 고종 1년 4월 20일(경인)

8 《고종실록》 권1, 고종 1년 5월 24일(계해); 《승정원일기》 고종 1년 5월 24일(계해)

9 《승정원일기》 고종 6년 9월 4일(임신)

10 《승정원일기》 고종 6년 9월 21일(기축)

11 《승정원일기》 고종 6년 10월 29일(정묘)

12 《指令存案》 奎17750-2

13 《고종실록》 권34, 고종 33년 12월 6일

14 《內部所管漢城府鍾閣修理費룰 預算外支出請議書》 建陽元年十月二十四日

15 이 부분은 이순우 선생이 정리한 자료를 일부 참조하여 서술하였음.

16 차상찬, 1929. 9. 27.〈경성오대종변정록(京城五大鐘辯正錄)〉《별건곤》 제23호 p.75

17 《승정원일기》 고종 9년 9월 16일(정유)
○鍾閣上梁文製述官廣州留守鄭基世 書寫官左贊成金大根 各內下豹皮一令賜給

18 이중화, 1932. 1. 〈鐘樓와 普信閣鐘에 대하야〉 《조선》조선총독부 p.169; 이중화, 1936. 11. 〈鐘樓와 普信閣鐘에 대하야〉《진단학보》 제6권

19 오카다 코(岡田貢), 1944〈조선 명종 기담〉《조선야담수필전설》경성로칼사

20 서광전, 1914 《조선명승실기》대동사

21 《대한매일신보》 1915. 6. 13. 종각이전(鍾閣移轉)

22 《대한매일신보》 1915. 8. 31. 종각(鐘閣)의 상량문(上樑文)

23 《대한매일신보》 1915. 9. 8. 까닭없이 이사가는 종로의 종과 인정

24 《동아일보》 1928. 5. 23.

25 《매일신보》 1931.

26 《승정원일기》 영조 31년 7월 29일(신축) 외

27 《승정원일기》 영조 8년 9월 1일(을유)
○大駕過景福宮前路時 上曰 雖是空闕 而宮城不可踰越矣 光化門正門挾門 戊申盟祭時毁撤後 復有改築之命 而卽見所築 尙未過半 因而置之 誰不得踰越乎 事甚可駭 前後衛將 竝從重推考 更爲申飭 可也

28 《승정원일기》 숙종 7년 2월 29일(계축)
○自景福宮前路ㅁ下之際 見大臣之行 自後而至 避入吏曹大門 而今聞大臣 以闕門橫過爲非云 宮門必下 古人不欺於暮夜 臣雖無識 粗聞此義 何敢於白晝而犯此哉

29 《승정원일기》 순조 27년 9월 12일(갑인)
○出令旨 由敦化門 至景福宮前路 贊請降輦 王世子降輦步過洞口 贊請乘輦 王世子乘輦

30 《승정원일기》 순조 28년 9월 16일(계축)
○王世子降輿乘輦, 進發至景福宮前路, 低輦以過

31 《승정원일기》 정조 9년 2월 8일(무자)
○景福宮前路 則六曹百司之左右布列者 規模井井 而至於慶熙宮前路 亦不如此 闕外之只有草舍矣

32 《승정원일기》 경종 2년 4월 25일(기묘)
○黃爾章啓曰 禁衛營敎鍊官來言 判書隨駕中軍代行 領軍景福宮前路 未明聚軍 二嚴結陣之意 敢啓 傳曰 知道

33 《승정원일기》 영조 27년 5월 2일(무술)

○大抵城內人民 可謂殷盛矣 六曹前路舊禁人家 今則多矣

34 《승정원일기》 순조 11년 윤3월 16일(갑오)

○上曰 同知事 京兆堂上 俄者下番所奏之事 必知之 而家在大路之上 衆所共知而不可不毁者則無怪 而若是不當毁者 則果不善爲 而大抵以六曹前路言之 近來道傍造家之弊 亦大矣

35 《승정원일기》 순조 32년 7월 9일(계축)

○又以漢城府言啓曰 日昨文祜廟移奉時 六曹前路 左右假家 多不撤去 事體所在 萬萬駭然

36 유본예《한경지략》

○政府六曹及要任諸司 列在景福宮前御路左右 卽古制 而自景福宮廢後 昌德宮慶熙宮爲時御所 而政府以下各曹不能移設 遂各置一屋於兩宮前 吏役守之 以待政院之頒布命令 其屋謂之朝房(俗稱直房)

제2장 임금이 사는 곳, 궁궐

1 《대전회통》 권1, 경관직

○正五品衙門 內需司 [原] 掌內用米布及雜物奴婢

2 《대전회통》 권1, 경관직

○濟用監 [原] 掌進獻布物人蔘賜與衣服及紗羅綾段布貨綵色入染織造等事

○內資寺 [原] 掌內供米麵酒醬油蜜蔬果內宴織造等事

○內贍寺 [原] 掌各宮各殿供上 二品以上酒及倭野人供饋織造等事

3 《영조실록》 권8, 영조 1년 12월 23일(병술)

○淑嬪廟成 淑嬪卽上之私親也 卽阼之初命擇地建廟 至是成廟 在景福宮之北 後二十年 改定廟號曰 毓祥宮

4 《영조실록》 권79, 영조 29년 6월 25일(기유)

○追諡淑嬪崔氏曰和敬 廟曰宮 墓曰園

5 《동아일보》 1938. 11. 26. 寶物古蹟天然記念物 새로 百一種指定發表, 今日保存會第四回總會에서

6 《동아일보》 1954. 5. 16. 오늘 開園式 南漢山城公園

7 《동아일보》 1955. 6. 17. 李大統領頌壽塔 南漢山城서 除幕

8 《정조실록》 권29, 정조 14년 2월 11일(임술)

○夕次果川縣 名衙軒曰富林軒 內舍曰穩穩舍 御筆

9 《銀臺便攷》 권4, 禮房攷 常參

10 홍순민, 2006〈조선 후기 관원의 궁궐 출입과 국정 운영〉 역사비평 2006년 가을호

11 《일성록》 정조 19년 9월 18(병인)

제3장 궁궐의 역사

1 홍순민, 1996. 2.《朝鮮王朝 宮闕 經營과 "兩闕體制"의 변천》 서울대학교 대학원 국사학과 박사학위논문 참조.

2 《세종실록》 권2, 세종 즉위년 11월 3일(기유)

○上王殿新宮成 名曰壽康

《세종실록》 권2, 세종 즉위년 11월 7일(계축)

○癸丑 上王移御壽康宮

3 《세종실록》 권2, 세종 즉위년 11월 9일(을묘)

○乙卯 由宮中道朝壽康宮

4 《세종실록》 권7, 세종 2년 2월 25일(계해)

○上王自樂天亭 移御于豊壤新宮

5 《세종실록》 권7, 세종 2년 1월 2일(신축)

○辛丑 朝移御所 上王御便殿 引見兵曹堂

上官及繕工提調朴子靑等 諭之曰 避方之地 當有離宮 予旣成樂天亭 又欲營離宮于抱川 豊壤矣 今思避厄隨年異方 抱川豊壤皆在國 東 獨國西未有避方之宮 可作新宮于毋岳明 堂 勿令侈大 不過百間

6 《세종실록》 권12, 세종 3년 5월 4일(을축)
○乙丑 上奉上王 還自豊壤 上王御蓮花坊 新宮 新宮至是始成

7 《세종실록》 권16, 세종 4년 5월 10일(병인)
○丙寅 太上王薨于新宮 春秋五十六

8 《세종실록》 권16, 세종 4년(1422 임인) 5월 14일(경오)
○奉梓宮將殯于壽康宮 … 遂殯于壽康宮之 正殿

9 《선조실록》 권26, 선조 25년 4월 17일(병오)
○十七日丙午晡時 邊報至京 卽以李鎰爲巡 邊使 將精銳 禦戰于尙州 敗績

10 《선조실록》 권26, 선조 25년 4월 17일(병오)
○以申砬爲三道巡邊使 上親臨遣之 賜寶劍 一口曰 李鎰以下 不用命者 卿皆斷之 悉發 中外精兵 盡出紫門軍器 都人皆罷市聚觀

11 《선조실록》 권26, 선조 25년 4월 17일(병오)
○砬至忠州 諸將皆欲據鳥嶺之險 以遏敵衝 砬不從 欲長驅於平原 二十七日陣于丹月驛 前 … 賊設伏繞 出我師之後 衆遂大潰 砬突 圍 至㺚川月灘邊 召其下曰 無面目見殿下 遂溺死 其從事金汝岉朴安民 亦溺死

12 《선조실록》 권26, 선조 25년 4월 28일(정사)
○二十八日丁巳 忠州敗報至 上召大臣臺 諫 入對 始發去邠之議 大臣以下皆涕泣 極 言其不可 領中樞府事金貴榮啓曰 宗廟園陵 皆在此 去將何往 當固守京城 以竢外援 右 承旨申磼啓曰 殿下若不聽臣 終至播越 則 臣家有八十老母 欲自刎於宗廟大門之外 不 敢從殿下去也 修撰朴東賢啓曰 殿下一出城 則人心不可保 荷輦之夫 亦將委諸路隅而走 矣 仍失聲痛哭 上色變 遽還內

13 《선조실록》 권26, 선조 25년 4월 28일(정사)
蓋前數日 以建儲事上疏者多 上心已有所定 及是日磼等定議於閤外 入而有是啓

14 《선조실록》 권26, 선조 25년 4월 29일(무오)
○戊午 立光海君諱爲世子 出東宮 僚屬百 官陳賀

15 《선조실록》 권26, 선조 25년 4월 29일(무오)
○時 去邠之議已決 宗室海豐君耆等數十百 人 叩閤痛哭 上傳曰 當與卿等 效死勿去 耆 等乃退

16 《선조실록》 권26, 선조 25년 4월 29일(무오)
○上命尹斗壽扈駕 命金貴榮尹卓然奉臨海 君珒 韓準李墍奉順和君玒 出奔北道

17 《선조실록》 권26, 선조 25년 4월 29일(무오)
○是夜 衛士盡散 宮門不下鑰 禁漏不傳更

18 《선조실록》 권26, 선조 25년 4월 30일(기미)
○己未 曉 上已出御仁政殿 百官人馬闐咽 於殿庭 是日大雨終日 上及東宮御馬 中殿 御屋轎 淑儀以下 到洪濟院 雨甚 舍轎乘馬 宮人皆痛哭步從 宗親文武扈從者 數不滿百

19 《선조실록》 권26, 선조 25년 5월 3일(임술)
○賊陷京城 都檢察使李陽元 都元帥金命元 副元帥申恪 皆走 先是 賊至忠州 潛遣銳卒 扮作我軍貌樣 入京城 偵知西幸已決 遂分 道進兵 一軍由陽智龍仁 趨漢江 一軍由驪 州利川 趨龍津 賊數騎至漢江南岸 戲作浮 渡之狀 諸將色變 命左右鞍其馬 衆遂潰 李 陽元等棄城走 金命元申恪等各自逃散 京城 遂空 到興仁門外 見開門撤備 疑不敢入 先 遣兵數十人 入城探視數十番 至鍾樓 明知 其無一箇軍兵 然後乃入 其足盡繭 寸寸僅

步云矣 時 宮闕盡爲焚燒 倭大將平秀家 率其衆 入處宗廟 每夜有神兵擊之 賊輒驚駭 以劍相擊殺 多有喪明者 亦多死者 秀家不得已 移屯南別宮 此殆與漢高廟之靈示威於王莽無異也

20 《선조수정실록》 권26, 선조 25년 4월 14일(계묘)

○是月晦日 上西幸 上旣決西幸之議 闕內吏僕等 喧譁而退 俄而衛士盡散 更鼓斷絶 夜深 李鎰狀啓始至云 賊今明日必至都城 狀入良久而上出敦義門西行

21 《선조수정실록》 권26, 선조 25년 4월 14일(계묘)

○都城宮省火 車駕將出 都中有姦民 先入內帑庫 爭取寶物者 已而駕出 亂民大起 先焚掌隷院刑曹 以二局公私奴婢文籍所在也 遂大掠宮省倉庫 仍放火滅迹 景福昌德昌慶三宮 一時俱燼 昌慶宮卽順懷世子嬪欑宮所在也 歷代寶玩及文武樓弘文館所藏書籍 春秋館各朝實錄 他庫所藏前朝史草[修高麗史時所草] 承政院日記 皆燒盡無遺 內外倉庫各署所藏 竝被盜先焚 臨海君家兵曹判書洪汝諄家亦被焚 以二家常時號多畜財故也 留都大將斬數人以警衆 亂民屯聚 不能禁

22 《선조수정실록》 권26, 선조 25년 5월 1일(경신)

○是月初三日 倭入京城 李陽元金命元退走 初 賊自東萊 分三路以進 … 賊至漢江南 都元帥金命元率兵千餘 屯濟川亭 賊發砲飛丸 亂落亭上 命元不敢拒敵 悉沈軍器于江中 退赴行在 賊遂渡江 李陽元自城內 向關東走 賊疑城中有伏 初不敢入 潛令人入探 上南山擧燧 然後先從興仁門入[是 術士傳言 壬辰之歲 黑衣之賊 從東門入 倭人亦謹方位之術 每犯大城 必卜擇所從入 或終不入焉]

23 《선조수정실록》 권26, 선조 25년 5월 1일(경신)

○賊焚宗廟 賊初入城 宮闕燒盡 而宗廟獨存 倭大將平秀家處其中 夜間多怪 從卒有暴死者 人言此朝鮮宗廟 有神靈 秀家懼 遂焚宗廟 而移寓 南坊[卽南別宮] 都城士族初皆遠避 市民賤人亦散出近畿 倭人掛榜招集 稍稍還入 坊市皆滿 賊守城門 凡帶賊帖者不禁 故我民皆受賊帖 惡少無賴者皆附賊嚮導 作惡者甚衆 倭人嚴禁戒 開告訐 姦民以此受賞 偶語異色者 皆不免燒殺 東門外髑髏 堆積如丘

24 李進熙, 1991. 6. 15.〈壬亂 景福宮방화 주범은 倭軍〉《釜山國際新報》; 1995. 5.《鄭來庵思想硏究論叢》 제1집 來庵先生紀念事業會 pp.494-497

25 《선조실록》 권43, 선조 26년 10월 1일(신사)

○上朝發碧蹄驛 晝停于彌勒院 夕入貞陵洞行宮

26 《燃藜室記述》 제17권〈宣朝朝故事本末〉《월사집》 인용

27 《선조수정실록》 권27, 선조 26년 10월 1일(신사)

○朔辛巳 上還京師[初四日] 以貞陵洞故月山大君宅 爲行宮

28 《성종실록》 권9, 성종 2년 1월 14일(정해)

○命別立懿敬王廟 令月山君婷 奉祀

29 《성종실록》 권25, 성종 3년 12월 2일(갑자)

○傳旨戶曹曰 今構懿廟于延慶宮後園 其延慶宮 賜月山大君婷

30 《성종실록》 권11, 성종 2년 7월 24일(을미)

○改永膺大君琰妻宋氏所進第 爲延慶宮

31 《성종실록》 권63, 성종 7년 1월 9일(갑인)

○甲寅 上率百官 詣懿廟 行告動駕祭 奉懷簡大王神主 至宗廟 安于帳殿

32 《대전회통》 권2, 호전

給造家地 [原]京中造家地 漢城府聽人狀告 以空地及滿二年未造家之地 折給 (若因出使外任遭喪未造家者 勿聽) 大君公主 三十負 王子君翁主 二十五負 一二品 十五負 三四品 十負 五六品 八負 七品以下及有蔭子孫 四負 庶人 二負(用三等田尺) [增] 勿論空垈及圃田 許民造家 本主防塞抵毁者 以制書有違律論 (班戶之因此圖占民田 討索貨賂 不給貰錢者 以侵占田宅律論)

33 《선조실록》 권43, 선조 26년 10월 2일(임오)

○政院啓曰 行宮似闊 弘文館設於闕內 且備書冊 今後依前入番 且衛將數少 令兵曹多數差出 使之入直 分更行巡 別巡及監軍依舊例 書啓 上從之

34 《선조실록》 권43, 선조 26년 10월 3일(계미)

○兵曹啓曰 闕內挾窄 政院玉堂 次次移出 故內兵曹都摠府四所內三廳藥房承文院尙衣院尙瑞院香室等衙門 皆移出闕門之外 似異常規 敢啓 傳曰 次次退排之家 入于闕內 不然則 此時不可守常規 雖在外無妨

35 《선조실록》 권43, 선조 26년 10월 3일(계미)

○傳曰 此家挾窄 連接桂林君家 入內諸司 次次退接

36 《선조실록》 권113, 선조 32년 5월 25일(임신)

○吏批[判書鄭昌衍參判任國老參議宋諄] 啓曰 正陽正誨妻李氏呈狀內 舅父桂林君家舍 家翁正陽正誨傳得 子德仁當爲其主 應受賞職 而以宗親時年十四歲 今歲末當爲副守 待其受職後賞職事 願入啓施行云 何以爲之 敢稟 … 傳曰 正陽正事 自曹察爲

37 《선조실록》 권121, 선조 33년 1월 25일(경오)

○吏批啓曰 時御所桂林君家主 雖學生 六品遷轉事 有傳敎矣 其孫德仁 已授懷恩副守 其賞職何以爲之 傳曰 雖學生 六品遷轉例 爲之

38 《선조실록》 권43, 선조 26년 10월 25일(을사)

○傳曰 十年前 宮闕難成 不可長御閭閻 多有虛虞之事 況賊倭所宿之窟 乃敢坐臥其處 寧不痛心 景福宮有城子 後苑閑曠 今卽斫伐南山外松木 明春卽令造作假家 移御

39 《선조실록》 권43, 선조 26년 10월 27일(정미)

○備邊司啓曰 時雖草創 時御之所 決不可略設假家 況闕內體貌 自有當直之司 間閣之數 自至蔓延 雖從儉簡 費力必多 臺諫之論 蓋由於此 事若稍定 而糧有餘儲 則雖不預爲伐木 自有臨時措置之路 今賊尙未退 中外空竭 朝不謀夕 造成之事 雖非今時所爲 而人情未安 上從之

40 《선조실록》 권200, 선조 39년 6월 17일(갑인)

○宮闕營造都監言啓曰 宮闕 今將營建 必須相視舊基然後 所入材料 可以知數磨鍊 擇空日 都監堂上郎廳 率掖庭事知人及畫員木手 畫出圖形 應造間架 稟定施行 宜當 雖爲圖形之後 亦必有出入之時 續續啓請 煩瀆此意 敢此幷稟 傳曰允

41 《선조실록》 권201, 선조 39년 7월 2일(기사)

○兵曹啓曰 宮闕營造都監 以來初六日 掃除瓦礫 剪伐草木 應役軍二百餘名定送事 捧甘結矣

42 《선조실록》 권203, 선조 39년 10월 30일(을축)

43 《선조실록》 권206, 선조 39년 12월 28일(임술)

○憲府啓曰 … 修建廟闕 國之大役 收布徵米 民力竭盡 不敢爲國家生怨者 誠以此役在所不可以故也 但尺布斗粟 皆是生民膏血 而大役時 未興作收布 不免浪費 如書吏使

令庫子輩 捧出行下 爭先差定 無賴光棍 湊集衙門 侵徵外方來納之吏 日以爲事 無所不至 而坐縻公家 料布作事之草 猶尙如此 日後微闇 何以防塞 冗雜下輩 請令都監減去 以杜浮費之弊

《선조실록》 권208, 선조 40년 2월 11일(갑진)

○憲府啓曰 江原爲道 土地瘠薄 人民鮮少 尋常尙患難支 … 少紓民力事 請令都監 尙確施行

《선조실록》 권208, 선조 40년 2월 14일(정미)

○同副承旨朴東說 以宗廟宮闕營建都監言啓曰 … 聽江原監司指揮 限十日赴役事 兩道監司處 下諭宜當 敢啓 傳曰允

《선조실록》 권208, 선조 40년 2월 30일(계해)

○憲府啓曰 營建都監所收布物 尺寸皆出於民 固當撙節 不可虛費 … 請令都監 十分商量 從長處置 正役之前 俾無浮費之患

44 《선조실록》 권210, 선조 40년 4월 30일(임술)

○別殿成(以時御所狹窄 造別殿于大內之北 自春營之 書于此者 首夏之月 民事方殷 廟闕始建 旱乾又極 幷擧妨農 不恤天災也)

45 《선조실록》 권221, 선조 41년 2월 1일(무오)

○以內封遺書 下于賓廳 前日未寧時 諭世子 愛同氣如予在時 人有讒之 愼勿聽之 以此 托於汝 須體予意 東宮 下令于大臣曰 內殿下敎曰 卽刻 上在正寢昇遐 罔極

46 《광해군일기》 권1, 광해군 즉위년 2월 2일(기미)

○大臣以下凡五達 請速出御 乃許 世子具冕服 卽位於貞陵洞行宮西廳 受群臣賀

47 《광해군일기》 권2, 광해군 즉위년 3월 2일(기축)

○傳曰 … 宮闕之役 勢難容易更擧 都監米布 無非民力之所自出 州儲未上納之數 該曹一一照管 先爲移用於山陵詔使等事 務寬生民一分之力 而但宮闕都監所儲米布 旣已移用 而又爲加定於外方 則至爲未穩

48 《광해군일기》 권4, 광해군 즉위년 5월 30일(을묘)

○重建宗廟成 都提調以下 賞賜有差

49 《광해군일기》 권7, 광해군 즉위년 8월 17일(신미)

○備邊司啓曰 亂離之後 至尊久御於閭閻卑湫之地 極爲未安 國喪停役之後 以餘在米布 如仁政殿等處 大段闕閣 旣已造成 … 令兵曹 就其中不得已修築處外 其餘竝爲停寢 似合事宜 敢啓 傳曰允

50 《광해군일기》 권46, 광해군 3년 10월 11일(정축)

○改貞陵洞行宮 名爲慶運宮

51 《광해군일기》 권46, 광해군 3년 10월 22일(무자)

○王御昌德宮 頒敎于中外

52 《광해군일기》 권48, 광해군 3년 12월 20일(을유)

○王還御慶運宮

53 《광해군일기》 권89, 광해군 7년 4월 2일(무인)

○王移御昌德宮

54 《광해군일기》 권108, 광해군 8년 10월 20일(정사)

○繕修都監啓曰 明日 仁王山下 崔俊民當與在京諸述官相基 而提調李沖沈惇呈辭 聽令出仕同參何如 傳曰允

《광해군일기》 권108, 광해군 8년 10월 22일(기미)

○傳曰 繕修都監都提調以下中使 與崔俊民在京術官 往視景福宮舊基 問啓事 言于繕修都監

55 《광해군일기》 권187, 광해군 15년 3월 12일(임인)

○夜三鼓 入自彰義門 進至昌德宮門外 李興立放仗來迎 李廓引兵退次 大臣諸宰聞軍聲 皆迸散 塏等遂開丹鳳門以入 上與具宏沈明世洪振道等繼至 塏引至仁政殿西階 上東向坐胡床 諸將士列侍 宮內侍衛將卒皆散 王從北苑松林中 設梯踰宮城 有小宦負之而行 一宮人前導 匿于司僕渠邊醫官安國信家

56 《仁祖實錄》 권15, 인조 5년 1월 26일(갑오)

○上以戎服乘馬 次于露梁 船少難渡 上遂下馬 坐于沙中 上謂瑞鳳曰 軍兵幾許渡江乎 瑞鳳曰 軍兵幾半得渡 日勢且晩 願卽登船渡江 暫御人家 上曰姑徐

《仁祖實錄》 권16, 인조 5년 4월 12일(무신)

○上發自陽川 至露梁渡江 至于崇禮門外 都中男女 塡咽出迎 無不流涕 上直詣宗廟 行慰安祭 還御慶德宮

57 홍순민, 2011. 8. 〈조선후기 동궐 궐내각사 배치 체제의 변동 —《어제 궁궐지》 및 《궁궐지》의 분석을 중심으로—〉 《서울학연구》 44 pp.83~126 서울학연구소 ; 2012. 2 〈조선후기 동궐 궐내각사의 구성과 직장(職掌)〉 《서울학연구》 46 pp.177~229 서울학연구소

58 《御製宮闕志》 昌德宮 闕內各司 承政院; 《대전회통》 권1, 吏典 京官職 承政院

59 《御製宮闕志》 昌德宮 闕內各司 弘文館; 《대전회통》 권1, 吏典 京官職 弘文館

60 《御製宮闕志》 昌德宮 闕內各司 藝文館; 《대전회통》 권1, 吏典 京官職 藝文館

61 《御製宮闕志》 昌德宮 闕內各司 五衛都摠府 ; 《대전회통》 권4, 兵典 京官職 五衛都摠府

62 《御製宮闕志》 昌德宮 闕內各司 內兵曹

63 《御製宮闕志》 昌德宮 闕內各司 尙瑞院; 《대전회통》 권1, 吏典 京官職 尙瑞院

64 《御製宮闕志》 昌德宮 闕內各司 尙衣院; 《대전회통》 권1, 吏典 京官職 尙衣院

65 《御製宮闕志》 昌德宮 闕內各司 司饔院; 《대전회통》 권1, 吏典 京官職 司饔院

66 《御製宮闕志》 昌德宮 闕內各司 典設司; 《대전회통》 권1, 吏典 京官職 典設司

67 《御製宮闕志》 昌德宮 闕內各司 典涓司

68 《御製宮闕志》 昌德宮 闕內各司 司僕寺; 《대전회통》 권1, 吏典 京官職 司僕寺

69 《御製宮闕志》 昌德宮 闕內各司 報漏閣

70 《御製宮闕志》 昌德宮 闕內各司 內班院 ; 《대전회통》 권1, 吏典 京官職 內侍府

71 《御製宮闕志》 昌德宮 闕內各司 侍講院 ; 《대전회통》 권1, 吏典 京官職 世子侍講院

72 《御製宮闕志》 昌德宮 闕內各司 翊衛司 ; 《대전회통》 권4, 兵典 京官職 世子翊衛司

73 《御製宮闕志》 昌德宮 闕內各司 內醫院 ; 《대전회통》 권1, 吏典 京官職 內醫院

74 《광해군일기》 권117, 광해군 9년 7월 29일(신묘)

○傳曰 … 視事朝賀殿 階砌月臺高低 一依文政明政殿例 十分詳察造排事 言于都監

75 《광해군일기》 권126, 광해군 10년 4월 5일(갑오)

76 《광해군일기》 권113, 광해군 9년 3월 21일(병술) ; 《광해군일기》 권115, 광해군 9년 5월 8일(신미)

77 《광해군일기》 권126, 광해군 10년 4월 4일(계사)

78 《광해군일기》 권126, 광해군 10년 4월 9일(무술)

79 홍순민, 1998. 12. 〈붕당정치의 동요와 환국의 빈발〉《한국사》30 국사편찬위원회

80 홍순민, 2011. 8. 〈조선후기 동궐 궐내각사 배치 체제의 변동 —《어제 궁궐지》 및《궁궐지》의 분석을 중심으로—〉《서울학연구》 44 pp.83~126 서울학연구소 참조.

81 《숙종실록》 권20, 숙종 15년 4월 25일(신묘)

82 《영조실록》 권99, 영조 38년 5월 22일(을묘)

83 《궁궐지》 慶熙宮 太僕寺

84 《영조실록》 권69, 영조 25년 1월 23일(임신)

85 《영조실록》 권99, 영조 38년 5월 23일(병진)

86 《영조실록》 권99, 영조 38년 5월 29일(임술)

87 《영조실록》 권99, 영조 38년 윤5월 2일(갑자)

88 《승정원일기》 영조 38년 윤5월 2일(갑자)

89 《영조실록》 권99, 영조 38년 윤5월 13일(을해)

90 《영조실록》 권99, 영조 38년 윤5월 21일(계미)

91 《영조실록》 권99, 영조 38년 윤5월 21일(계미)

92 《승정원일기》 영조 38년 윤5월 19일(신사)

93 《일성록》 고종 2년 4월 2일

94 《일성록》 고종 2년 4월 5일

95 《일성록》 고종 3년 9월 7일

96 《일성록》 고종 5년 7월 2일

97 《일성록》 고종 10년 12월 10일

○慈慶殿失火 巳時火起於純熙堂 二十四間延燒 錫趾室十二間 慈慶殿三十二間 福安堂六間 紫薇堂三十八間 交泰殿三十六間 複道二十八間 行閣一百八十八間半 合三百六十四間半

98 《일성록》 고종 10년 12월 10일

99 《일성록》 고종 10년 12월 10일

100 《일성록》 고종 10년 12월 20일

101 《일성록》 고종 12년 5월 28일

102 《일성록》 고종 13년 11월 4일

○交泰殿灾 交泰殿三十六間 行閣三十五間半 西翼閣六間 麟趾堂三十間 行閣十六間半 建順閣十二間 紫薇堂四十六間 東西複道四間 行閣六十一間 德善堂二十四間 行閣三十間半 純仁門外複道四間 慈慶殿五十二間 複道五間 行閣三十三間半 後行閣十三間 恊慶堂十間 福安堂十一間 複道二間 純熙堂十八間 行閣三十三間半 延生殿二十四間 東西複道八間 慶成殿二十四間 複道四間 含元殿二十四間 欽敬閣二十間 行閣二十間 虹月閣七間 思政殿東西行閣四十一間 康寧殿五十五間 東西退鐥間二十間 複道四間 行閣一百一間半

103 《일성록》 고종 13년 11월 4일

104 《일성록》 고종 14년 3월 10일

105 《고종실록》 권22, 고종 22년 1월 17일(정사)

106 《고종실록》 권31, 고종 31년 4월 3일(기유)

107 《고종실록》 권31, 고종 31년 5월 24일(경자)

108 《고종실록》 권34, 고종 33년 2월 11일(양력)

109 《고종실록》 권34, 고종 33년 9월 4일(양력)

110 《고종실록》 권35, 고종 34년 2월 20일(양력)

111 《고종실록》 권39, 고종 36년 6월 22일(양력)

112 《독립신문》 1899년 3월 3일

(명문 현판) 정동 대궐 새로 지은 뎡문에 대안문(大安門)이라 쓴 현판을 재작일에 달앗난대 또 그 문압 츅대 역사도 시작 하엿다더라

113 《고종실록》 권41, 고종 38년 8월 25일(양력)

○二十五日 詔曰 法殿營建之尙此未遑 實由國計 而其在事體 亦不可因循 設都監即爲擧行 都監堂郎 命宮內府差出

114 《고종실록》 권42, 고종 39년 5월 12일(양력)

○詔曰 法殿今將營建 殿號以中和殿爲之 前中和殿還稱卽祚堂

115 윗책 같은 날 ;《일성록》 1904년 2월 29일(무인)

○上曰 不幸中萬幸 而咸寧殿溫堗修改 而點火之際 致此失火 又因風勢不順 一時延燒 以至於此也

116 《舊韓國外交文書》 제6권 日案 7800호 광무 8년 2월 11일

117 《황성신문》 광무 9년 9월 6일 · 8일 · 11일 · 15일 · 18일

118 《고종실록》 권43, 고종 40년 11월 23일(양력)

○二十三日 向各國宣言 將來日俄開戰時 本國局外中立

119 《고종실록》 권44, 고종 41년 2월 23일(양력) ; 《관보》 광무 8년 3월 8일 號外

120 《日本外交文書》 第37卷 第1册 301號, 明治 37年 3月 17日 伊藤特派大使京城着ノ件 ; 《日韓外交資料集成》 5, 명치 37년 3월 17일 伊藤特派大使京城到着ノ件

121 《고종실록》 권44, 고종 41년 3월 20일(양력)

122 《고종실록》 권44, 고종 41년 4월 14일

123 《경운궁중건도감의궤》 〈上樑文〉 大漢門

○惟玆漢陽襟帶之形 實我韓邦門戶之地 冽水經其南 太岳翔其北 美哉表裏山河… 慶運其宮 媲茅茨之昭儉肆 就中和法殿 乃立大漢正門 備皐門應門之規 塗勤丹雘 取霄漢雲漢之義

124 《고종실록》 권46, 고종 42년 11월 10일(양력)

○十日 御漱玉軒 皇太子侍座 接見日本特派大使侯爵伊藤博文 國書奉呈也

《황성신문(皇城新聞)》 광무 9년 11월 4일 ; 7일 ; 9일 ; 10일 ; 20일

125 《日本外交文書》 第40卷 第1册 513號 明治 40年 7月 22日

126 《순종실록》 권1, 즉위년(1907 융희 1) 8월 2일(양력)

○二日 宮內府大臣李允用以太皇帝宮號望德壽府號承寧 議定上奏 允之

127 《순종실록》 권1, 순종 즉위년 8월 14일(양력)

○詔曰 當移御于慶運宮矣 修理之節 令宮內府斯速擧行

128 《순종실록》 권1, 순종 즉위년 9월 7일(양력)

129 《순종실록》 권1, 순종 즉위년 9월 17일(양력)

○十七日 移御于慶運宮之卽祚堂

130 《순종실록》 권1, 순종 즉위년 11월 13일(양력)

○十三日 移御于昌德宮 皇后皇太子同爲移御

131 《순종실록》 권4, 순종 3년 8월 22일(양력)

○二十二日 日韓倂合條約案에 對ᄒᆞ야 國務大臣外皇族代表者及文武元老代表者를 會同ᄒᆞ야 御前會議를 開ᄒᆞ다

132 《순종실록》 권4, 순종 3년 8월 22일(양력)

○詔曰 朕이 東洋平和를 鞏固키 爲ᄒᆞ야 韓·日兩國의 親密ᄒᆞᆫ 關係로 彼我相合ᄒᆞ야 作爲一家됨은 互相萬世之幸福을 圖ᄒᆞᄂᆞᆫ 所以를 念ᄒᆞᆫ즉, 玆에 韓國統治를 擧ᄒᆞ야 此를 朕이 極히 信賴ᄒᆞᄂᆞᆫ 大日本國皇帝陛下게 讓與홈으로 決定ᄒᆞ고, 仍ᄒᆞ야 必要ᄒᆞᆫ 條章을 規定ᄒᆞ야 將來我皇室의 永久安寧과 生民의 福利를 保障ᄒᆞ기 爲ᄒᆞ야 內閣總理大臣李完用에게 全權委員을 任命ᄒᆞ고, 大日本帝國統監寺內正毅과 會同ᄒᆞ야 商議協定ᄒᆞ게홈이니, 諸臣이 亦朕意의 確斷ᄒᆞᆫ 바를 體ᄒᆞ야 奉行ᄒᆞ라

133 데라우치의 일기책 원본은 현재 일본국회도서관에 소장되어 있다. 그것을 정리한 자료가 야마모토 시로(山本四郞) 편, 《데라우치 마사타케 일기(寺內正毅日記) : 1900~1918》(京都女子大學硏究叢刊 5, 1980)이다. 이 자료에 대해서는 이순우 선생의 도움을 받았다.

134 《순종실록》 권4, 순종 3년 8월 22일(양력)

도판 출처

게티이미지뱅크
24-25, 91쪽

고려대학교박물관
191, 223쪽

국립고궁박물관
93, 100, 106, 109, 131(모두), 219, 231, 257, 272, 279, 280, 286쪽

국립민속박물관
248쪽

국립중앙도서관
118쪽

국립중앙박물관
128, 163, 254, 276쪽

김성철
34, 121, 181, 218쪽

남한산성 세계문화유산센터
112쪽

눌와
41, 62, 63, 65(위), 66(모두), 78, 101, 129, 134, 141, 152(모두), 157, 158, 178, 205, 217, 236, 240, 258, 265, 287쪽

덕수궁관리소
87쪽

로스앤젤레스카운티미술관
245쪽

문화재청
83, 140, 154, 183쪽

삼성미술관 리움
81쪽

서울대학교 규장각한국학연구원
13, 19, 23, 32-33, 96, 102, 138, 197, 215, 283쪽

서울역사박물관
45, 60, 174, 179, 226, 251, 264쪽

서울특별시 한양도성도감
22, 35쪽

서헌강
228-229쪽

셔터스톡
68쪽

신응수
145(모두), 146쪽

연세대학교박물관
241쪽

영남대학교박물관
21쪽

연합뉴스
82쪽

육군박물관
186쪽

이순우
74-75쪽

이옥화
40쪽

전주 경기전
169쪽

토픽이미지
175쪽

픽스타
84, 85, 86, 92, 111, 120, 122-123, 126, 135, 143, 155, 220, 273쪽

하버드대학교 옌칭도서관
133, 225쪽

하준태
167쪽

한국학중앙연구원
27, 124, 195, 235쪽

123RF
202쪽

고서화, 고지도

13쪽
〈조선일본유구국도朝鮮日本琉球國圖〉
《여지도輿地圖》
18세기 후반, 113.0×59.5cm
보물 제1592호
서울대학교 규장각한국학연구원 소장

19쪽
〈기전도畿甸圖〉
《동국여도東國輿圖》
19세기 초반, 47×66cm
서울대학교 규장각한국학연구원 소장

21쪽
〈한성전도漢城全圖〉
《고지도첩古地圖帖》
19세기, 31.4×51.8cm
영남대학교박물관 소장

27쪽
〈묘소도형여산론墓所圖形與山論〉
〈숙빈최씨소령원도淑嬪崔氏昭寧園圖〉
1718년, 80.0×59.4cm
보물 제1535호
한국학중앙연구원 소장

32-33쪽
〈도성도都城圖〉
《조선강역총도朝鮮疆域摠圖》
18세기 초, 40.0×67.6cm
서울대학교 규장각한국학연구원 소장

45쪽
〈수선총도首善總圖〉
19세기 중반, 77×85cm
서울역사박물관 소장

81쪽
〈도성도都城圖〉
19세기 초반, 129.5×103.5cm
삼성미술관 리움 소장

93쪽
〈영조어진英祖御眞〉
1900년, 110.5×61.8cm
비단에 색
보물 제932호
국립고궁박물관 소장

96쪽
조선국왕지인朝鮮國王之印
《보인소의궤寶印所儀軌》
1876년, 45×32cm
서울대학교 규장각한국학연구원 소장

100쪽
건구고궁乾九古宮 현판
1730년, 47×139cm
국립고궁박물관 소장

102쪽
〈인평대군방전도麟坪大君坊全圖〉
17세기 중반, 185×90cm
서울대학교 규장각한국학연구원 소장

109쪽
〈화성행행도병華城行幸圖屛〉
1795년, 각 폭 214.5×73.5cm(8폭 병풍)
비단에 색
국립고궁박물관 소장

118쪽
〈경복궁도景福宮圖〉
79.7×53.2cm
국립중앙도서관 소장

124쪽
〈정아조회지도正衙朝會之圖〉
1778년, 136.2×99.8cm
한국학중앙연구원 소장

128쪽
〈무신진찬도병戊申進饌圖屛〉
1848년, 각 폭 136.1×47.6cm(8폭 병풍)
비단에 색
국립중앙박물관 소장

131쪽(위)
내각內閣 편액
19세기, 91.5×168.0cm
국립고궁박물관 소장

131쪽(아래)
옥당玉堂 편액
1699년, 65.6×146.0cm
국립고궁박물관 소장

133쪽
〈호조戶曹〉
《숙천제아도宿踐諸衙圖》
19세기 말, 22.1×32.3cm
하버드대학교 옌칭도서관 소장

138쪽
중화전中和殿 도설
《중화전영건도감의궤中和殿營建都監儀軌》
1907년, 30.9×25.5cm

163쪽
〈무신진찬도병戊申進饌圖屛〉
1848년, 각 폭 136.1×47.6cm(8폭 병풍)
비단에 색
국립중앙박물관 소장

169쪽
〈조선태조어진朝鮮太祖御眞〉
1872년, 218×150cm
비단에 색
국보 제317호
전주 경기전 소장

174쪽
〈경조오부京兆伍部〉
《동여도東輿圖》
1856-1872년, 40.0×67.1cm
보물 제1358-1호
서울역사박물관 소장

177쪽
〈경복궁도景福宮圖〉
140.0×69.6cm
서울역사박물관 소장

186쪽
변박卞璞, 〈부산진순절도釜山鎭殉節圖〉
1760년, 145.5×96cm
종이에 색
보물 제391호
육군박물관 소장

191쪽
정선鄭敾, 〈경복궁景福宮〉
18세기 중반, 16.7×18.1cm
비단에 색
고려대학교도서관 소장

195쪽
〈영묘조구궐진작도英廟朝舊闕進爵圖〉
1767년, 42.9×60.4cm
비단에 색
한국학중앙연구원 소장

215쪽
〈도성도都城圖〉
《여지도輿地圖》
18세기 후반, 47.0×66.0cm
보물 제1592호
서울대학교 규장각한국학연구원 소장

219쪽
〈원종어진元宗御眞〉
1936년, 280×104cm
비단에 색
국립고궁박물관 소장

223쪽
〈동궐도東闕圖〉
19세기 초, 576×273cm
비단에 색
국보 제249호
고려대학교박물관 소장

225쪽
〈도총부都摠府〉
《숙천제아도宿踐諸衙圖》
19세기 말, 22.1×32.3cm
하버드대학교 옌칭도서관 소장

226쪽
〈한양도漢陽圖〉
《천하도天下圖》
1822년, 20.3×32.8cm
서울역사박물관 소장

231쪽
〈연잉군초상延礽君肖像〉
1714년, 150.1×77.7cm
비단에 색
보물 제1491호
국립고궁박물관 소장

235쪽
사도세자 영지思悼世子令旨
1761년, 47.0×39.2cm
한국학중앙연구원 소장

241쪽
의열묘義烈廟 편액
1764년, 21.2×49.2cm
연세대학교박물관 소장

245쪽
〈무진진찬도병戊辰進饌圖屛〉
1868년, 전체 135×366cm(8폭 병풍)
비단에 색
로스엔젤레스카운티미술관(LACMA) 소장

251쪽
이한철李漢喆, 이창옥李昌鈺
〈이하응초상李昰應肖像〉
1880년, 170.8×74.5cm
종이에 색
보물 제1499호
서울역사박물관 소장

272쪽
대안문大安門 편액
1897년, 124.3×374.0cm
국립고궁박물관 소장

276쪽
헤이그 특사 위임장(영인본)
1907년, 45.6×31.5cm
국립중앙박물관 소장

283쪽
순종 경술국치 위임장
1910년, 24.5×45.4cm
서울대학교 규장각한국학연구원 소장